古典文獻研究輯刊

三六編

潘美月・杜潔祥 主編

第 8 冊

群書校補（三編）
——傳世文獻校補（第六冊）

蕭 旭 著

國家圖書館出版品預行編目資料

群書校補（三編）──傳世文獻校補（第六冊）／蕭旭 著 --
初版 -- 新北市：花木蘭文化事業有限公司，2023〔民 112 〕
目 4+234 面；19×26 公分
（古典文獻研究輯刊 三六編；第 8 冊）
ISBN 978-626-344-266-5（精裝）
1.CST：古籍 2.CST：校勘
011.08   111022049

ISBN-978-626-344-266-5

古典文獻研究輯刊
三六編　第 八 冊   ISBN：978-626-344-266-5

群書校補（三編）
──**傳世文獻校補**（第六冊）

作　　者　蕭旭
主　　編　潘美月、杜潔祥
總 編 輯　杜潔祥
副總編輯　楊嘉樂
編輯主任　許郁翎
編　　輯　張雅淋、潘玟靜　美術編輯　陳逸婷
出　　版　花木蘭文化事業有限公司
發 行 人　高小娟
聯絡地址　235 新北市中和區中安街七二號十三樓
　　　　　電話：02-2923-1455／傳真：02-2923-1452
網　　址　http://www.huamulan.tw 信箱 service@huamulans.com
印　　刷　普羅文化出版廣告事業
初　　版　2023 年 3 月
定　　價　三六編 52 冊（精裝）新台幣 140,000 元

群書校補（三編）
——傳世文獻校補（第六冊）

蕭旭　著

目次

《潛夫論》校補

　　東漢王符著《潛夫論》，今存 10 卷 36 篇。清人汪繼培（1775～？）以元大德刊本作底本，校以《漢魏叢書》本，徵引盧文弨（稱作「盧學士」）、錢大昕（稱作「錢宮詹」）、王宗炎（稱作「王先生」）、王紹蘭（稱作「王侍郎」）、臧玉琳、夏文燾（稱作「夏孝廉」）、孫志祖（稱作「孫侍御」）、王方伯說，著《潛夫論箋》〔註1〕。王紹蘭《潛夫論校記》、文廷式《純常子枝語》、鄒漢勳《讀書偶識》、俞樾《讀潛夫論》、孫詒讓《潛夫論札迻》、徐復《潛夫論雜志》各撰札記〔註2〕。

　　今人彭鐸在汪《箋》基礎上作《校正》，補引了王念孫、王引之、惠棟、黃丕烈、陳奐、陳喬樅、李富孫、沈欽韓、洪亮吉、張澍、秦嘉謨、張敦仁、鄒漢勳、俞樾、孫詒讓、孫蜀丞等說，中華書局合刻成《潛夫論箋校正》〔註3〕。

〔註 1〕 汪繼培《潛夫論箋》，湖海樓雕版，收入《續修四庫全書》第 933 冊，上海古籍出版社 2002 年版，第 329～471 頁。

〔註 2〕 王紹蘭《潛夫論校記》，收入《蕭山王氏所著書》第 3 冊，《明清未刊稿彙編》（初輯）影印清知足知不足館鈔本，臺北聯經事業出版公司 1976 年版，第 1005～1069 頁。王氏此著，彭鐸未引，殆未之知聞耳。文廷式《純常子枝語》卷 23，收入《續修四庫全書》第 1165 冊，上海古籍出版社 2002 年版，第 333 頁。鄒漢勳《讀書偶識》卷 3，中華書局 2008 年版，第 71～72 頁。俞樾《讀潛夫論》，收入《春在堂全書》第 3 冊《曲園雜纂》卷 22，鳳凰出版社 2010 年版，第 149～153 頁；又收入《諸子平議補錄》卷 8（李天根輯），中華書局 1956 年版，第 53～62 頁。孫詒讓《潛夫論札迻》，收入《札迻》卷 8，中華書局 1985 年版，第 271～272 頁。徐復《潛夫論雜志》，收入《後讀書雜志》，上海古籍出版社 1996 年版，第 108～111 頁。

〔註 3〕 汪繼培、彭鐸《潛夫論箋校正》，中華書局 1985 年版。

下列三種著作余未見：胡楚生《潛夫論集釋》〔註4〕，胡楚生《潛夫論校釋》〔註5〕，梁榮茂《潛夫論校補》〔註6〕。

余所見《潛夫論》版本如下：《後漢書·王符傳》節錄本，《群書治要》卷44節錄本，《意林》卷3節錄本，《四部叢刊》影印述古堂景宋寫本（省稱作四部本），明程榮校刻《漢魏叢書》本（省稱作程本），明胡維新校刻《兩京遺編》本（省稱作胡本），《四庫全書》本，清光緒元年崇文書局《子書百家》本（省稱作局本）。其中《治要》有舊鈔本及天明刊本二種版本，本文依據較早的鈔本，天明刊本如有異文，隨文出注。

汪氏《潛夫論箋》正文有誤字，如：《務本篇》「淫侈之幣」，「幣」當從各本作「弊」。《遏利篇》「顏、原、公析因饉於郊野」，「因」當從各本作「困」。《夢列篇》「虢公夢見蓐收賜之上田」，「上」當從各本作「土」。《釋難篇》「棟折榱崩，懼有厥患」，「厥」當從各本作「厭」。《本訓篇》「譬猶車上御馳馬」，「馳」當從各本作「馴」。《志氏姓篇》「省群臣之德業」，「臣」當從各本作「后」。余未見汪氏所據元大德刊本，不知底本誤邪？抑汪氏誤刻邪？又有底本即湖海樓叢書本不誤，而中華書局本誤者，如《五德志篇》「少暤代黃帝氏，都於曲阜」，中華書局本「黃」誤作「皇」；又《五德志篇》「迎逆日月」，中華書局本「逆」誤作「送」。此等處亟當改正，以復其舊，而彭鐸全未校正。又汪氏未見舊鈔本《治要》、景宋本《御覽》，引文亦每多誤字，皆亟當校正。

卷　一

《讚學》第一

（1）雖有至聖，不生而知

汪繼培曰：《論語》：「子曰：『我非生而知之者，好古敏以求之者也。』」

按：知，《御覽》卷404引同；程本、胡本、四部本、四庫本、局本作「智」，《治要》、《御覽》卷607引同。

〔註4〕嚴靈峰《周秦漢魏諸子知見書目》第5卷據《中央日報》1976年10月18日刊登鼎文書局廣告著錄胡楚生《潛夫論集釋》，中華書局1993年版，第513頁。此書鼎文書局1979年出版。
〔註5〕胡楚生《潛夫論校釋》，《南洋大學中文研究所》，1974年出版。
〔註6〕梁榮茂《潛夫論校補》，《國科會報告》，1969年出版。

（2）禹師墨如

汪繼培曰：盧學士文弨云：「『墨如』疑是『墨台』。」繼培按：《路史‧後紀四》云：「禹有天下，封怡以紹烈山，是為默台。」《國名紀一》云：「怡，一曰默怡，即墨台。禹師墨如，或云墨台。」

按：墨如，《事文類聚》前集卷 20 引同，《治要》引作「黑如」，《御覽》卷 404 引作「黑始」。「如」是「始」脫誤，「始」與「台」、「怡」古音通。「黑」、「墨」古通。《漢書‧古今人表》有人名「柏譽」，沈欽韓曰：「王符《讚學篇》『禹師墨如』，與『柏譽』聲同，疑即一人。」〔註7〕沈說牽附，不足信也。

（3）周公師庶秀

按：王紹蘭曰：「《韓詩外傳》：『周公學乎虢叔。』（引者按：見卷 5）篆文『庶』作『庹』，蓋『虢』爛為『虎』，又轉譌為『庹』也。古文『叔』與篆文『秀』形近而譌。《新序‧雜事篇》：『武王學乎郭叔。』郭、虢古通用。然則周公與武王同師虢叔也。《白虎通‧辟雍篇》引傳曰：『周公師虢叔。』是是明證矣。」〔註8〕庶秀，《治要》、《事文類聚》前集卷 20 引同，《御覽》卷 404 引作「庶季」。「庶秀」、「庶季」均無考。

（4）士欲宣其義，必先讀其書

汪繼培曰：「書」舊作「智」，據《治要》改。

按：各本「士」作「王」，蓋亦汪氏據《治要》改，而失校記。

（5）可羞於鬼神，可御於王公

汪繼培曰：「羞」舊作「著」，據《治要》改。《隱三年左傳》云：「可羞于王公，可薦于鬼神。」

按：《御覽》卷 607 引亦作「羞」。「羞」形誤作「着」，又易作「著」耳。

（6）或以喪亂彗其年歲

汪繼培曰：「彗」疑「稽」之誤。《後漢書‧列女傳》：「樂羊子妻曰：『稽

〔註7〕沈欽韓《漢書疏證》卷 6，收入《續修四庫全書》第 266 冊，上海古籍出版社 2002 年版，第 197 頁。王利器、王貞珉《漢書古今人表疏證》失引沈說，齊魯書社 1988 年版，第 96 頁。

〔註8〕王紹蘭《潛夫論校記》，收入《蕭山王氏所著書》第 3 冊，臺北聯經事業出版公司 1976 年版，第 1007～1008 頁。

廢時日。』」

俞樾曰：「朞」與「綦」通。綦，極也，字亦通作期。或以喪亂期其年歲，言窮極其年歲也。

彭鐸曰：或曰：「朞」、「期」字同。期，待也。以喪亂期其年歲，言因喪亂而待其就學之歲月也。汪改「綦」為「稽」，意尚不隔。如俞說，則是其人不復有究塗之時矣。殊未允。

按：俞說是，彭說殊誤。「期」訓待是期待義，非等待義。朞，極也，盡也，終也。言或以喪亂終其年歲耳。

（7）中穿深室，幽黑無見，及設盛燭，則百物彰矣

按：徐復曰：「宋本《御覽》引『設』下有『燎』字。舊脫『燎』字。」〔註9〕《御覽》卷607引作「乃設燎盛燭」，「乃」是「及」形誤。

（8）凡工妄匠，□規秉矩，錯准引繩，則巧同於倕也

汪繼培曰：空格程本作「執」，蓋以意補之。

按：胡本亦作缺字，四部本、四庫本、局本亦作「執」。

《務本》第二

（1）夫為國者以富民為本，以正學為□

汪繼培曰：空格程本作「基」。

彭鐸曰：《書鈔》卷39引作「基」。

按：胡本亦作缺字；四部本、四庫本、局本亦作「基」，《治要》、《類聚》卷52引同。

（2）故明君之法，務此二者，以為成太平之基

按：《治要》、《類聚》卷52引無「成」字。

（3）商賈者，以通貨為本，以鬻奇為末

汪繼培曰：《類聚》「貨」作「乏」，「奇」作「貨」。

按：鈔本《治要》「貨」作「乏」（天明刊本作「貨」），「奇」同今本。

〔註9〕 徐復《潛夫論雜志》，收入《後讀書雜志》，上海古籍出版社1996年版，第108頁。

（4）六畜生於時，百物聚於野

　　按：聚，《治要》作「取」，是也。

（5）雖于姦工有利，而國界愈病矣

　　汪繼培曰：舊脫，據《治要》補。「界」當依上下文作「計」。計、界聲相近。

　　按：天明刊本《治要》作「國界」，鈔本作「國家」，右旁改作「界」字。

（6）物以任用為要，以堅牢為資

　　按：資，天明刊本《治要》引同，鈔本作「賢」，右旁改作「資」。

（7）淫佟之幣

　　按：幣，胡本、程本、四部本、四庫本、局本作「弊」，《治要》引同。汪本誤刻耳。

（8）此三者，外雖有勤力富家之私名，然內有損民貧國之公實

　　汪繼培曰：實，《治要》作「費」。

　　彭鐸曰：名、實相對，作「實」是。

　　按：天明刊本《治要》引作「費」，上方有校語云：「『費』作『實』為是。」鈔本作「實」，右旁改作「費」，旁改字誤也。

（9）寬假本農，而寵遂學士，則民富而國平矣

　　汪繼培曰：《晉語》云：「通商寬農。」《漢書·翟方進傳》云：「可少寬假，使遂其功名。」此以「寬假」、「寵遂」連言，蓋即本於彼。

　　彭鐸曰：寵，榮也。遂，猶達也。寵遂，謂使之榮達耳。

　　按：彭說可通。遂亦可訓育。

（10）此傷道德之實，而或蒙夫之大者也

　　汪繼培曰：「或」與「惑」通，程本作「惑」。

　　彭鐸曰：《潛歎篇》「或君則不然」，亦以「或」為「惑」。

　　按：四庫本、局本亦作「惑」，《治要》引同。「或」是「惑」古字。天明刊本《治要》引「大」誤作「失」。

（11）洩哀樂之情也

按：洩，《治要》引作「泄」，字同。

（12）今賦頌之徒，苟為饒辯屈蹇之辭，競陳誣罔無然之事

汪繼培曰：「饒」疑「撓」之誤。《淮南子·齊俗訓》云：「詆文者處煩撓以為慧，爭為佹辯，久稽而不訣。」

彭鐸曰：「饒」當作「譊」。《眾經音義》卷 20 引《倉頡篇》：「譊，訟聲也。」「譊辯」二字平列。「屈蹇」猶「蹇吃」，並雙聲。《一切經音義》引《通俗文》：「言不通利，謂之蹇吃。」

按：徐山曰：「饒，多也。『饒辯』即『多辯』。」〔註10〕饒，天明刊本《治要》引同；鈔本《治要》引作「徒」，右旁改作「僥」。作「僥」是，《集韻》：「僥、憢、傲：偽也，或從心從敫。」聲轉亦作狡，虛偽狡詐也。「屈蹇」非「蹇吃」，當是屈曲偃蹇，猶言宛曲，與「狡辯」義相因。

（13）偷世竊名以取濟渡

汪繼培曰：世，《治要》作「勢」。按《管子·牧民篇》云：「偷取一世。」《韓非子·詭使篇》云：「巧言利辭，行奸軌以幸偷世者數御。」「世」字似不誤。

彭鐸曰：《治要》作「勢」，誤。

按：鈔本《治要》引作「世」不誤，天明刊本誤作「勢」耳。

（14）今多違志儉養，約生以待終

按：《治要》引「儉養」上有「以」字，當據補。

（15）今多奸諛以取媚，撓法以便佞

按：《治要》引下句作「玩法以便己」。

（16）外雖有振賢才之虛譽，內有傷道德之至實

汪繼培曰：「振」與「震」同。

按：振，舉也。《治要》引脫「振」字。

〔註10〕徐山《〈潛夫論〉詞語考釋》，蘇州大學 2002 年博士學位論文，第 21 頁。

《遏利》第三

（1）顏、原、公析因饉於郊野，守志篤固，秉節不虧，寵祿不能固，威勢不能移

汪繼培曰：《孟子》云：「富貴不能淫，貧賤不能移，威武不能屈。」「不能固」之「固」疑「回」之誤，回猶移也。《昭卅一年左傳》云：「不為利回。」《逸周書・官人解》云：「深導以利，而心不移。」或云：「固」讀為「蠱文夫人」之「蠱」，惑也。

彭鐸曰：作「回」是也。「回」字蓋涉上「固」字而誤。

按：汪、彭說非是。徐山曰：「『不能固』之『固』不誤，和前文『篤固』之『固』不同。『篤固』為同義並列複詞。『不能固』之『固』為『蔽』義。」〔註11〕「固」與「移」對文，不誤。固，安定也。因饉，胡本、程本、四部本、四庫本、局本作「困饉」，汪本誤刻耳。劉文英說「因」當為「困」之誤〔註12〕，所說雖是，但失檢諸本。

（2）德義有殆，禮義不協

汪繼培曰：「班」與「辨」通。《孟子》云：「萬鐘則不辨禮義而受之。」

按：班，程本誤作「斑」，四庫本妄改作「協」。殆，讀作怠。「德義有怠」即《呂氏春秋・情欲》「德義之緩」之誼，謂懈怠於修行德義也。本書《慎微》「晉平殆政」，汪繼培引孫說，亦讀殆為怠〔註13〕。

（3）守志於口廬之內，而義溢乎九州之外

汪繼培曰：空格程本作「一」。

彭鐸曰：程本是也，當據補。

按：胡本亦作缺字，四部本、四庫本、局本亦作「執」。

（4）信立乎千載之上，而名傳乎百世之際

按：各本上「乎」作「於」，與上文「守志於一廬之內，而義溢乎九州之

〔註11〕徐山《〈潛夫論〉詞語考釋》，蘇州大學 2002 年博士學位論文，第 23 頁。徐山《〈潛夫論〉詞語考釋中的非誤字問題》，《古籍整理研究學刊》2002 年第 4 期，第 68 頁。

〔註12〕劉文英《〈潛夫論〉校讀札記》，《甘肅社會科學》1994 年第 3 期，第 29 頁。此文他處每多妄說通假，本文不作辯駁。

〔註13〕汪繼培、彭鐸《潛夫論箋校正》，中華書局 1985 年版，第 148 頁。

外」文例同。

（5）故君子曰：財賄不多，衣食不贍……則亦可以免於亢龍之悔、乾坤之愆矣

按：此段文字，胡本、程本、四部本、四庫本、局本均在上篇《務本》。

《論榮》第四

（1）所謂小人者，非必貧賤凍餒辱厄窮之謂也

汪繼培曰：「辱」上脫一字。程本「辱」作「困」。

彭鐸曰：疑本作「困辱」，諸本脫「困」字，程本脫「辱」字耳。邵本臆補作「困苦」，非。

按：彭說是也，四部本正作「困辱」，彭氏失檢。胡本亦脫「困」字，局本亦脫「辱」字，四庫本作「困苦」。

（2）昔自周公不求備於一人，況乎其德義既舉，乃可以它故而弗之采乎

按：它故，胡本、程本、四部本作「宅故」，四庫本作「宅俊」。作「宅故」是。宅，人所託居也。言德義既舉，則不以其人所居荒遠之故而弗采也。下文云「惟其任也，何卑遠之有」，即其誼。

《賢難》第五

（1）夫國不乏於妒男也，猶家不乏於妒女也。近古以來，自外及內，其爭功名妒過己者豈希也？予以惟兩賢為宜不相害乎

按：害，讀為妎，嫉妒也。《說文》：「妎，妒也。」

（2）范雎絀白起

按：雎，字當從且作「雎」，各本均誤。

（3）孫臏修能於楚，龐涓自魏變色，誘以則之

按：四庫本「變色」同，胡本、程本、四部本、局本均誤作「變免」。

（4）由此觀之，妒媚之攻擊也，亦誠工矣

汪繼培曰：「媚」當作「媚」。《說文》云：「妒，婦妒夫也。媚，夫妒婦

也。」

彭鐸曰：《逸周書・皇門篇》：「媚夫有邇無遠。」今本「媚」作「媚」，亦其例也。說見《讀書雜志》。

按：汪說是也。王念孫校《周書》引王引之說「媚」當作「媚」，亦已及本書此例〔註14〕，彭氏說未晰。

（5）且閭閻凡品，何獨識哉？苟望塵剽聲而已矣

汪繼培曰：《後漢書・馬融傳》云：「羌胡百里望塵，千里聽聲。」「剽」舊作「傈」。按《交際篇》云「苟剽聲以群誅」，今據改。《漢書・朱博傳》云「耳剽日久」，顏師古注：「剽，劫也，猶言行聽也。」

按：汪氏所引《交際篇》，明刊各本均在《德化篇》，「誅」作「吠」。剽、傈古音同，不煩改字。其後出本字作聽。《廣雅》：「聽，聽也。」王念孫曰：「聽之言剽取也。《玉篇》引《字林》云：『聽，聽裁聞也。又行聽也。』今俗語猶然矣。」〔註15〕P.2011 王仁昫《刊謬補缺切韻》：「聽，裁（纔）聞。」蔣斧印本《唐韻殘卷》、《廣韻》：「聽，聽纔聞。出《字林》。」《宋本玉篇》：「聽，《廣雅》云：『聽裁（纔）聞也。』又行聽也。」《篆隸萬象名義》：「聽，孚照反，聽。」《集韻》：「聽，行聽也。」耳略有聞曰聽，目略一過曰瞟（覯），其義一也。剽聲，猶言聞聲、聽聲。

（6）觀其論也，非能本閨閣之行迹，察臧否之虛實也

汪繼培曰：「閣」蓋「閤」之誤。《爾雅・釋宮》云：「宮中之門謂之闈，其小者謂之閨。小閨謂之閤。」《淮南子・主術訓》云：「責之以閨閤之禮，奧窔之閒。」……閨閤行迹，猶云「門內之行」也。

按：徐山曰：「張注：『閨，當為窺之音誤，暗中觀察。閣，窺視。』『閨閣』當為名詞……汪箋可從。」〔註16〕張氏妄說不足信。汪說「門內之行」，得其義，但未得其字。閨閣，讀作「圭窬」，指門旁圭形小門。《說文》：「窬，

〔註14〕王念孫《逸周書雜志》，收入《讀書雜志》卷1，中國書店1985年版，本卷第25～26頁。

〔註15〕王念孫《廣雅疏證》，收入徐復主編《廣雅詁林》，江蘇古籍出版社1992年版，第308頁。據下文所引，王氏說「《玉篇》引《字林》」，誤記其文也。

〔註16〕徐山《〈潛夫論〉詞語考釋》，蘇州大學2002年博士學位論文，第78頁。徐山《〈潛夫論全譯〉商榷》，《阜陽師範學院學報》2002年第5期，第15～16頁。所引張注指張覺《潛夫論全譯》的注釋。

穿木戶也。」桂馥曰：「《儒行》『篳門圭窬』，注云：『圭窬，門旁窬也，穿牆
為之如圭矣。』本書『篳』下引《春秋傳》『篳門圭窬』，今《左傳》作『竇』。
戴侗曰：『杜氏云：〔圭〕竇，小戶，穿壁為戶，〔上銳〕下方狀如圭也。杜氏
之說即《說文》之說。』……字或作闈，《潛夫論·賢難篇》：『非能本闈闔之
行跡。』」〔註17〕桂說是也。《左傳·襄公十年》作「闈竇」，《釋文》：「闈，音
圭，本亦作圭。」《文選·拜中軍記室辭隋王牋》李善注、《類聚》卷63、《御
覽》卷182、186引作「圭竇」，亦是「圭窬」轉語。《禮記·儒行》「圭窬」，
《文選·贈何劭王濟》李善註、《周禮·匠人》賈疏、《類聚》卷35、《玄應音
義》卷9、《慧琳音義》卷92、《御覽》卷484引並作「圭竇」，《御覽》卷188
引作「闈竇」。字亦作「闈窬」，陸雲《與陸典書書》：「草（華）門闈窬之人，
敢睎天望之冀？」

（7）西方之眾有逐狶者，聞司原之謤也，競舉音而和之

　　汪繼培曰：《楚辭·離騷》王逸注：「競，並也。」

　　按：競，《御覽》卷832引誤作「竟」。

（8）豕俛仰嚘咿

　　汪繼培曰：《後漢書·文苑傳》趙壹《賦》云「伊優北堂上」，章懷注：「伊
優，屈曲佞媚之貌。」「嚘咿」與「伊優」同。

　　彭鐸曰：「嚘咿」蓋如後世所書「嚘呦」，鳴聲也。

　　按：《漢書·東方朔傳》：「伊優亞者，辭未定也。」「伊優亞」皆象聲詞。
亦倒作「咿嚘」，王延壽《夢賦》：「吾於是……撻咿嚘，批擋噴。」

（9）居無何，烈風興而澤雨作，灌巨豕而惡塗渝，逐駭懼，真聲出

　　汪繼培曰：王先生云：「『逐』當為『豕』。」

　　按：四庫本徑改作「豕」。「逐」亦可能是「遂」形誤，猶言於是也。

（10）此隨聲逐響之過也，眾遇之未赴信焉

　　汪繼培曰：「赴」疑「足」。

　　彭鐸曰：《說文》：「赴，趨也。」《史記·伯夷列傳》「趨舍有時」，朱駿聲
《說文通訓定聲》謂「趨」借為「取」。「赴信」猶言「取信」耳。

〔註17〕桂馥《說文解字義證》，齊魯書社1987年版，第640頁。戴侗引文有脫字。

按：汪說無據，彭說迂曲。徐山曰：「『赴』有應合義。」〔註18〕赴，讀作保，恃也。「保」字古文從孚，「赴」或作「赵」。《釋名》：「脬，赴也，夏月赴疾作之，久則臭也。」《韓子·十過》：「曹人聞之，率其親戚而保釐負羈之閭者七百餘家。」《列女傳》卷3「保」作「赴」。此其音轉之確證。《後漢書·班勇傳》：「今車師已屬匈奴，鄯善不可保信，一旦反覆，班將能保北虜不為邊害乎？」

卷　二

《明闇》第六

（1）夫堯、舜之治，闢四門，明四目，通四聰

汪繼培曰：《書·堯典》。「通」舊作「達」，據《治要》改。《史記·五帝紀》述《尚書》作「通」，《漢書·王莽傳》同。《韓詩外傳》卷6亦云：「牧者所以開四目，通四聰。」《漢書·晁錯傳》云：「近者獻其明，遠者通厥聰。」亦用《尚書》文。

按：汪氏改字，殊為無謂。宋刊本《書·堯典》「闢四門，明四目，達四聰」，《貞觀政要·君道》、《治要》卷2、《御覽》卷366引「達」同。《說苑·君道》：「故牧者，所以辟四門、明四目、達四聰也。」《傅子·通志》：「《虞書》曰闢四門，則天下之人輻湊其庭矣；明四目，則天下之人樂為之視矣；達四聰，則天下之人樂為之聽矣。」所據《尚書》亦是「達」字。汪氏所引諸文作「通」者，以同義詞易之耳。即使汪氏所引《史記·五帝紀》「通四聰」，《御覽》卷81引《史記》亦是作「達」。又汪氏下文據《治要》改「昭」作「照」，亦是無謂。

（2）秦之二世，務隱藏己，而斷百僚，隔捐疏賤而信趙高

汪繼培曰：「捐」舊作「損」。

俞樾曰：「隔」之與「捐」，義亦不倫。疑當作「限」。《思賢篇》曰「限隔九州」，此云「隔限」，彼云「限隔」，其義一也。「限」與「損」字形微似，因而致誤。

〔註18〕徐山《〈潛夫論〉詞語考釋》，蘇州大學 2002 年博士學位論文，第 26 頁。徐山《〈潛夫論〉詞語考釋中的非誤字問題》，《古籍整理研究學刊》2002 年第 4 期，第 69 頁。

—1005—

按：胡本作「損」，四部本、程本、四庫本、局本作「捐」。鈔本《治要》作「損」，右旁改作「捐」，天明刊本作「捐」。「隔捐」不誤，猶言隔棄〔註19〕。《貞觀政要·君道》魏徵引此文作「秦二世則隱藏其身，捐隔疏賤而偏信趙高」。「隔捐疏賤」即下文「慢賤」之誼。本書《潛歎》「不棄疏遠，不輕幼賤」，即是反面之筆，彼言「棄」，也足證此文「捐」字不誤。今本「已」下脫「身」字，「秦之二世務隱藏已〔身〕而斷百僚」作一句讀。

（3）其無距言

按：距，《治要》引作「拒」。下文「距無用」同。

（4）其無慢賤，未必其人盡賢也，乃懼慢不肖而絕賢望也

按：賢望，《治要》引作「賢聖」，當據校正，各本均誤。上文云「乃懼距無用而讓有用也」，以「無用」與「有用」對文；此文以「不肖」與「賢聖」對文。《六韜·文韜·盈虛》：「君不肖，則國危而民亂；君賢聖，則國安而民治。」亦其例也。

（5）故國已亂而上不知，禍既作而下不救

汪繼培曰：「救」舊作「殺」。

按：胡本、程本、四部本、局本作「殺」，四庫本也改作「救」。「殺」與「知」對文，讀作察。二句互文，上下指君臣，言君臣不能察知禍亂之起也。

（6）且凡驕臣之好隱賢也，既患其正義以繩己矣，又恥居上位而明不及下，尹其職而策不出於己

俞樾曰：「尹」當為「尸」。

彭鐸曰：下篇云：「群僚師尹，咸有典司，各居其職。」疑此「尹」字當作「居」。

按：王紹蘭曰：「《治要》本原校云：『尹疑尸。』是也。」〔註20〕鈔本《治

〔註19〕參見徐山《〈潛夫論〉詞語考釋》，蘇州大學2002年博士學位論文，第5、27頁。徐山《〈潛夫論〉詞語考釋中的近義並列複詞問題》，《蘇州科技學院學報》2003年第2期，第98頁。徐山《〈潛夫論〉詞語考釋（二）》，《泉州師範學院學報》2006年第1期，第17頁。

〔註20〕王紹蘭《潛夫論校記》，收入《蕭山王氏所著書》第3冊，臺北聯經事業出版公司1976年版，第1009頁。

要》引作「尹」，右旁改作「居」；天明刊本作「尹」，上方校語云：「『尹』疑
『尸』。」

（7）是以郤宛得眾而子常殺之，屈原得君而椒、蘭搆讒

汪繼培曰：「搆」舊作「挺」，據《治要》改。

按：鈔本《治要》引作「挺」，右旁改作「搆」；天明刊本作「搆」。「挺」
字不誤，猶言生出。

（8）陳湯殺郅支而匡衡挍其功

汪繼培曰：「挍」舊作「捄」，據《治要》改。

俞樾曰：「捄」字無義。汪改作「挍」，義亦迂曲。疑本是「佼」字，蓋輕
慢之意。「挍」乃「佼」之誤，「捄」又「挍」之誤耳。

彭鐸曰：捄、挍並當讀為撓。撓，屈也。撓其功，謂屈辭以減其功耳。
《湯傳》云：「匡衡以湯擅興師矯制，如復加爵土，則後奉使者爭欲乘危，徼
幸生事於蠻夷，為國招難，漸不可開。」明非「輕其功」之謂。撓、挍古音
同部，與「捄」音亦相近。蓋求諸聲則得，求之形則遠矣。

按：徐山曰：「原文當作『捄』。『捄』有曲義。捄，角貌，曲貌。捄其功
即曲解其功義。」〔註21〕徐說殊誤。鈔本《治要》引作「捄」，右旁改作「挍」；
天明刊本作「挍」。「捄」是「挍」形誤。挍，讀作校，字亦作覈、較，考核
也。四庫本改作「攘」，無據。

（9）憂心相皦

汪繼培曰：「皦」疑「嗷」。《禮記·曲禮》鄭注：「嗷，號呼之聲也。」王
先生云：「皦，明白之貌。」

彭鐸曰：汪說近是。

按：《治要》未引此四字。皦，讀作繳，糾纏、纏繞也。

《考績》第七

（1）善惡信則直賢不得見障蔽，而佞巧不得竄其姦矣

〔註21〕徐山《〈潛夫論〉詞語考釋》，蘇州大學 2002 年博士學位論文，第 29 頁。徐
山《〈潛夫論〉詞語考釋中的誤用通假問題》，《蘇州科技學院學報》2003 年第
2 期，第 66 頁。

汪繼培曰：「直」疑「真」。

按：下文「帝王不考功，則直賢抑而詐偽勝」，汪說同。「直」字不誤，汪說非是。「佞巧」、「詐偽」平列為詞，則「直賢」亦平列為詞，猶言正直而賢能。倒言則曰「賢直」，《御覽》卷377引《辛氏三秦記》：「士人賢直。」《開元占經》卷6引《太公陰祕》：「不救者，臣誅君，子謀父。救之法，任賢直，信道德，退貪邪，輕刑罰，察奏糾，思刑戮，則無害。」

（2）帝王不考功，則直賢抑而□偽勝

汪繼培曰：「直」疑「真」。空格程本作「詐」。

按：胡本作缺字，四部本、四庫本、局本亦作「詐」。

（3）蓋所以昭賢愚而勸能否也

按：昭，讀作劭，亦勸勉之義。《說文》：「劭，勉也。」《爾雅》：「釗、劭，勉也。」釗亦劭音近借字。

（4）聖王之建百官也，皆以承天治地，牧養萬民者也

汪繼培曰：「牧」舊作「物」。按「牧養」本（管子‧問篇）。《形勢解》云：「主牧萬民。」漢書宣帝紀本始元年詔：「郡國二千石，謹牧養民而風德化。」

按：汪說可通。考《荀子‧富國》：「固以為主天下、治萬變、材萬物、養萬民、兼制天下者。」楊倞注：「材，與『裁』同。」《治要》卷38引作「裁」。《荀子‧王制》：「王者之法：等賦、政事、財萬物，所以養萬民也。」楊倞注：「財，與『裁』同。」則本書亦可能「物」上脫「裁萬」二字，當讀作「皆以承天治地，〔裁萬〕物，養萬民者也」。

（5）群臣所當盡情竭慮稱君詔也

按：情，讀為誠。

（6）其不貢士也，一則黜爵，載則黜地，三黜則爵土俱畢

按：程本「土」誤作「上」。載，讀作再。據文例，「三黜則」當乙作「三則黜」，各本均倒。《白氏六帖事類集》卷12引《大戴禮》：「古者諸侯不貢士，一則黜爵，再則黜地，三則黜爵地俱盡。」《初學記》卷20引「爵地俱盡」作「爵地畢」，《漢書‧武帝紀》、《漢紀》卷12同。

（7）教不假而功不考

　　汪繼培曰：「假」當作「修」。

　　彭鐸曰：假，至也。亦可通。

　　按：假，讀作加。《董子‧仁義法》：「孔子謂冉子曰：『治民者，先富之而後加教。』」

（8）諺曰：「曲木惡直繩，重罰惡明證。」

　　汪繼培曰：《鹽鐵論‧鹽鐵箴石篇》云：「語曰：『五盜執一良人，枉木惡直繩。』」《申韓篇》云：「曲木惡直繩，姦邪惡正法。」《韓非子‧有度篇》云：「繩直而枉木斲。」

　　按：《淮南子‧說山篇》：「眾曲不容直，眾枉不容正。」《古文苑》卷5漢‧劉歆《遂初賦》：「曲木惡直繩兮，亦小人之誠也。」S.1380《應機抄》：「曲木惡直繩，負罪怨明證。」

（9）此猶欲舍規矩而為方圓

　　汪繼培曰：「欲」字當在「為」上。《管子‧法法篇》云：「倍法而治，是廢規矩而正方圓也。」《韓非子‧奸劫弒臣篇》云：「若無規矩而欲為方圓也，必不幾矣。」

　　按：《韓子‧解老》：「慈於方圓者不敢舍規矩。」《淮南子‧修務篇》：「夫無規矩，雖奚仲不能以定方圓。」《鹽鐵論‧論鄒》：「猶無准平而欲知高下，無規矩而欲知方圓也。」

（10）辭言應對，各緣其文，以□其實

　　汪繼培曰：空格程本作「覈」。

　　按：胡本亦作缺字，四部本、四庫本、局本亦作「覈」。

《思賢》第八

（1）近古以來，亡代有三，穢國不數

　　汪繼培曰：「穢」當作「滅」。《賢難篇》云：「三代之以覆，列國之以滅。」滅、穢字形相近。《呂氏春秋‧安死篇》云「亡國不可勝數」，高誘注：「不可勝數，亡國多也。」

　　彭鐸曰：此「數」字讀去聲。「不數」即「無數」，與「有三」對。此書無、

不多互用，汪偶未照耳。

按：以，胡本、程本、四部本作「已」，《治要》引同。穢，《治要》引同。「穢」是「薉」俗字，不誤，荒蕪也。穢國，草木雜生之國。《淮南子·說林篇》：「無鄉之社易為黍肉，無國之稷易為求福。」二「無」字，《類聚》卷 39 引並作「蕪」；《書鈔》卷 87 引分別作「荒」、「蕪」。「穢國」即是「蕪國」。「數」字平、去二讀均通。

（2）然其亡徵敗跡，若重規襲矩，稽節合符

汪繼培曰：《爾雅·釋山》郭璞注：「襲亦重。」

彭鐸曰：襲、疊古音同部，今習用「疊」字。

按：據《說文》，「襲」籀文作「𧝓」，從龖得聲〔註22〕。錢玄同指出「從大多數言，可以說，邪紐古歸定紐」，又說「襲（𧝓）古歸定紐」〔註23〕。古音邪母、定母相轉，故襲、疊聲轉。《說文》：「讋，失氣言，一曰不止也。從言，龖省聲。傅毅讀若慴。𧪝，籀文讋不省。」又「慴，讀若疊。」此其聲轉之證，錢玄同亦已舉證。聲轉又作沓、𣳫，重合也，積疊也。《說文》：「龘，讀若沓。」《史記·淮陰侯傳》「魚鱗雜𣳫」，《漢書·蒯通傳》作「雜襲」，顏師古注：「雜襲猶雜沓，言相雜而累積。」《史記·司馬相如傳》《上林賦》「雜𣳫累輯」，《漢書》、《文選》作「雜襲」。此亦其聲轉之證。故「襲」訓重衣，謂衣服重疊，引申之，凡重疊、因襲、繼承亦曰襲，朱駿聲指出此義「襲，叚借為疊」〔註24〕。《說文》：「譶，疾言也，從三言，讀若沓。」《文選·吳都賦》李善注引《蒼頡篇》：「譶，不止也。」「譶」是會意字，訓疾言不止，指說話一句接一句。「譶」與「讋」同訓言不止，當是異體字。清華簡（二）《繫年》簡 46「秦師將東襲鄭」，簡 93「欒盈襲絳而不果」，簡 94「齊莊公涉河襲朝歌」，「襲」都讀作「襲」〔註25〕，指覆取。襲、疊、沓（𣳫）並同源。《御覽》卷 602 引《抱朴子》佚文：「朱淮南嘗言二陸重規沓矩，無多少也。」

〔註22〕廖名春、白于藍認為「襲」字從龍得聲，大誤。廖名春《楚簡〈老子〉「龖𧝓為上」考》，《煙臺師範學院學報》2001 年第 3 期，第 12 頁。白于藍《簡帛古書通假字大系》，福建人民出版社 2017 年版，第 988 頁。

〔註23〕錢玄同《古音無「邪」紐證》，收入《錢玄同文集》第 4 卷，中國人民大學出版社 1999 年版，第 59、72 頁。

〔註24〕朱駿聲《說文通訓定聲》，武漢市古籍書店 1983 年版，第 111 頁。

〔註25〕參見《清華大學藏戰國竹簡（貳）》整理者說，中西書局 2011 年版，第 155～156、177 頁。

《類聚》卷 4 梁簡文帝《三日曲水詩序》：「莫不禮具義舉，沓矩重規，昭動神明，雍熙鍾石者也。」〔註26〕又卷 14 梁沈約《齊武帝謚議》：「前聖後賢，重規沓矩。」又卷 20 梁元帝《孝德傳·皇王篇贊》：「天經地義，重規沓矩。」《宋書·禮志》：「重規疊矩。」均正作本字。《小爾雅·廣言》：「沓、襲，合也。」諸家疏證《小爾雅》者，均不知沓、襲是轉語〔註27〕。《太平經》習言「重規合矩」，其誼相同。江淹《蕭上銅鐘芝草眾瑞表》：「自大明乘規，泰始疊矩，朱髻素毳之至，史不絕書。」「乘」必是「重」形誤，胡之驥、丁福林並失校〔註28〕。《楚辭·九章·懷沙》「重仁襲義」，句法相同。王逸注：「重，累也。襲，及也。」洪興祖《補注》：「《淮南》云『聖人重仁襲恩』，注云：『襲亦重累。』」《淮南子》見《氾論篇》。襲亦是累積、重疊義。王注「襲，及也」，「及」當從一本作「仍」，仍亦重也。「仍」脫誤作「乃」，復誤作「及」。黃靈庚說「及、仍同義」〔註 29〕，非是。秦漢文獻習言「重襲」，即是「重沓」。《呂氏春秋·貴信》：「信而又信，重襲於身，乃通於天。」《賈子·耳痺》：「故天之誅伐，不可為廣虛幽閒，攸遠無人，雖重襲石中而居，其必知之乎！」《淮南子·覽冥篇》：「上天之誅也，雖在壙虛幽閒，遼遠隱匿，重襲石室，界障險阻，其無所逃之。」又《天文篇》：「天地重襲。」又《俶真篇》：「襲九竅，重九熬（埶——垠）。」高誘注：「襲，因也。」揚雄《城門校尉箴》：「磐石唐芒，襲險重固。」《文選·西京賦》：「重門襲固。」

（3）夫與死人同病者，不可生也；與亡國同行者，不可存也

汪繼培曰：《韓非子·孤憤篇》文。

彭鐸曰：《淮南子·說山訓》：「與死者同病，難為良醫；與亡國同道，難與為謀。」亦此義。

按：《韓子》「同行」作「同事」。《御覽》卷 738 引《尹子》：「與死者同病，難為良醫；與亡國同道，不可為謀。」《文子·微明》：「故疾之將死者，不可為良醫；國之將亡者，不可為忠謀。」《說苑·權謀》：「吾聞病之將死也，不可為良醫；國之將亡也，不可為計謀。」《治要》卷 44 引《桓子新論》傳曰：

〔註26〕《初學記》卷 4 引同。
〔註27〕諸家說參見遲鐸《小爾雅集釋》，中華書局 2008 年版，第 109 頁。
〔註28〕胡之驥《江文通集彙注》卷 7，中華書局 1984 年版，第 278 頁。丁福林、楊勝朋《江文通集校注》卷 8，上海古籍出版社 2017 年版，第 1434 頁。
〔註29〕黃靈庚《楚辭集校》，上海古籍出版社 2009 年版，第 802 頁。

「與死人同病者，不可為醫；與亡國同政者，不可為謀。」

（4）夫生飰秔粱，旨酒甘醪，所以養生也

汪繼培曰：《玉篇》以「飰」為俗「飯」字。「生飯」未詳。《鹽鐵論・散不足篇》云：「豆羹白飯，綦膾熟肉。」「生飯」或「白飯」之誤。

彭鐸曰：生、白形音俱遠，無緣致誤。《實貢篇》云「夫說粱飯食肉」，與此同謂美食也。若白飯則何美之有？

按：《方言》卷2：「笙，細也。自關而西、秦晉之閒……凡細貌謂之笙。」徐復曰：「今謂至微之物曰星，即此笙字。亦省作生，《潛夫論》云云。生飯，謂精細之飯。取『笙』之引申義。」〔註30〕生，讀作精。「精飯」與「粗飯」為對。

（5）養世之君，先亂任賢，是以身常安而國永永也

汪繼培曰：兩「永」字有誤。程本作「國脈永」。按「脈」字疑非是。

俞樾曰：上「永」字不誤，下「永」字乃「㒸」之誤。㒸，古文「保」字，見《說文》。「身常安」與「國永保」，兩文相對。

按：胡本、四部本作「國永永」（《喻林》卷67引同），程本、四庫本、局本作「國脈永」，鈔本《治要》引作「國永」，天明刊本《治要》引作「國脈永」（上方校語云：「舊無『脈』字，補之。」）。「永永」不誤，是「永永無窮」、「永永無疆」、「永永萬年」等省文，不必拘於「身常安」對文。《大戴禮記・公冠》：「陛下永永，與天無極。」

（6）夫治世不得真賢，譬猶治疾不得真藥也

汪繼培曰：「真藥」舊作「良醫」，據《治要》、《意林》改。《御覽》數引並同。

彭鐸曰：治世，《御覽》數引作「理世」，避唐諱改。

按：《御覽》數引者，指卷739、989、991三引。《爾雅翼》卷7、《記纂淵海》卷118引亦作「真藥」〔註31〕。《御覽》卷980引《正論》：「理世不〔得〕真賢，猶治病無真藥。」

〔註30〕徐復《〈方言〉補釋》，收入《徐復語言文字學論稿》，江蘇教育出版社1995年版，第15頁。

〔註31〕《記纂淵海》據宋刻本，四庫本在卷74。

（7）治疾當得真人參，反得支羅服

　　汪繼培曰：「當」下「得」字舊脫，據何本補。

　　彭鐸曰：《御覽》卷739、991引並有「得」字。

　　按：《意林》引亦有「得」字。

（8）當得麥門冬，反得烝穭麥

　　汪繼培曰：「反」下「得」字舊脫，據《御覽》卷739補。「穭」舊作「橫」，按《證類本草》卷6引陶隱居云：「根似穭麥，故名麥門冬。」今據改，下同。

　　按：「反」下，《御覽》卷989、《爾雅翼》卷7引亦有「得」字（《御覽》「反」誤作「及」）。《御覽》卷989、《爾雅翼》引均作「穭麥」，宋刊《御覽》卷739、《喻林》卷56亦誤作「橫麥」。烝，《御覽》卷739、989、《爾雅翼》引作「蒸」。

（9）己而不識真，合而服之，病以侵劇

　　汪繼培曰：王先生云：「『而』字衍。」繼培按：「而」字非衍，《勸將篇》云「己而不能以稱明詔」，是其例。《說文》云：「侵，漸進也。」《漢書‧哀帝紀》贊云：「即位寖痺，末年寖劇。」《王莽傳》云：「病痺寖劇死。」顏師古注並云：「寖，漸也。」寖、侵義通。《揚雄傳》注：「鄭氏云：『劇，甚也。』」

　　彭鐸曰：汪說是也。而、乃古同聲而通用。

　　按：己而，四部本、四庫本、局本作「已而」，胡本、程本作「巳而」；《御覽》卷739引作「巳而」，《御覽》卷989、991引作「巳」，《爾雅翼》卷7引作「已」。王說是，下文「己不引真」與此對文，則當作「己」。服，《御覽》卷739、《記纂淵海》卷118引同〔註32〕，《御覽》卷989、991、《爾雅翼》引作「飲」。侵劇，《御覽》卷739引作「浸劇」，又卷989引作「寖劇」，又卷991引作「浸以劇」，《爾雅翼》引作「寖劇」，《記纂淵海》卷118引作「浸加」字。

（10）不自知為人所欺也。乃反謂方不誠而藥皆無益於療病

　　汪繼培曰：舊脫「療」字，據《御覽》卷739補

〔註32〕《記纂淵海》據宋刻本，四庫本在卷74。下同。

按：《記纂淵海》卷 118 引亦有「療」字〔註 33〕。

（11）因棄後藥而弗敢飲，而便求巫覡者

汪繼培曰：而弗敢飲，《御覽》卷 739 作「弗敢復飲」。便，《御覽》作「更」。

彭鐸曰：下文「更任俗吏」，則作「更」是。

按：《記纂淵海》卷 118 引亦作「弗敢復飲」、「更」〔註 34〕。

（12）《書》曰：「人之有能，使循其行，國乃其昌。」

汪繼培曰：《書·洪範》。今《書》作「人之有能有為，使羞其行，而邦其昌」。「循」當作「修」。修、羞聲相涉而誤。《類聚》卷 62 引後漢李尤《雲台銘》云：「人修其行，而國其昌。」其證也。

彭鐸曰：桂馥《札樸》卷 7 亦云：「《潛夫論》引《書》『使羞其行』，『羞』作『循』。案此無義可尋，蓋『羞』以聲誤為『脩』，又因『脩』、『循』形近誤為『循』耳。」又按羞、修古字通。

按：段玉裁亦曰：「『循』蓋『脩』之誤，字之誤也。『脩』蓋『羞』之誤，聲之誤也。」〔註 35〕

（13）令結怨於下民，縣罪於惡，積過既成，豈有不顛隕者哉

汪繼培曰：按「縣罪於」以下當有二字，與「下民」對。此文大意與《忠貴篇》末段相同，彼云「下自附於民氓，上承順於天心」，此「惡」字蓋即「天心」之誤。

俞樾曰：「縣罪於」下脫二字，當與上「結怨於下民」相對成文。「惡」下脫「既」字。「惡既積」、「過既成」，亦相對成文。

按：汪說近是。「結怨於下民，縣罪於天心」蓋本於《書·泰誓下》「自絕於天，結怨於民」。本書《本政》「天心順則陰陽和，天心逆則陰陽乖。天以民為心，民安樂則天心順，民愁苦則天心逆」云云，則「縣罪於天心」也是指得罪於民。過，讀作禍。

〔註33〕《記纂淵海》據宋刻本，四庫本在卷 74。
〔註34〕《記纂淵海》據宋刻本，四庫本在卷 74。
〔註35〕段玉裁《古文尚書撰異》卷 13，收入《四部要籍注疏叢刊》，中華書局 1998
　　　　年版，第 1939 頁。

《本政》第九

（1）故君臣法令善則民安樂，民安樂則天心慰，天心慰則陰陽和

汪繼培曰：「慰」舊作「愡」，據程本改，下同。按「愡」，俗「總」字，見《廣韻》。

按：四庫本、局本亦作「慰」，胡本、四部本作「愡」。楊慎所見本作「摠」，云：「摠，聚也。」〔註36〕上文云「民安樂則天心順，民愁苦則天心逆」，下文云「是故將致太平者，必先調陰陽；調陰陽者，必先順天心；順天心者，必先安其人；安其人者，必先審擇其人」，此「愡」即「總」俗字，當讀作從，從亦順也。清華簡（五）《厚父》：「天命不可漗斯，民心難測。」漗亦讀為從〔註37〕。

（2）同明相見，同聽相聞，惟聖知聖，惟賢知賢

汪繼培曰：《韓詩外傳》卷5云：「同明相見，同音相聞，同志相從，非賢者莫能用賢。」

按：《易·乾》象辭：「同聲相應，同氣相求。」《史記·伯夷列傳》：「同明相照，同類相求。」《長短經·量才》：「故同明者相見，同聽者相聞，同志者相從，非賢者莫能用賢。」又《論士》：「語曰：『夫人同明者相見，同聽者相聞。』」

《潛歎》第十

（1）或君則不然

汪繼培曰：「或」與「惑」同。

彭鐸曰：《治要》正作「惑」。

按：鈔本《治要》作「或」，左旁改作「惑」；天明刊本作「惑」。古本當是作「或」。

（2）妲己懼進御而奪己愛也，乃偽俯而泣曰

按：偽，《御覽》卷494引作「為」。

〔註36〕楊慎《升庵全集》卷46，萬有文庫本，第488頁。
〔註37〕黃國輝亦讀漗為從，但二句是並列關係，而不是黃氏所說的承接關係。《清華簡〈厚父〉補釋》，復旦古文字網2015年4月27日。

（3）紂則大怒，遂脯厥女而烹九侯

　　按：厥女，《御覽》卷 494 引作「淑女」。

（4）趙高……獻鹿於君，以為駿馬。二世占之曰：「鹿。」高曰：「馬也。」二世收目獨視，曰：「丞相誤邪！此鹿也。」

　　汪繼培曰：王侍郎云：「『收目』當作『扠目』，『扠』即《說文》『揎』字。」王先生曰：「『獨』疑『屬』。」

　　彭鐸曰：《爾雅》：「收，聚也。」「收目」蓋謂聚集目力而視之耳。「獨」當作「屬」，讀為「注」，二字聲近而義同。

　　按：何亞南曰：「獨視猶今語熟視。」〔註38〕徐山曰：「彭校訓收為聚，得之。『獨』有『單』義。『獨視』義為兩眼閉上一眼用單眼看。」〔註39〕「收目獨視」不誤，讀如字。先時二世瞻視趙高所獻之鹿，此時轉面收回目光，只看趙高，不作旁視，故云「收目獨視」也。

（5）故有周之制也，天子聽政，使三公至於列士獻典

　　汪繼培曰：典，《治要》作「詩」。按《周語》云：「使公卿列士獻詩，瞽獻曲。」「曲」或誤為「典」。王氏所用《國語》本與韋昭不同，未敢據彼以補此也。

　　彭鐸曰：此仍當依今本《國語》作「使公卿至於列士獻詩，瞽獻曲。」韋注：「瞽，樂師。曲，樂曲也。」作「典」者訛字。

　　按：鈔本《治要》引作「曲」，天明刊本作「詩」。汪氏未見古本。彭說是也，此文脫「詩瞽獻」三字。

（6）論德義者見尤惡

　　按：惡，天明刊本《治要》引同，鈔本《治要》引作「怨」。

（7）于是諛臣又從以詆訾之法

　　按：又，《治要》引作「諛臣佞人」。蓋今本脫「佞」字，「人」形誤作「又」。

〔註38〕何亞南《〈潛夫論箋校正〉拾遺》，《古籍整理研究學刊》1995 年第 2 期，第 41 頁。

〔註39〕徐山《〈潛夫論〉詞語考釋》，蘇州大學 2002 年博士學位論文，第 69 頁。

（8）此賢士之始困也

汪繼培曰：《漢書・嚴安傳》云：「此民之始苦也。」文與此同。《治要》「始」作「逅」。逅，遇也，義亦可通。

彭鐸曰：日本尾張藩國本《治要》作「姤」，「姤」與「詬」同，恥也。「始」字誤耳。

按：鈔本《治要》引作「始」，右旁改作「姤」；天明刊本作「姤」。汪氏誤記作「逅」。「姤」、「始」都是「殆」形誤。殆，危也，「殆困」猶言「危困」。倒言也作「困殆」，《風俗通義・窮通》：「又絕糧于鄒、薛，困殆甚。」

卷　三

《忠貴》第十一

（1）故居上而下不重也，在前而後不殆也

汪繼培曰：《文子・道德篇》：「老子曰：『居上而民不重，居前而眾不害。』」

按：①當徑引《老子》第 66 章：「是以聖人處上而人不重，處前而人不害。」《文子・道原》：「是以處上而民不重，居前而人不害。」《淮南子・原道篇》：「是以處上而民弗重，居前而民弗害。」又《主術篇》：「故百姓載之上弗重也，錯之前而弗害也。」〔註40〕（《淮南》2 例高亨已引，出處見下文）《抱朴子內篇・明本》：「處上而人不以為重，居前而人不以為患。」均本於《老子》。②重，猶言難也。此是常訓，不煩舉證。高亨曰：「民戴其君，若有重負，以為大累，即此文所謂重。故重猶累也。而民不重，言民不以為累也。《詩・無將大車》『無思百憂，祇自重兮』，鄭箋：『重，猶累也。』《漢書・荊燕吳王傳》『事發相重』，顏注：『重，猶累也。』此重有累義之證。」〔註41〕高說非是。「重」訓累，是累積、重疊義，而不是負累義，高氏混其概念，不足取也。朱謙之、高明均從高亨說〔註42〕，亦已疏矣。③此文「殆」，程本、四庫本、局本同，胡本、四部本作「始」。《後漢書・王符傳》載此文「重」作

〔註40〕茲據漢魏叢書本，景宋本、道藏本脫「載」字。
〔註41〕高亨《重訂老子正詁》，開明書店 1948 年版，第 135 頁。
〔註42〕朱謙之《老子校釋》，中華書局 1984 年版，第 269 頁。高明《帛書〈老子〉校注》，中華書局 1996 年版，第 148 頁。

「怨」，「殆」作「恨」。害，讀作妎，妒忌也，忌恨也〔註43〕。葛洪把「害」理解作「患」，近之。馬敘倫說「『害』疑為『遏』之借字，止也」〔註44〕，亦非是。此文「殆」或「始」當是「妒」形誤，俗「妒」字，與「害」同義。「妒」形誤作「始」〔註45〕，復形誤作「殆」〔註46〕，誤之又誤者也。

（2）是故明主不敢以私愛，忠臣不敢以誣能

汪繼培曰：《管子·法法篇》云：「明君不以祿爵私所愛，忠臣不誣能以干爵祿。」

按：《文選·求自試表》李善注引作「故明王不敢以私授，忠臣不敢以虛受也」，《後漢書·王符傳》載此文「明王」作「明主」，餘同。此文「愛」疑當作「受」，是「授」脫誤。

（3）禹繼父位，山、雲屏事，諸婿專典禁兵

汪繼培曰：事見《漢書·霍光傳》。「屏」當作「秉」。《魏相傳》：「相奏封事言：『光死，子復為大將軍，兄子秉樞機，昆弟諸婿據權埶，在兵官。』」《張禹傳》云「總秉諸事」，亦「秉事」之證。

彭鐸曰：上文「祿、產秉事」，足證「屏事」之誤。《霍光傳》：「茂陵徐生曰：『霍氏秉權日久。』」「秉事」即「秉權」也。「秉權」亦見下文。

按：屏，讀為並。《玉篇》：「並，專也。」《漢書·貢禹傳》：「及棄天下，昭帝幼弱，霍光專事，不知禮正。」

（4）皇天從上鑒其姦，神明自幽照其態

按：《荀子·成相》：「讒夫多進，反覆言語生詐態。」王念孫曰：「態讀為姦慝之慝。言言語反覆則詐慝從此生也。以態為慝者，古聲不分去、入也。《秦

〔註43〕參見蕭旭《〈史記〉解詁（二則）》「文無害」條，《東亞文獻研究》總第 25 輯，2020 年版，第 30～31 頁。
〔註44〕馬敘倫《老子校詁》，中華書局 1974 年版，第 564～565 頁。
〔註45〕《逸周書·官人》「非是而彊之，曰始誣者也」，《大戴禮記·文王官人》「始誣」作「始妒誣」。此例承王挺斌博士檢示，謹致謝忱！孔廣森曰：「『始』字疑與『妒』相似而衍，戴氏校本刪。」「始」亦是「妒」形誤，《大戴》復衍「始」字。孔廣森《大戴禮記補注》卷 10，中華書局 2013 年版，第 191 頁。
〔註46〕《韓詩外傳》卷 2「吾子始可以言《詩》已矣」，《孔叢子·論書》「始」作「殆」。《列子·黃帝》「爾於中也殆矣夫」，《釋文》：「殆矣夫，一本作『始矣夫』。」二例承王挺斌博士檢示，謹致謝忱！

策》曰：『科條既備，民多偽態。』又曰：『上畏大后之嚴，下惑奸臣之態。』
《淮南‧齊俗篇》曰：『禮義飾則生偽態之本。』《漢書‧李尋傳》曰：『賀良
等反道惑眾，姦態當窮竟。』皆借態為慝，非姿態之態也。」〔註47〕《釋名》
「慝，態也，有姦態也」，正是聲訓。此文「態」、「姦」同義對舉，態亦讀為
慝，姦詐也。《淮南子‧主術篇》：「是以上多故則下多詐，上多事則下多態。」
《文子‧道德》：「法煩刑峻即民生詐，上多事則下多態。」態亦詐也。

《浮侈》第十二

（1）事口舌，而習調欺

汪繼培曰：《廣雅》云：「調，欺也。」

按：王念孫《廣雅疏證》亦引本書為證〔註48〕。調，欺也，戲也，字亦作
啁，音轉亦作嘲、謿。

（2）或丁夫世不傳犁鋤

汪繼培曰：傳，本傳作「扶」，蓋本是「傅」字。「世」當為「卉」，《說文》
云：「卉，三十并也。」

彭鐸曰：「傳」當作「傅」。《釋名‧釋言語》：「扶，傅也。」是漢世二字
同音之證。

按：各本均誤作「傳」。《後漢書‧王符傳》載此文作「丁夫不扶犁鋤」。
《書鈔》卷124、《御覽》卷350引作「丁夫不傅犁鋤」，正作「傅」字。汪
氏引《說文》之字，當作「卋」，俗字作「卅」。湖海樓叢書本誤刻作「卉」，
中華書局本襲之，未知其誤而作校正。然「世」、「卅」均不通，當是衍文。

（3）於彈外不可以禦寇，內不足以禁鼠

彭鐸曰：王紹蘭云：「『於』當為『其』，《御覽‧兵部》引作『其彈外不可
禦盜，內不足禁鼷鼠』。」

按：王紹蘭說見本書第486頁《附錄二》王紹蘭《潛夫論箋序》。《御覽‧
兵部》即卷350。《書鈔》卷124引作「外不可禦寇，內不足禁鼠」，《御覽》卷

〔註47〕王念孫《荀子雜志》，收入《讀書雜志》卷12，中國書店1985年版，本卷第
　　　　7頁。
〔註48〕王念孫《廣雅疏證》，收入徐復主編《廣雅詁林》，江蘇古籍出版社1992年版，
　　　　第184頁。

755 引作「外不足防寇盜，內不足禁鼸鼠」。《後漢書·王符傳》載此文作「外不足禦寇盜，內不足禁鼠雀」。

（4）妄彈鳥雀，百發不得一，而反中面目

　　按：《書鈔》卷124、《御覽》卷350引「中」下有「人」字，當據補。

（5）諸戲弄小兒之具以巧詐

　　按：《後漢書·王符傳》載此文作「諸戲弄之具，以巧詐小兒」。

（6）以欺誣細民，熒惑百姓。婦女羸弱，疾病之家，懷憂憒憒

　　按：憒憒，胡本、四部本、局本同，《文選補遺》卷21、《永樂大典》卷2948引亦同。程本誤作「憒憒」，四庫本誤作「積憒」。《後漢書·王符傳》誤作「憒憒」〔註49〕，《御覽》卷882引誤同。

（7）不自知為巫所欺誤，乃反恨事巫之晚

　　按：欺，《後漢書·王符傳》同，《御覽》卷882引誤作「敗」。

（8）或裂拆繒彩，裁廣數分，長各五寸，縫繪佩之

　　按：「拆」當作「坼」，亦裂也。《御覽》卷880引《春秋考異郵》：「臣恣盛，地裂坼。」倒言亦作「坼裂」，《後漢書》習見其例。《後漢書·王符傳》載此文作「或麋折金綵，令廣分寸」，其文不同。麋折，猶言耗費。

（9）或剠削綺縠

　　汪繼培曰：「或」字舊脫，據《御覽》卷816引補。「剠」與「刻」通。

　　按：剠削，《御覽》卷816引作「刻剺」，《後漢書·王符傳》作「裁切」，亦當出校。

（10）費繒百縑

　　按：繒，四部本、胡本、四庫本、局本同，程本誤作「繪」。

（11）細緻綺縠

　　汪繼培曰：《釋名·釋采帛》云：「細緻，染練為五色，細且緻，不漏水也。」

按：《廣雅》：「緻，練也。」王念孫《疏證》云「緻，一名細緻」，引《釋名》及本書為證〔註50〕。

（12）文組綵緤

汪繼培曰：組，謂履組。「緤」當為「屟」，《說文》云：「屟，履中薦也。」

按：正文「緤」，底本作「褋」，四庫本、局本同。胡本、程本、四部本誤從衤作「褋」。《後漢書・王符傳》作「牒」，李賢注：「牒，即今疊布也。」《廣雅》：「褋，禪衣也。」王念孫《疏證》：「禪之言單也。《方言》云：『禪衣，江淮南楚之閒謂之褋，關之東西謂之禪衣。』褋亦作襟。《說文》：『南楚謂禪衣曰褋。』《楚辭・九歌》『遺余褋兮醴浦』王逸注云：『褋，襜襦也。』《潛夫論・浮侈篇》云云。」〔註51〕三說不同。

（13）挍飾車馬

汪繼培曰：《史記・司馬相如傳》云「校飭厥文」，徐廣曰：『校，一作祓。祓猶拂也。』《漢書》作「祓飾」。此「挍」字疑「文」之誤，即上所云「車輿文飾」也。

彭鐸曰：作「文飾」是。

按：汪、彭說誤。挍，猶言裝飾，字亦作校。《韓詩外傳》卷2「脂車百乘」，《御覽》卷472引作「校車」，「校車」即謂裝飾之車〔註52〕。字亦作鉸，蔣斧印本《唐韻殘卷》：「鉸，裝鉸。」〔註53〕「挍飾」亦倒言作「飾校」、「飾較」。

（14）膠漆所致

按：所致，胡本、程本、四部本、四庫本、局本均作「分致」，底本誤刻。《後漢書・王符傳》作「裁用膠漆」。

（15）會眾然後能動擔，牛列然後能致水

汪繼培曰：《說文》云：「儋，何也。」儋、擔正俗字。王先生云：「『列』

〔註50〕王念孫《廣雅疏證》，收入徐復主編《廣雅詁林》，江蘇古籍出版社1992年版，第573頁。
〔註51〕王念孫《廣雅疏證》，收入徐復主編《廣雅詁林》，江蘇古籍出版社1992年版，第581頁。
〔註52〕參見屈守元《韓詩外傳箋疏》，巴蜀書社1996年版，第205～206頁。
〔註53〕「力」當據《廣韻》作「又」，表示另一說。

疑『引』，形近之誤。」繼培按：《論衡・效力篇》云：「任車上阪，強牛引前。」

　　彭鐸曰：「會眾」疑當作「眾會」，與「牛列」對。上文「會眾」謂會合眾人，則「牛列」為次列多牛，本傳作「多牛而後致」，是其義。字不煩改。

　　按：《後漢書・王符傳》作「會眾而後動，多牛而後致」。王氏得其義，未得其字。彭氏所訓非是。「列」字不誤，讀作曳，字亦作抴，俗作拽，拖拉、牽引也。《荀子・哀公》「兩驂列，兩服入廄」，《家語・顏回》「列」作「曳」。「瀏洌」、「撇烈」、「撇捌」轉語作「撇曳」。均其音轉之證。「牛」謂牛車。下文云「非大眾不能舉，非大車不能輓」，是此文反筆，輓亦引也。

（16）鄗畢之郊，文武之陵，南城之壘，曾析之冢

　　汪繼培曰：曾析，《論語》作「曾皙」，孔安國曰：「曾參父也。名點。」

　　彭鐸曰：名點字皙，名字相應。析，省借字。

　　按：王紹蘭曰：「《御覽・禮儀部》引作『畢鎬之郊，無文武之陵；南城之東，無曾析之墓』，當據增二『無』字，其意乃顯。」〔註54〕王說是，《御覽・禮儀部》指卷556，宋刊本原文「析」作「皙」，「墓」作「冢」。析，四庫本、局本作「皙」。胡本、四部本、程本「冢」誤作「家」。「皙」、「晳」當作「皙」，底本即誤刻。皙，人色白也。點，讀為黕。《說文》：「黕，雖皙而黑也。古人名黕，字皙。」其名、字取相反為義。

《慎微》第十三

（1）君聞此，可以悚思

　　汪繼培曰：《說文》云：「懼，恐也。古文作思。」

　　按：四部本、胡本作「思」，程本、四庫本、局本作「懼」。

（2）鄂譽鄂譽，鄂致存亡

　　汪繼培曰：文有脫誤。按《漢書・韋賢傳》云「瑜瑜諸夫，咢咢黃髮」，如淳曰：「瑜瑜，自媚貌。」顏師古曰：「咢咢，直言也。」此文疑當作「鄂鄂譽譽，以致存亡」。「鄂鄂」與「咢咢」通，「譽譽」與「瑜瑜」通。「鄂譽致存亡」，即《史記・商君傳》趙良所謂「武王諤諤以昌，殷紂墨墨以亡」也。《韓

〔註54〕王紹蘭《潛夫論校記》，收入《蕭山王氏所著書》第3冊，臺北聯經事業出版公司1976年版，第1014～1015頁。

詩外傳》卷 10 云：「有諤諤爭臣者，其國昌。有默默諛臣者，其國亡。」

按：「譽」疑「謇」形誤。此文疑當作「鄂鄂謇謇，以致存亡」，言鄂鄂謇謇之諫言，關乎國家之存亡。諤諤、咢咢、鄂鄂，直言諫諍貌。也作「愕愕」、「詻詻」，《墨子・親士》：「君必有弗弗之臣，上必有詻詻之下。」王念孫、洪頤煊指出「詻詻」即「諤諤」轉語〔註55〕。本書《斷訟》「晝夜鄂鄂」，《書・益稷》「鄂鄂」作「額額」。《釋名》：「額，鄂也。」又「作鄂」、「作咢」音轉作「作詻」，亦其比也。「謇謇」亦是直言貌，與「鄂鄂」同義連文。北魏《高廣墓誌》：「在朝謇謇，居官愕愕。」「謇謇」即「謇謇」。東魏《司州牧元誕墓誌》：「始進諤諤之言，終成謇謇之操。」《北齊書・文宣紀》詔曰：「有能直言正諫，不避罪辜，謇謇若朱雲，諤諤若周舍，開朕意，沃朕心，弼于（予）一人〔註56〕，利兼百姓者，必當寵以榮祿，待以不次。」此二例「謇謇」與「諤諤」同義對文。「鄂鄂謇謇」亦單言作「謇鄂」、「謇愕」、「謇諤」。東漢《鄭固碑》：「犯顔謇愕。」洪适《隸釋》卷 6：「碑以愕為諤。」東漢《綏民校尉熊君碑》：「臨朝謇鄂，孔甫之操。」東漢《費汜碑》：「謇鄂質直。」《後漢書・陳忠傳》：「忠臣盡謇諤之節，不畏逆耳之害。」也作「蹇愕」，《文選・三國名臣序贊》「豈徒蹇愕而已哉」，一本作「謇愕」，《晉書・袁宏傳》作「謇諤」。

（3）正性勝，則遂重己不忍虧也，故伯夷餓死而不恨。邪性勝，則忸恘而不忍舍也，故王莽竊位而不慚

汪繼培曰：「恘」當為「伏」。《爾雅》云：「狃，復也。」郭注：「狃伏復為。」《後漢書・馮異傳》云「忸伏小利」，章懷注：「忸伏，猶慣習也，謂慣習前事復為之。」狃、忸字通。《詩・四月》疏、《蕩》《釋文》並引《說文》云：「伏，習也。」今《說文》無「伏」字，「愵」字注：「習也。」「伏」當即「愵」之別體。恘，《說文》訓恐，與「狃習」義別。

〔註55〕王念孫《廣雅疏證》，收入徐復主編《廣雅詁林》，江蘇古籍出版社 1992 年版，第 458 頁。洪頤煊《讀書叢錄》卷 13，收入《續修四庫全書》第 1157 冊，上海古籍出版社 2002 年版，第 674 頁。

〔註56〕宋刊《御覽》卷 130、明刊《冊府元龜》卷 212 引「于」作「予」，是也。「弼予一人」語出《書・泰誓上》、《書・周官》、《逸周書・祭公》。嚴可均《全北齊文》、《北齊書》點校本並失校。嚴可均《全北齊文》卷 1，收入《全上古三代秦漢三國六朝文》，中華書局 1958 年版，第 3827 頁。《北齊書》，中華書局 1972 年版，第 53 頁。

彭鐸曰：「狃忕」字本作「忕」，以「大」為聲。大、世古音同部。蓋「忕」或作「忕」，故又易為「恲」。

按：怚忱，胡本、四部本作「怚忱」，程本、四庫本、局本作「惕忱」。「忱」是「忱」俗譌字。程本等據「忱」字，校上字作「惕」；汪、彭二氏據「怚」字，校下字作「忕」。據下文「積惡習之所致也」，汪說是。

（4）夫聖賢卑革，則登其福

汪繼培曰：「革」疑「恭」之誤。《後漢書·竇融傳》云：「每召會進見，容貌辭氣，卑恭已甚。」

按：徐復曰：「『革』當為『諽』字之省借。《說文》：『諽，飭也，讀若戒。』《廣韻》：『諽，謹也。』」〔註57〕徐山曰：「『革』有更改義。」〔註58〕徐復說為長。字或作憚，《集韻》：「諽，一曰謹也，或從心。」字亦音轉作恜，《說文》：「恜，飭也。」「飭」當作「飭」，謹也。聖賢，各本作「賢聖」，底本誤倒。

（5）晉平殆政，惑以喪志，良臣弗匡，故俱有禍

汪繼培曰：孫侍御云：「『殆』與『怠』同。」《昭元年左傳》。

彭鐸曰：《晉語八》韋注：「良臣，謂趙孟。」

按：《左傳·昭公元年》：「晉侯求醫于秦……非鬼非食，惑以喪志。良臣將死，天命不祐。」《國語·晉語八》：「平公有疾……非鬼非食，惑以喪志。良臣不生，天命不佑。」韋昭注：「良臣，謂趙孟。不生，將死。」據《國語》，此文「匡」當是「生」形誤，各本均誤。謂平公有疾，趙孟亦將死，故云君臣「俱有禍」也。

《實貢》第十四

（1）國以賢興，以詔衰

按：詔，四部本、胡本、程本、局本誤作「謟」，《御覽》卷428、《文選補遺》卷21引誤同。

〔註57〕徐復《潛夫論雜志》，收入《後讀書雜志》，上海古籍出版社1996年版，第109頁。

〔註58〕徐山《〈潛夫論〉詞語考釋》，蘇州大學2002年博士學位論文，第39頁。徐山《〈潛夫論〉詞語考釋中的非誤字問題》，《古籍整理研究學刊》2002年第4期，第69頁。

（2）夫志道者少友，逐俗者多儔

按：《後漢書·王符傳》「友」作「與」，「儔」作「疇」。儔、疇，正、借字。

（3）直虛造空美

按：《後漢書·王符傳》「直」作「但」，一聲之轉。

（4）歷察其狀

按：歷，《後漢書·王符傳》作「覽」，程本形誤作「歷」。

（5）皆舍實聽聲，嘔哇之過也

汪繼培曰：《列子·說符篇》云：「爰旌目餓於道，狐父之盜下壺餐以餔之。爰旌目三餔而後能視，曰：『譆！汝非盜耶？吾義不食子之食也。』兩手據地而歐之。狐父之人則盜矣，而食非盜也。以人之盜，因謂食為盜而不敢食，是失名實者也。」「歐」與「嘔」同。

按：王紹蘭曰：「『嘔哇』蓋二事。爰旌目之壺殄，以餓而餔，因盜言而嘔。陳仲子之鶂，以母與而食，因兄言而哇。是皆舍實聽聲，故云『嘔哇之過也』。」〔註59〕汪氏、王氏以「嘔哇」為嘔吐義，雖有一事、二事之異，然其說非是。嘔之言區（句），曲也。《廣雅》：「哇，衺也。」《文選·七命》李善注、《慧琳音義》卷84、87、97並引《蒼頡篇》：「哇，謳也。」《玉篇殘卷》：「欸，《字書》或『哇』字也。哇，聲也，謳也，邪也。」「謳」同「嘔」。《莊子·大宗師》「其嗌言若哇」，《釋文》引簡文云：「哇，嘔也。」「嘔哇」同義連文，指語聲衺曲不正；引申之，亦指淫邪之聲。此言舍實聽聲，以其聲淫邪不正之過也。唐·杜頠《灞橋賦》「秦聲嘔哇，楚舞叢雜」，是其例。「嘔哇」音轉又作「嘔呢」，裴務齊《正字本刊謬補缺切韻》：「呢，嘔〔也〕。」「呢」即「哇」音轉。P.2016《大唐刊謬補闕切韻》：「呢，嘔呢。」《廣韻》：「嘔，嘔呢，小兒語也。」《集韻》：「呢，嘔呢，小兒言。」又「呢，嘔呢，聲也。」音轉又作「優亞」，《漢書·東方朔傳》：「伊優亞者，辭未定也。」音轉又作「嘔啞」，唐·白居易《念金鑾子》：「況念天札時，嘔啞初學語。」倒言則作「呢嘔」，《廣韻》：「呢，呢嘔，小兒言也。」《玉篇》：「呢，呢嘔，小兒語也，

〔註59〕王紹蘭《潛夫論校記》，收入《蕭山王氏所著書》第3冊，臺北聯經事業出版公司1976年版，第1014～1015頁。

亦作哇，又音兒。」《荀子・富國》：「垂事養民，拊循之，呃嘔之。」楊倞註：
「呃嘔，嬰兒語聲也。呃，於佳反。嘔，與『謳』同。」亦作「哇謳」，宋・
陳郁《藏一話腴》外編卷上：「宮殿雲中分等級，笙歌空裡鬧哇謳。」「嘔哇」
倒言音轉又作「啞嘔」，《集韻》：「啞，啞嘔，小兒學言。」又轉作「阿嘔」，
《六書故》：「呃，呃嘔，與嬰兒應和語也。《荀子》曰『拊循之，呃嘔之』，
今俗云『阿嘔』是也。」「阿嘔」是「啞嘔」音轉〔註60〕。「哇嘔」、「呃嘔」
音轉又轉作「嗌嘔」〔註61〕，《新語・輔政》：「絕恬美之味，疏嗌嘔之情。」
唐晏曰：「嗌嘔，即《荀子》之『倪（呃）嘔』。」〔註62〕「呃」亦作「說」，
裴務齊《切韻》：「說，言不正。」

（6）亡秦之所棄，王莽之所捐

汪繼培曰：「捐」舊作「損」。

按：程本、局本誤作「損」，四部本、胡本、四庫本作「捐」不誤。

（7）且攻玉以石，治金以鹽，濯錦以魚，浣布以灰

按：汪繼培但舉群書以證「攻玉以石」、「浣布以灰」二事。《御覽》卷815、
《事類賦注》卷

10引同今本。《意林》卷3引「浣」亦作「濯」，餘同。《後漢書・王符傳》
「治」作「洗」，李賢注云：「今之金工發金色者，皆淬之於鹽水焉。」《御覽》
卷826引仲長子《昌言》：「攻玉以石，澣布以灰。」《說郛》卷107引卞彬《禽
獸決錄》亦說「澣布以灰，濯錦以魚，洗金以鹽」。《記纂淵海》卷16引《後
漢書》「魚」作「鹵」〔註63〕，蓋「魚」誤作「魯」，復易作「鹵」。

（8）敦方正直

按：《後漢紀》卷23張奐上書曰：「太傅陳蕃敦方抗直。」《書鈔》卷37

〔註60〕章太炎曰：「凡亞聲語，後多轉為可聲，如《易》云『笑言啞啞』，《廣雅》轉為
『歌歌、喟喟、呵呵』等語是也。」王國維指出《石鼓文》「亞箬」是「阿儺」、
「狧儺」音轉。「瘂」或作「痾」，亦其例。章太炎《新方言》卷4，《章太炎全
集（7）》，上海人民出版社1999年版，第92頁。王國維《觀堂別集》卷2《明
拓〈石鼓文〉跋》，收入《觀堂集林》附錄，中華書局1959年版，第1226頁。
〔註61〕「躅」從益得聲，古音讀圭（《周禮・蜡氏》鄭玄注），是「哇」音轉「嗌」之
證。又「鷀」或作「鴶」，「艑」或作「䑠」，是「呃」音轉「嗌」之證。
〔註62〕唐晏《陸子新語校注》卷上，《龍溪精舍叢書》本，第8頁。
〔註63〕《記纂淵海》據宋刊本，四庫本在卷57。

傅玄《漢陽太守爕銘》：「敦方足以正眾邪，肅清足以濟殊俗。」《亢倉子·政道》：「近古以來，天下姦邪者眾，正直者寡，輕薄趨利者多，敦方退靜者鮮。」S.1889《燉煌氾氏人物傳》：「（氾緒）敦方正直。」敦，讀作端，一聲之轉，亦正直之誼。《釋名·釋衣服》：「玄端，其袖下正直端方，與要（腰）接也。」「敦方正直」即「正直端方」也。《類聚》卷 44 晉顧愷之《箏賦》：「其器也，則端方修直，天隆地平。」

（9）則蕭、曹、周、韓之論，何足得矣

　　汪繼培曰：「論」當作「倫」。「得矣」蓋「專美」之訛。

　　彭鐸曰：本傳作「倫」。此謂不難得，作「何足專美」，則非其本旨。

　　按：彭說是。足，猶難也。《後漢書·王符傳》作「何足不致」。

卷　四

《班祿》第十五

（1）後稍矯虔

　　汪繼培曰：《書·呂刑》云：「奪攘矯虔。」後稍，《類聚》作「末後」。

　　按：《類聚》卷 11 引「虔」誤作「處」。

（2）四海蒙利，莫不被德

　　汪繼培曰：莫不，《類聚》作「草木」。按《淮南子·氾論訓》云：「禽獸草木，莫不被其澤。」

　　按：《類聚》誤。本書《忠貴》：「澤及草木，兼利外內，普天率土，莫不被德。」

（3）蓋此言也，言夏、殷二國之政不得，乃用奢夸廓大，上帝憎之，更求民之瘼聖人，與天下四國究度而使居之也

　　彭鐸曰：程本作「奢夸廓人」。鄒漢勳云：「奢夸者為廓人。今世俗尚有『廓人』之語，其由來久矣。潛夫所舉，殆三家詩說也。」鐸按：「奢夸廓」，猶《潛歎篇》「幽隱囚人」，皆以三同義詞為定語。「廓人」即「闊人」，《新方言·釋言》：「今謂人奢泰為闊綽。」「闊人」謂闊綽之人也。叔子此解雖臆創，然核之辭例語義皆合，自不得以悖於雅訓而棄之。

按：鄒、彭說非是。四部本、胡本作「大」，四庫本、局本亦作「人」。「人」是「大」脫誤。《詩・皇矣》：「上帝耆之，憎其式廓。乃眷西顧，此維與宅。」毛傳：「廓，大也。」此文「廓大」複詞。

（4）明著禮秩

汪繼培曰：《莊八年左傳》云：「衣服禮秩如適。」

彭鐸曰：「秩」與「䭿」同，《說文》：「䭿，爵之次弟也。」

按：「䭿」是「䭿」俗譌字。秩，程本、胡本作「祑」，四部本、局本作「袟」，均「秩」借字。

（5）咸氣加而化上風，患害切而迫饑寒

汪繼培曰：「咸」當作「戾」，「戾氣」與下「和氣」相對。《說苑・貴德篇》云：「上之變下，猶風之靡草也。」

按：「戾」無緣誤作「咸」，且「戾氣加」與「化上風」文義不屬，汪說非是。「咸」是「諴」省文。《說文》：「諴，和也。《書》曰：『不（丕）能諴于小民。』」《書・無逸》「用咸和萬民」，又《堯典》「協和萬邦」，「咸和」即「協和」，咸亦讀為諴〔註64〕。《左傳・昭公二十六年》：「父慈而教，子孝而箴。」《晏子春秋・外篇》同，《賈子・禮》「箴」作「協」，箴亦讀為諴，協和也。言和氣加人，則百姓能化於君上之風也。下文云「是以官長正而百姓化，邪心黜而姦匿絕，然後乃能協和氣而致太平也」，正言協和氣而百姓化於官長之正風，與此文並非相對之文。

《述赦》第十六

（1）為國者，必先知民之所苦，禍之所起，然後設之以禁，故姦可塞國可安矣

按：例以上文「凡治病者，必先知脈之虛實，氣之所結，然後為之方，故疾可愈而壽可長也」，「國可安」上當補一「而」字，《後漢書・王符傳》載此文正有「而」字。

（2）今主上妄行刑辟，高至死徙，下乃淪冤

孫詒讓曰：「今」當為「令」，「淪冤」疑當為「論免」，皆形之誤。此言誣

奏良吏，令上失刑，重者至死，輕者亦論罪免官。今本作「淪冤」，則與「死徒」高下無別，蓋涉上文「橫枉侵冤」，下文「被冤之家」而誤。

彭鐸曰：孫說甚是。「今」字程本正作「令」。

按：四部本、胡本、四庫本、局本均作「令」，獨汪刻本誤作「今」。

（3）以賊殘酷虐為賢

汪繼培曰：「賊殘」疑倒。（下舉《漢書》3 例）

按：「賊殘」亦可，不必乙轉。《董子‧五行順逆》：「以誅賊殘，禁暴虐。」

（4）三辰有候，天氣當赦，故人主順之而施德焉

按：順，《初學記》卷 20 引作「從」。

（5）故見瑞異，或戒人主

汪繼培曰：「或」字誤。王先生云：「疑『感』之誤。」

按：「或」疑當作「以」。《漢紀》卷 25：「皇天見災異，欲以戒人主。」

（6）夫良贖可，孺子可令姐，中庸之人可引而下

汪繼培曰：《說文》云：「嬗，驕也。」「姐」乃「嬗」之省。

按：程本、四部本、胡本、四庫本「姐」作「姐」。孺子驕縱，本其天性，無庸說孺子可令嬗。俗書從旦、從且不分，此字當作「姐」，讀作怛，驚懼、憂傷、悲痛之義。孺子本不知憂懼、悲傷，今數赦，故云「孺子可令怛」也。

（7）諺曰：「一歲載赦，奴兒噫嗟。」

汪繼培曰：奴，讀為駑。崔實《政論》亦載此諺。《困學紀聞》卷 13 引《政論》「奴」作「好」。或云：「好兒」即「好人」，非也。「噫嗟」《政論》作「喑噁」……噫嗟、喑噁、意烏、噎噎、喑醷、喑噎並聲近義同。

彭鐸曰：王應麟引《政論》作「好兒」，閻若璩謂「好兒」即「好人」，皆是也。范祖禹《唐鑒》卷 3 云：「帝謂侍臣曰：『古語有之……一歲再赦，善人喑啞。』」其說悉本此篇，「善人」即「好兒」，是唐太宗所見本不作「奴兒」也。

按：「喑醷」是「黯黮」、「黔黮」、「暗淡」等字的音轉〔註65〕，汪說非是。《政論》引諺，天明刊本《治要》卷 45 引作「一歲再赦，奴兒喑噁」，

〔註65〕參見蕭旭、陳敏《中村不折藏敦煌寫卷〈莊子〉校補》，《東亞文獻研究》總第 18 輯，2016 年 12 月出版，第 105～107 頁。

日鈔本「喑噁」作「噫噁」，《御覽》卷 652 引作「喑啞」，又卷 496 引作「噫喑」；《困學紀聞》卷 13 引作「一歲再赦，好兒喑啞」，且注云：「『兒』與『人』同，如以『可人』為『可兒』。」閻若璩曰：「《潛夫論》『奴』恐是『好』字之訛。」〔註 66〕①載，讀作再。②《舊唐書・太宗本紀》太宗引古語：「一歲再赦，好人喑啞。」《新唐書・刑法志》同，《御覽》卷 652 引「好人」作「奴人」，《貞觀政要》卷 8、《通典》卷 169、《通鑑》卷 192、《唐會要》卷 40 作「善人」。白居易《議赦》引諺曰：「一歲再赦，婦兒噫啞。」本書及《政論》，自當作「奴兒」，閻、汪、彭諸說均誤。奴兒，指奴僕。《漢書・鮑宣傳》「蒼頭廬兒」，顏師古注引孟康曰：「漢名奴為蒼頭。諸給殿中者所居為廬，蒼頭侍從因呼為廬兒。」又稱作「奴人」，《文子・微明》：「下五有眾人、奴人、愚人、肉人、小人。」也稱作「奴子」，《玉臺新詠》卷 9 梁元帝《樂府》：「珊瑚挂鏡爛生光，平頭奴子提履箱。」〔註 67〕唐宋時「奴」誤作「好」（《御覽》卷 652 引《唐書》尚不誤），因改「奴兒」作「好人」，復改作「善人」，又臆改作「婦兒」。③《御覽》卷 496「噫嗟」作「噫喑」，古音差、昔音轉〔註 68〕。《治要》卷 34 引《鶡冠子・博選》：「馮几據杖指麾而使，則廝役者至；噫喑叱，則徒隸人至矣。」今本「噫喑叱」作一「咄」字（上有缺文）。當作「噫喑叱咄」。《戰國策・燕策一》：「馮几據杖、眄視指使，則廝役之人至；恣睢奮擊、呴藉叱咄，則徒隸之人至矣。」《長短經・論士》同。鮑彪注：「呴，呵。藉，踐也。當從足。《集韻》：『咄，呵也。』」吳師道《補正》：「下言叱咄，上有呴字為復。『呴藉』義亦不類，當是『跔藉』，見《韓策》，釋為跳躍。此謂跳躍蹈藉也。」鮑氏解「呴」、「咄」均是，而訓藉為踐，則是讀為蹢（俗作蹑），誤矣。吳氏校「呴藉」作「跔藉」，金正煒謂「『呴』字當從吳校作『跔』」〔註 69〕，亦誤。「藉」當讀作「嗟」〔註 70〕，「呴嗟叱

〔註 66〕閻說見翁元圻《困學紀聞注》卷 13，上海古籍出版社 2008 年版，第 1484 頁。

〔註 67〕《類聚》卷 43、《白氏六帖事類集》卷 6、《樂府詩集》卷 85 引「箱」同，《初學記》卷 19 誤作「霜」。

〔註 68〕《廣雅》：「差、錯，磨也。」王念孫曰：「差、錯一聲之轉，故皆訓為磨。」「槎牙」、「嗟訝」轉語作「齝齖」。《集韻》「鰶」或作「䱹」，「䱹」是雙聲符字。均其音轉之證。王念孫《廣雅疏證》，收入徐復主編《廣雅詁林》，江蘇古籍出版社 1992 年版，第 200 頁。

〔註 69〕金正煒《戰國策補釋》，收入《戰國策校釋二種》，首都師範大學出版社 1994 年版，第 449 頁。

〔註 70〕黃懷信《鶡冠子彙校集注》說「藉乃嗟之借字，『喑』與『嗟』同」，中華書局 2004 年版，第 7 頁。

呭」四字同義連文。「噫唶」音轉亦作「喑唶」、「喑嗟」〔註71〕，《玄應音義》卷 4、13「喑唶」條並引《說文》：「喑唶，大聲也。」又引《聲類》：「喑唶，大呼也。」《玄應》卷 4 是《大方便佛報恩經》卷 1《音義》，檢經文作「喑嗟煩悶」，是玄應所見本「嗟」作「唶」也。《搜神記》卷 18：「乃喑嗟而去。」此文「噫嗟」是「喑啞叱嗟（咤）」省語，與作嘆詞用的「噫嗟」不同。

（8）賜食事訖

按：《御覽》卷 652 引同，又卷 265 引「事」作「既」。

（9）帝乃振怒，曰：「賊發部中而不能擒，然材何以為茂？」

汪繼培曰：振、震古字通。「材」當作「才」。

彭鐸曰：《御覽》卷 652 引作「震」。《書鈔》及《御覽》並作「才」。又舊本《書鈔》無「然」字。

按：《御覽》卷 265 引仍作「振」，末句作「何以為茂才」。

（10）由此觀之，擒滅盜賊，在於明法，不在數赦

按：《御覽》卷 265、652 二引均無「滅」字。

（11）然則是皆接私計以論公政也。與狐議裘，無時焉可

汪繼培曰：《御覽》卷 694「接」作「挾」，下有「夫」字。按「接」讀為「挾」。與狐，舊作「興瓜」，據《御覽》改。按「與狐議裘」，蓋相傳有是言。《抱朴子·博喻篇》云：「與妒勝己者而謀舉疾惡之賢，是與狐議治裘也。」《天中記》引《符子》云：「左邱明曰：『周人有愛裘而好珍羞，欲為千金之裘而與狐謀其皮，欲具少牢之珍而與羊謀其羞，言未卒，狐相率逃于重邱之下，羊相呼藏于深林之中，故周人之謀失之矣。今君欲以孔子為司徒，召三

<hr>

〔註71〕《老子》第 2 章「音聲相和」，郭店簡、馬王堆帛書乙本同，帛書甲本「音」作「意」。《管子·內業》：「不可呼以聲，而可迎以音。」王念孫曰：「音即意字也。音與力、德、德、得為韻，明是意之借字。下文云『音以先言，音然後形，形然後言』，兩『音』字亦讀為意。前《心術篇》云：『意以先言，意然後形，形然後思，思然後知。』是其明證也。《說文》『意』從心音聲，音、意聲相近，故『意』字或通作『音』，《史記·淮陰侯傳》：『項王喑啞叱咤。』《漢書》作『意烏猝嗟』。喑之通作意，猶之通作音矣。」出土簡帛文獻以「音」作「意」用例可以參看白于藍《簡帛古書通假字大系》，福建人民出版社 2017 年版，第 1392 頁。王念孫《管子雜志》，收入《讀書雜志》卷 8，中國書店 1985 年版，本卷第 22 頁。

桓謀之，非亦與狐謀裘、羊謀羞哉？』」

按：宋刊《御覽》卷 694 引作「扶夫私計以論公政，與狐議裘，無時可得也」。「扶」是「挾私計」形誤，「夫」又涉「扶」誤衍。所引《符子》，見《御覽》卷 208 引，《記纂淵海》卷 155、《職官分紀》卷 2 引略同〔註72〕；又《御覽》卷 694 節引作「為千金之裘而與狐謀之，其皮不可得」。不當徵引後出之《天中記》卷 54。

（12）夫有罪而備辜，冤結而信理

汪繼培曰：《漢書‧王莽傳》云：「所征殄滅，盡備厥辜。」按「備」俱「犕」之誤。《後漢書‧皇甫嵩傳》章懷注：「犕，古服字。」信，讀為申。

彭鐸曰：古讀服為備，說見《經義述聞》卷 19。汪謂「備」俱「犕」之誤，猶未達一間耳。

按：備、服古音同，此當讀備為伏，彭氏仍未探本。馬王堆帛書《養生方》：「以五月口（取）備參，龕（纔）黃，即（下殘）。」整理者指出「備參」即「茯苓」〔註73〕。《詩‧雨無正》：「舍彼有罪，既伏其辜。若此無罪，淪胥以鋪。」《史記》及《漢書》習見「伏辜」一詞。《後漢書‧陽球傳》：「願假臣一月，必令豺狼鴟梟，各服其辜。」服亦讀為伏，《東觀漢記》卷 21 作「悉伏其辜」。

《三式》第十七

（1）孝武皇帝封爵丞相，以褒有德，後亦承之，建武乃絕

按：「承之」二字，四部本、胡本同，程本、四庫本、局本作「襲」。

（2）何得坐作奢僭，驕育負責，欺枉小民

汪繼培曰：「育」蓋「贏」字之壞。字亦作「盈」。

彭鐸曰：「負責」詳《斷訟篇》。「責」與「債」同。

按：各本作「育」，獨四庫本改作「溢」，無版本依據。「育」蓋「賣」同音借字，俗字作賣，又通作鬻、粥。《說文》：「賣，衒也，讀若育。」驕賣，猶言驕矜、驕誇。「負責」即「負債」，今言欠債。

〔註72〕《記纂淵海》據宋刊本，四庫本在卷 63。
〔註73〕《馬王堆漢墓帛書〔肆〕》，文物出版社 1985 年版，第 101 頁。

－1032－

（3）是誠封三公以旌積德，試列侯以除素餐

　　汪繼培曰：「試」舊作「誠」。

　　彭鐸曰：涉上「誠」字而誤。

　　按：字當作「誠」。誠列侯不得尸位素餐也。

（4）誠如此，則諸侯必內思制行而助國矣

　　汪繼培曰：「制」舊作「刺」。按「刺」乃「利」字之誤。「利」即「制」字，《說文》云：「利，裁也。從刀，從未。未，物成有滋味，可裁斷。」

　　按：此字四部本、胡本作「刺」，程本、四庫本、局本作「制」。不知汪何故失校程本？

《愛日》第十八

（1）所謂治國之日舒以長者，非謁羲和而令安行也

　　汪繼培曰：《類聚》卷52「謁」上有「能」字，下同。

　　按：《類聚》卷52引「謁」作「請」。下文「所謂亂國之日促以短者，非謁羲和而令疾驅也」，《類聚》引仍作「謁」。《後漢書·王符傳》載此文「謁」誤作「謂」。

（2）萬官撓民，令長自衒

　　汪繼培曰：《傳》作「令長以神自蓄」。按《說文》云：「衒，行且賣也。或從玄作衒。賣，衒也，讀若育。」賣、蓄聲相近。

　　彭鐸曰：本傳章懷注：「難見如神也。」難見如神，則與衒賣適相反。今按「衒」當為「眩」。眩，幻也。言令長變幻自神，以惑百姓也。汪說失之。

　　按：《說文》：「賣，衒也，讀若育。」汪刻本「賣」誤作「買賣」之「賣」，彭氏未作校正。衒，炫耀。《後漢書·王符傳》作「蓄」者，汪說與「賣」聲近，是也。字亦作憍，《詩·谷風》鄭玄箋：「憍，驕也。」李賢注「難見如神」未得，彭氏據其說改「衒」為「眩」，訓眩惑，亦非。「以惑百姓」不得說「自衒」。

（3）非朝晡不得通

　　汪繼培曰：「晡」舊作「餔」。晡、餔古通用。

　　彭鐸曰：「晡」即「餔」之後出改旁字。

按：四庫本作「餔」，四部本、胡本、局本作「晡」。程本作「脯」，是「晡」形誤。

（4）故猥說一科，令此注百日，乃為移書

汪繼培曰：盧學士云：「『說』疑當作『設』。」繼培按：「設」字是也。《後漢書·質帝紀》本初元年詔曰：「造設科條。」王先生云：「『科令』為句。『此注百日』是『比滿百日』之誤。」

彭鐸曰：《論衡·正說篇》：「說隱公享國五十年，將盡紀元以來邪？」孫詒讓謂「說」當為「設」，形聲相近而誤。正與此同。《周禮·獸人》疏：「注猶聚也。」《說文》：「注，灌也。」《廣雅》：「灌，聚也。」「注」自有滿義，不必改。「令」字屬下讀。

按：王說「科令」為句，「此」當作「比」，均是。盧說「說」當作「設」，彭說「注」是灌滿義，「令」字屬下讀，均非。「科令」是漢代法律用語，指法律條令。《後漢書·孝和帝紀》永元十一年詔曰「但且申明憲綱，勿因科令加虐贏弱」，又《循吏傳》「勸人生業，為制科令」，又《左雄傳》雄上言「有不承科令者，正其罪法」，皆其例也。注，讀為投、股，置也，猶言擱置。字亦作鈺，《廣雅》：「鈺，置也。」王念孫曰：「《韓詩外傳》：『於此有絺紵五兩，敢置之水浦。』《列女傳》作『願注之水旁』。是注為置也。注與鈺通。《莊子·達生篇》：『以瓦注者巧。』《淮南子·說林訓》作鈺。是其證也。」〔註74〕《莊子》之「注」，《呂氏春秋·去尤》作「股」。《荀子·榮辱》：「則君子注錯之當，而小人注錯之過也。」楊倞注：「注錯，謂所注意錯履也。亦與措置義同。」王念孫曰：「楊後說得之。注、錯二字同義。《廣雅》：『措、鈺，置也。』『措鈺』即『注錯』。」〔註75〕言公府妄說一條法律條文，等到案件擱置百日，乃為移送公文也。下文云「其不滿百日」，言擱置不滿百日，非「注」當作「滿」或訓「滿」之證也。

（5）夫直者貞正而不撓志

按：貞，胡本同，程本、四部本、四庫本、局本作「真」。

〔註74〕王念孫《廣雅疏證》、《補正》，收入徐復主編《廣雅詁林》，江蘇古籍出版社 1992 年版，第 286 頁。《韓詩外傳》見卷 1，《列女傳》見卷 6。

〔註75〕王念孫《荀子雜志》，收入《讀書雜志》卷 10，中國書店 1985 年版，本卷第 65 頁。

（6）正士懷冤結而不得信，猾吏崇姦宄而不痛坐

汪繼培曰：信讀為申。

按：《後漢書·王符傳》載此文「得」作「見」，「痛」作「被」。李賢注亦曰：「信，讀曰申。」

「得」古字作「尋」，脫作「見」。「痛」是「被」形誤。《書鈔》卷73引謝承《後漢書·朱雋傳》：「為郡主簿，大守尹端被坐討賊失利，罪當棄市。」

（7）郡縣所以易侵小民，而天下所以多饑窮也

按：《後漢書·王符傳》作「此小民所以易侵苦，而天下所以多困窮也」。此文「侵」下脫「苦」字。《傳》「侵苦」作被動詞，此文則是主動詞，所以異也。

（8）帝曰：「民既廢農遠來詣闕，而復使避反支，是則又奪其日而冤之也。」

按：「農」下當補「桑」字。上文「民廢農桑而守之」，是其證。又上文「百姓廢農桑而趨府庭者」，原脫「農」字，汪氏已據《後漢書·王符傳》補。

卷　五

《斷訟》第十九

（1）脈脈規規，常懷姦唯

汪繼培曰：《玉篇》云：「眽眽，姦人視也。」亦作「脈」。「脈脈」與「眽眽」通。《漢書·東方朔傳》云「跂跂脈脈善緣壁」，顏師古注：「脈脈，視貌。」《莊子·秋水篇》云「規規然自失」，《釋文》云：「規規，驚視自失貌。」《荀子·非十二子篇》「莫莫然，睍睍然」，楊倞注：「『睍』與『規』同。規規，見小之貌。」按「莫莫」與「脈脈」聲亦相近。「唯」當為「詐」。王侍郎云：「『唯』疑『睢』，姦睢猶恣睢。」

彭鐸曰：作「詐」是。

按：①汪氏湖海樓叢書刻本「亦作脈」之「脈」作「眿」。「亦作眿」是《玉篇》釋文，當放在引號內，叢書集成初編排印本作「眿」不誤，四部備要本、諸子集成本、中華書局新編諸子集成本均誤作「脈」。②汪氏說「脈脈」即「眽眽」，亦作「莫莫」，是也，但猶未盡。「眽眽」亦作「覛覛」，衰

視貌。「規規」是「窺窺」、「闚闚」轉語，亦衺視貌。《說文》：「窺，小視也。」《廣雅》：「窺、睍、眿、睼、覒，視也。」王念孫曰：「睍者，《廣韻》：『睍，邪視也。』『眿』與下『覒』字同。《爾雅》：『覒，相也。』《說文》：『眿，目財視也。』『覒，衺視也。籀文作覒。』……重言之則曰『眿眿』，義見《釋訓》。『睼』與『窺』聲義相近也。」〔註76〕《說文》「眿，目財視也」，《廣韻》引「財」作「邪」。「睍（眊）」、「莫」亦是雙聲轉語，《集韻》「瞙」或作「眊」，是其比。此文「眿眿規規」，即是《荀子》「莫莫睼睼」，也即《廣雅》「眿睼」或「睍睼」重文。汪氏所引《漢書》「跂跂脈脈」，「跂跂」亦是「規規」轉語，此則汪氏所未及者，舊注多誤〔註77〕。③汪說「唯當為詐」，但二字形、聲俱遠，無緣致誤。王說「唯疑睢」，但「姦睢」不辭。二說俱不足取。四庫本改「姦唯」作「奸宄」，無版本依據。《漢語大詞典》：「姦唯，猶奸回，奸惡邪僻。」〔註78〕余謂「姦唯」是「姦詭」或「姦偽」聲誤，「詭」、「偽」同源。

（2）昧冒前利，不顧廉恥

汪繼培曰：《襄廿六年左傳》云：「楚王是故昧于一來。」杜注：『昧猶貪冒。』《周語》云：「戎、狄冒沒輕儳，貪而不讓。」「昧冒」猶「冒沒」也。《漢書·匈奴傳》云：「單于咸棄其愛子，昧利不顧。」《說苑·正諫篇》云：「……此三者，皆欲得其前利，而不顧其後之有患也。」《鹽鐵論·結和篇》云：「登得前利，不念後咎。」

按：《戰國策·秦策四》：「沒利於前，而易患於後也。」《史記·春申君列傳》、《新序·善謀》同，一本「沒」形誤作「設」。《韓詩外傳》卷10：「此皆言前之利，而不顧後害者也。」《書鈔》卷124、《類聚》卷60、《御覽》卷350引「言」作「貪」。《吳越春秋·夫差內傳》：「但貪前利，不覩後患。」沒、昧一聲之轉，貪也。《鹽鐵論》「登得」亦即「貪得」〔註79〕。《戰國策·魏策一》：「偷取一旦之功，而不顧其後。」意亦同。

〔註76〕王念孫《廣雅疏證》，收入徐復主編《廣雅詁林》，江蘇古籍出版社1992年版，第81頁。

〔註77〕參見蕭旭《小學類著作校疏（五則）》，《中國文字》2021年夏季號（總第5期），第49～52頁。

〔註78〕《漢語大詞典》（縮印本），漢語大詞典出版社1997年版，第2295頁。

〔註79〕參見洪頤煊《讀書叢錄》卷16，收入《續修四庫全書》第1157冊，上海古籍出版社2002年版，第702頁。

（3）苟且中，後則榆解奴抵，以致禍變者，比屋是也

汪繼培曰：「中」下脫一字。「榆」蓋「偷」之誤。解，讀為懈。「奴抵」字未詳。

按：①比屋，四部本、程本、胡本作「比屈」，四庫本作「比肩」。「屈」是「屋」形誤。四庫本臆改，無版本依據。「比屋」也稱作「比室」。②汪氏說「榆解」為「偷懈」，是也，偷亦懈怠也。但「榆」可借作「偷」，非誤字。王弼本《老子》第41章「建德若偷」，北大漢簡本「偷」作「榆」，是其證。③奴，讀作詉。《玉篇殘卷》「詉」字條引《埤蒼》：「諮詉，言不可解也。」P.2011王仁昫《刊謬補缺切韻》：「嘫，嘫哰，偆挐。」《廣韻》：「嘫，嘫哰，偆挐，語不可解。」《集韻》：「詉，惡言。」又「詉，諮詉，詐也。」詉之言挐也，謂言語牽連不止，引申為羞窮、詆詆、欺詐。《說文》：「諮，諮挐，羞窮也。」《方言》卷10：「嘫哰，謰謱，拏也（郭璞注：『言諮拏也。』）。拏，揚州會稽之語也。或謂之惹（郭璞注：『言情惹也。』），或謂之諈（郭璞注：『言詆諈也。』）。」P.2011《切韻》、裴務齊《正字本刊謬補缺切韻》並云：「諮，諮挐，詐。」字亦作挐，《說文繫傳》：「挐，一曰詆也。」④抵，讀作詆，欺詆、毀辱也。⑤S.2071《切韻箋注》：「譗，譗詉，語不止。」又「詉，譗詉，語不正。」「譗詉」即「諮詉」、「偆挐」，「正」當作「止」，「語不止」即《方言》「謰謱」、《埤蒼》「言不可解」、《廣韻》「語不可解」之義。P.2011《切韻》「譗」字條、裴務齊《切韻》「譗」「詉」二字條、《廣韻》「譗」字條「止」誤作「正」〔註80〕。⑥P.2011《切韻》：「繆，繆絮，相著兒。」《玉篇》、《廣韻》同。《集韻》：「繆、繅，繆絮，絲絮相箸也，或從奢。」「繅絮」即「諮挐」、「諮詉」、「偆挐」、「譗詉」同源詞〔註81〕，特指絲絮相牽引兒。

（4）假舉驕奢，以作淫侈，高負千萬，不肯償責

按：「假舉」同義連文，指借債。

（5）黎陽侯邵延坐不出持馬，身斬國除

汪繼培曰：《史記·惠景間侯者年表》作「犁侯」，《漢書·功臣表》作「黎

〔註80〕關長龍據《王韻》、《裴韻》、《廣韻》校「止」作「正」，俱矣。關說見張涌泉主編《敦煌經部文獻合集》，中華書局2008年版，第2308頁。訂其正誤當明理據，非多者勝也。

〔註81〕胡吉宣已指出「繆絮」即「諮詉」。胡吉宣《玉篇校釋》，上海古籍出版社1989年版，第5450頁。

侯」，並無「陽」字，此蓋與「周陽」相涉而誤。《漢書》顏師古注云：「時發馬給軍，匿而不出也。」按《武帝紀》：「元狩五年，天下馬少，平牡馬匹二十萬。」《食貨志》云：「車騎馬乏，縣官錢少，買馬難得，迺著令，令封君以下至三百石吏，以差出牡馬。」「持馬」蓋「特馬」之誤，「特馬」即「牡馬」。

彭鐸曰：「持馬」兩表並誤。

按：梁玉繩引明人程一枝《史詮》曰：「今本『特』作『持』，誤。」〔註82〕其說早於汪氏。周壽昌曰：「案《毛詩·鳧鷖序》疏：『執而不釋謂之持。』即此意。」〔註83〕沈欽韓曰：「此乏軍興法也。《御覽》卷358《六韜》曰：『車騎之將，軍馬不具、鞍勒不備者，誅。』」〔註84〕宋本《冊府元龜》卷152亦作「持馬」，同《史》、《漢》二表〔註85〕。余謂各書皆作「持馬」，不誤，周說近之。不出持馬者，謂黎侯不獻出自己所持有之馬。沈氏以「持馬」為具備鞍勒之馬，無據。

（6）志厲青雲

汪繼培曰：《淮南子·氾論訓》文。

按：《淮南子·兵略篇》亦有此語。厲，上也。《長短經·勢略》引《兵略篇》「厲」作「勵」，非也。胡本「青」誤作「責」。

（7）乎以致於刳腹殳頸滅宗之禍者，何所無之

汪繼培曰：「乎」當作「卒」，屬下讀。《呂氏春秋·順說篇》云：「刈人之頸，刳人之腹。」「殳」當作「艾」，「艾」與「刈」通。

彭鐸曰：「殳」當作「殳」。《釋名》：「殳，殊也。」《昭廿三年左傳》《釋文》引《說文》：「殊，一曰斷也。」「殳頸」猶「斷頸」耳。

按：彭鐸引《釋名》「殳，殊也」，可備一通。殳、殊是聲訓，《說文》云「殳，以杸殊人也」，亦同。《說文》：「艾，刈艸也。」又「乂，艾艸也。刈，乂或從刀。」艾、刈同義互訓，「艾」聲轉亦作「斬」，《禮記·禮器》鄭玄注：

〔註82〕梁玉繩《史記志疑》卷12，中華書局1981年版，第632頁。

〔註83〕周壽昌《漢書注校補》卷8，收入《叢書集成新編》第112冊，新文豐出版公司1985年印行，第136頁。

〔註84〕沈欽韓《漢書疏證》卷3，收入《續修四庫全書》第266冊，上海古籍出版社2002年版，第83頁。

〔註85〕水澤利忠說《史記》紹興本「持」作「恃」，乃誤校，紹興本仍作「持」。水澤利忠《史記會注考證校補》廣文書局1972年版，第1096頁。

「撕之言芟也。」故「芟」異體字或作「薪」。《莊子·說劍》:「上斬頸領,下決肝肺,此庶人之劍。」「芟頸」即是「斬頸」,與「刈頸」同義,不煩改字。

（8）婦人軟弱,猥為眾強所扶與執迫,幽阨連日

彭鐸曰:「與」疑「舁」。《說文》:「舁,共舉也。」

按:「扶與」亦作「扶於」、「扶輿」,周旋貌,婉轉貌,與「執迫」對文,是軟纏、硬逼二種手段。

《衰制》第二十

（1）此齊驪馬繻所以沈胡公于具水

汪繼培曰:「繻」舊作「傳」。《楚語》云:「昔齊驪馬繻以胡公入于貝水。」古書「需」字與「專」相似。貝水,《水經注·巨洋水篇》引《國語》作「具水」,云:「袁宏謂之巨昧,王韶之以為巨蔑,亦或曰朐瀰,皆一水也,而廣其目焉。」元和夏孝廉文燾云:「具、巨、朐聲相近。」則作「具」是也。

按:胡本作「**具**水」,四部本、程本、四庫本、局本作「貝水」。《黃氏日抄》卷52、《永樂大典》卷10934引《國語》亦作「具水」。觀汪氏注語,則所據底本亦作「貝水」,而校正作「具水」。黃丕烈亦從夏文燾說。黃模、董增齡校亦據《水經注》校作「具水」〔註86〕。顧祖禹則謂山東博昌縣南有地名「貝中聚」,《春秋·莊公八年》有「貝丘」(《史記》謂之「沛丘」),「貝水」即此〔註87〕,則以「貝」為是。余不知孰是,待質正焉。

（2）是故陳恒執簡公于徐州,李兌害主父于沙丘,皆以其毒素奪君之轡策也

汪繼培曰:「毒」字衍,即「素」之駁文。

彭鐸曰:毒、蓄古音同部,例得借用。《老子》「亭之毒之」,以「毒」為「蓄」,即其證。「毒」字義自可通,蓋非衍。

按:各本均作「毒素」,四庫本改作「平素」,無版本依據。彭氏讀作「蓄素」,不知其作何解?「毒」疑「責」形誤。「責」是「積」省文。

〔註86〕黃模《國語補韋》卷4,董增齡《國語正義》卷18,黃丕烈《校刊明道本韋氏解〈國語〉札記》,分別收入《〈國語〉研究文獻輯刊》第1、4、10冊,國家圖書館出版社2012年版,本冊第582、484～485、284頁。
〔註87〕顧祖禹《讀史方輿紀要》卷35,萬有文庫本,第1512頁。

《勸將》第二十一

（1）涉歷五代，以迄於今

汪繼培曰：迄，《治要》作「迨」。

按：鈔本《治要》作「**迨**」，仍是「迄」字。

（2）彼此之情，不聞乎主上；勝負之數，不明乎將心

按：明，《治要》引作「用」，天明刊本上方校語云：「『用』作『明』，是。」

（3）夫服重上阪，出馳千里，馬之禍也。然節（良）馬樂之者，以王良足為盡力也

汪繼培曰：以王良，《治要》作「以御者良」。按「王良」疑當作「良工」。

彭鐸曰：王良識馬，故馬樂為盡力，猶明君愛士，故士樂為效死。此義出《楚策》。《治要》「御者良」，衍「者」字。《新語·術事》亦云「馬為御者良」。明顯不是指

按：彭說「王良」不誤，是也，但引《新語》「馬為御者良」則大誤。《新語》原文云「道為智者設，馬為御者良，賢為聖者用，辯為智者通」，其「御者良」不成詞，不指王良。

（4）不利顯名，則利厚賞也

汪繼培曰：「賞」當作「實」。《史記·魯仲連傳》云：「此兩計者，顯名厚實也。」下文亦云「榮名厚實」。

按：汪說是也。鈔本《治要》引正作「實」（天明刊本亦誤作「賞」）。下文云「乃義士且以徼其名，貪夫且以求其賞爾」，天明刊本《治要》引同，「賞」亦當作「實」，與「名」對舉。鈔本《治要》引作「乃義士且以求其實」，雖有脫文，而「實」字不誤，汪氏失校。

（5）典兵之吏，將以千數

按：典，鈔本《治要》引誤作「曲」（天明刊本不誤）。

（6）是故智以折敵，仁以附眾

汪繼培曰：「折」疑「料」之誤。《史記·白起傳》論云「料敵合變」。

彭鐸曰：作「料」是也。《孫子》何延錫注：「非智不可以料敵應機。」蓋本此。

按：汪、彭說是，「料」俗作「斵」，形近而訛作「折」。S.4537「旌旗永折」，P.2807 作「永斵」，此則「折」誤作「斵」之例。下文「故折敵則能合變，眾附愛則思力戰」，「折」亦「料」之誤。下文「既無斷敵合變之奇，復無明賞必罰之信」，汪繼培曰：「斷，《治要》作『料』。料、斷義相近，古亦通用。」彭鐸曰：「此當從《治要》作『料敵』，『斷』字俗書作『断』，故與『料』字相亂。」彭說是也，「斵」、「断」字形尤近。陳冰梅說「折」不誤，訓作挫折〔註88〕，非是。

（7）賢智集則英謀得

汪繼培曰：英，程本作「陰」。按「英」疑「策」之誤。

彭鐸曰：「陰謀」見《史記・陳丞相世家》，「英」字蓋俗音訛。

按：胡本亦作「英」，四部本、四庫本、局本亦作「陰」。汪說「英」疑「策」誤是也，「策」俗作「筴、笑」，因誤作「英」。

（8）據列城而氣利勢，權十萬之眾，將勇傑之士

汪繼培曰：下篇云「諸郡皆據列城而擁大眾」，或疑「權」為「擁」之誤。按《史記・呂后紀》灌嬰曰：「諸呂權兵關中。」《易林・益之臨》：「帶季、兒良，明知權兵。」權兵，言執兵柄。本書《潛歎篇》「權噬賢之狗」，義與此同。

按：或說「權」為「擁」誤，是也。《史記・信陵君列傳》「擁十萬之眾」，《後漢書・袁紹傳》「擁百萬之眾」。列，讀作連。「列城」即是「連城」。

（9）器械不簡習

汪繼培曰：《吳語》云：「申胥、華登，簡服吳國之士於甲兵。」韋昭注：「簡，習也。」

按：簡，讀作嫺，俗作嫻，習也。

（10）士以所拙遇敵巧

汪繼培曰：拙，《治要》作「屈」。

彭鐸曰：拙、巧對舉，作「屈」者借字。

按：巧，《治要》引誤作「抉」。

〔註88〕陳冰梅《〈潛夫論〉校注札記》，蘇州大學 2008 年碩士論文，第 22 頁。

（11）無士無兵，而欲合戰，其敗負也，理數也然

　　汪繼培曰：舊作「治數也」，據《治要》改、補。

　　彭鐸曰：「然」字當屬下讀。然故，是故也。

　　按：彭說非是。程本、四部本、胡本、四庫本、局本無「然」字。天明刊本《治要》作「其敗負也，理數也然」，鈔本《治要》作「其敗也負也，理數然也」。鈔本是。

《救邊》第二十二

（1）昔樂毅以慱慱之小燕，破滅強齊，威震天下，真可謂良將矣

　　汪繼培曰：按《齊策》貂勃云：「安平君以惴惴之即墨……而反千里之齊。」「慱慱」即「惴惴」之誤。《莊子・齊物論》云「小恐惴惴」，是其義已。《漢書・賈捐之傳》論珠厓云：「顓顓獨居一海之中。」「顓顓」與「惴惴」同。顏師古注：「『顓』與『專』同。專專猶區區，一曰圓貌。」其說非也。

　　按：汪說是。慱慱，四部本同，程本、胡本誤作「慱慱」，四庫本、局本誤作「博博」。

（2）今苟以己無慘怛冤痛，故端坐相仍，又不明修守禦之備，陶陶閒澹，臥委天□

　　汪繼培曰：空格程本作「聽」，疑非。

　　彭鐸曰：程本「聽」蓋「職」訛。

　　按：王紹蘭曰：「據上文稱『咸云當且放縱，以待天時』，《邊議篇》亦稱『尚云不當救助，且待天時』，此空格當是『時』字。」〔註89〕胡本亦作空格，四部本、四庫本、局本亦作「聽」。「聽」字當不誤。臥委天聽，指帝王不管不問。

（3）個個潰潰，當何終極

　　汪繼培曰：《爾雅・釋訓》云：「儚儚、洶洶，惛也。」《釋文》：「洶洶，本作『襛襛』。」按《玉篇》作「個個」，與此合。《說文・衣部》又引「襛襛襩襩」。《說文》無「襩」字，當依此作「潰」。今《爾雅》無「潰潰」，蓋脫佚也。

〔註89〕王紹蘭《潛夫論校記》，收入《蕭山王氏所著書》第3冊，臺北聯經事業出版公司1976年版，第1032～1033頁。

彭鐸曰:《說文》引「襛襛襗襗」，即《爾雅》「委委佗佗」之異文。說見馬瑞辰《毛詩傳箋通釋》卷3。

按:彭從馬說，段玉裁、孫星衍說同馬氏〔註90〕，非是。錢大昕曰:「《說文》無『襗』字，當為『潰』之譌。《潛夫論》云云，即用此語。今《釋訓》有云:『儚儚、洄洄，惛也。』『儚儚』即上文之『夢夢』，不應重出，必『潰潰』之譌也。『洄洄』或作『襛襛』，見陸氏《釋文》，景純亦讀洄為韋音。」〔註91〕今本《爾雅》當是脫「襗襗」，汪說是，錢說「潰潰」誤作「儚儚」，不能必也。「個個」、「洄洄」、「襛襛」亦作「回回」、「徊徊」、「恛恛」、「愇愇」，心亂貌。《漢書‧揚雄傳》《甘泉賦》:「徒回回以惶惶兮，魂固渺渺而昏亂。」《文選》作「徊徊」。「潰潰」、「襗襗」亦作「憒憒」、「聵聵」〔註92〕，煩悶昏亂貌。

（4）獟狦於攘

按:各本「於」作「于」。底本誤作「於」。

（5）不一命大將以掃醜虜，而州稍稍興役，連連不已

汪繼培曰:《意林》「州」下有「縣」字。按本書皆以「州郡」連言，此亦當作「州郡」。《漢書‧西南夷傳》云:「州郡擊之不能服。」

按:《意林》卷3引作「猶不命大將掃除醜虜，而州縣興兵不息也」，《御覽》卷854引作「不命大將以討叛羌，州郡稍興兵」。《御覽》「州」下正有「郡」字。

（6）若排簾障風，探沙擁河，無所能禦，徒自盡爾

汪繼培曰:「簾」舊作「梭」，「擁」舊作「灌」，並據《意林》改。《御覽》卷9「簾」作「翣」。「翣」與「箑」通，扇也。卷854「簾」又作「糠」，「探」作「陶」。按「陶」當作「掏」，《一切經音義》卷7引《通俗文》云:「掐出曰掏。」探、掏義同。「無所」句，《意林》作「無益於事，徒自弊耳」。

〔註90〕段玉裁《詩經小學》卷4，收入《段玉裁全書》第1冊，江蘇人民出版社2015年版，本冊第484頁。陳瑑《說文引經考證》卷4、張鳴珂《說文佚字考》卷3並引孫星衍說，並收入《續修四庫全書》第227冊，上海古籍出版社2002年版，第495、564頁。陳瑑稱作「孫觀察」。孫說原始出處待檢。

〔註91〕錢大昕《潛研堂文集》卷10《答問七》，收入《嘉定錢大昕全集（九）》，江蘇古籍出版社1997年版，第146頁。

〔註92〕參見方以智《通雅》卷9，收入《方以智全書》第1冊，上海古籍出版社1988年版，第353頁。

按：汪校未盡也。簾，四部本、胡本作「櫎」，程本、四庫本作「攄」，局本作「據」。《意林》卷3引作「排簾障風，探沙擁河，無益於事，徒自弊耳」，《御覽》卷9「風」條引作「排翣障風，揲沙擁河，無禦也」，又卷854「糠」條引作「排糠障風，掏沙壅河」。「灌」是「擁」形譌。擁，讀作壅。宋刊《御覽》作「掏」，四庫本作「淘」，汪氏所見本誤作「陶」。疑「糠」誤作「櫎」，復誤作「攄」、「據」。作「簾」或「翣」，亦是臆改。

《邊議》第二十三

（1）明於禍福之實者，不可以虛論惑也；察於治亂之情者，不可以華飾移也

按：「移」與「惑」對文，讀作訑，欺詑也。字亦作訑、詑、訑、訑、詍。「委蛇」、「蝼蛇」、「踒跎」、「遒迤」轉語作「委移」，是其比也。四庫本改「移」作「侈」，無版本依據。

（2）是以晏子「輕困倉之蓄而惜一杯之鑽」何異

汪繼培曰：以，猶與也。今《晏子》無此文。

彭鐸曰：蓋他書載晏子有此語，非必見《晏子春秋》。「鑽」疑當作「饡」。《說文》：「饡，以羹澆飯也。」作「鑽」則與「困倉之蓄」不類矣。

按：王紹蘭曰：「『鑽』當為『借』字之誤也。《晏子春秋·內篇》：『景公之時，霖雨十有七日。公飲酒，日夜相繼。晏子請發粟於民，三請不見許，遂分家粟於氓。』是輕困倉之粟也。《御覽·器物部》引《晏子春秋》：『晉欲攻齊，使范昭觀焉。景公觴之。范昭曰：『請君棄樽酌。』晏子命徹樽革具。』是惜一杯之借也。蓋范昭欲借用景公之樽，晏子命徹樽。」〔註93〕四庫本「以」作「與」，「鑽」作「羹」，乃臆改。下句「今但知愛見薄之錢谷」，四庫本「薄」作「在」，亦臆改。「輕困倉之蓄而惜一杯之鑽」乃述晏子之事，而非晏子之語，不當加引號。

（3）《詩》痛「或不知叫號，或慘慘劬勞」

汪繼培曰：《北山》。

〔註93〕王紹蘭《潛夫論校記》，收入《蕭山王氏所著書》第3冊，臺北聯經事業出版公司1976年版，第1033～1034頁。《御覽》見卷761，「棄」作「幸」，今本《晏子·內篇雜上》作「棄」，《後漢書·馬融傳》李賢注引同。

彭鐸曰：慘慘，程本作「慘以」，蓋三家《詩》異文。

按：彭說非也。文獻引《詩》，無作「慘以劬勞」者，不當明代忽出三家《詩》異文，程本誤耳。「慘慘」是「懆懆」形譌，愁不安也〔註94〕，又作「慅慅」、「草草」、「操操」〔註95〕。P.2978《毛詩》作「慘慘」，P.4072d《毛詩鄭箋》脫誤作「參參」，是唐人已誤。

（4）諺曰：「何以服很？莫若聽之。」

汪繼培曰：《說文》云：「很，不聽從也。」《禮記・曲禮》云「很毋求勝」，鄭注：「很，鬩也。謂爭訟也。」

按：很，四部本作「佷」，程本、四庫本、局本作「恨」，胡本殘脫此節文字。「佷」是「很」俗字，「恨」是同音借字。

（5）救邊乃無患

按：救，程本、四部本、胡本、四庫本、局本均作「捄」。

《實邊》第二十四

（1）邊民謹頓

汪繼培曰：頓，讀為鈍。

彭鐸曰：《方言》卷10：「頓、潛，憚也。」謹頓，謂謹愿憛闇也。二字平列，又疊韻。

按：汪、彭說非是。謹，善良、謹慎。頓，讀為惇，字亦作敦，敦重、厚實。《說文》：「惇，厚也。」「謹敦」也倒言作「敦謹」，《後漢書・張純傳》：「純以敦謹守約，保全前封。」又音轉作「淳謹」、「純謹」、「醇謹」，《墨子・所染》：「其友皆好仁義淳謹畏令。」《呂氏春秋・貴當》：「其友皆孝悌純謹畏令如此者，其家必日益，身必日榮矣。」《史記・萬石君傳》：「丞相醇謹而已。」《荀子・君子》「忠者惇慎此者也」，一本作「敦慎」。「謹頓」即是「敦慎」之誼。

〔註94〕參見戴震《毛鄭詩考正》卷2，收入《戴震全書》第1冊，黃山書社1994年版，本冊第626頁。又參見戴震《聲韻考》卷4《論韻書中字義答秦尚書蕙田》，收入《戴震全書》第3冊，本冊第339頁。又參見段玉裁《詩經小學》卷12，收入《段玉裁全書》第1冊，江蘇人民出版社2015年版，本冊第512頁。

〔註95〕參見方以智《通雅》卷10，收入《方以智全書》第1冊，上海古籍出版社1988年版，第399頁。

（2）至遣吏兵，發民禾稼，發徹屋室，夷其營壁，破其生業

汪繼培曰：《詩·十月之交》云：「徹我牆屋。」《趙策》孟嘗君曰：「毋發屋室。」按「發」字與上複，此當讀為「廢」。《說文》云：「廢，屋傾也。」

彭鐸曰：下「發」字不誤，上「發」字當為「𤼲」。《說文》：「𤼲，以足蹋夷草。」引《春秋傳》曰：「𤼲夷蘊崇之。」今《隱六年左傳》作「芟夷」，杜注：「芟，刈也。」𤼲、芟義近。𤼲民禾稼，猶言刈民禾稼耳。《後漢書·西羌傳》「乃遂刈其禾稼，發徹室屋」，即本此文，是其明證矣。此「𤼲」字若不誤為「發」，則校者亦必改為「芟」。夫屋可言發（《鹽鐵論·散不足篇》「發屋賣業」是），而禾稼不可言發。汪不訂上句之誤，而輒改下讀，蓋泥於廢、芟之本訓，而適忘《成十三年左傳》有「芟夷我農功」之文。

按：王紹蘭亦引《後漢書》，又曰：「其『發民禾稼』之『發』，當是『𤼲』字之譌。《說文》：『𤼲，以足蹋夷草。』引《春秋傳》曰『𤼲夷蘊崇之』，今《左氏傳》作『芟』，亦與《西羌傳》『刈其禾稼』義合。」〔註96〕徐山曰：「兩『發』字均不誤。『發民禾稼』的『發』指拔起義。『發徹』為同義並列複詞，『徹』亦為拆毀義。」〔註97〕王、彭說近之。但今《左傳》「芟夷」是「𤼲夷」形誤，「𤼲」訓以足蹋夷草，非此文之誼也。「𤼲」從癶得聲，「芟」從殳得聲，分明是二字。上「發」字當作「芟」，刈也。《墨子·非攻下》：「為堅甲利兵以往攻伐無罪之國，入其國家邊境，芟刈其禾稼，斬其樹木，墮其城郭。」又《天志下》：「……以攻罰（伐）無罪之國，入其溝（邊）境，刈其禾稼，斬其樹木，殘其城郭。」複言曰「芟刈」，單言曰「刈」，其義一也。發徹者，謂拆毀。《廣雅》：「徹，壞也。」《商子·兵守》：「發梁徹屋。」《淮南子·說山篇》：「壞塘以取龜，發屋而求狸。」下「發」字徐山說是。

（3）然小民謹劣，不能自達闕廷

彭鐸曰：《漢書·賈誼傳》「其次廑得舍人」，注：「廑，劣也。」《周語》「余一人僅亦守府」，注：「僅猶劣也。」謹、廑、僅並字異而義同。

按：彭說非是，其所引用例均副詞用法，不合此文。謹，謹慎，忠厚老實。《說文》：「愨，謹也。」又「愿，謹也。」《廣雅》：「愿，愨也。」是謹亦愨也。字亦作懂。《廣雅》：「愨，懂也。」P.2011王仁昫《刊謬補缺切韻》：「懂，

〔註96〕王紹蘭《潛夫論校記》，收入《蕭山王氏所著書》第3冊，臺北聯經事業出版公司1976年版，第1035～1036頁。
〔註97〕徐山《〈潛夫論〉詞語考釋》，蘇州大學2002年博士學位論文，第72頁。

慤。」《廣韻》:「懇,慤也。」劣,羸弱〔註98〕。

(4) 迫將威嚴,不敢有摯

汪繼培曰:「摯」疑「違」,字形相近而誤。

彭鐸曰:二字形遠,無緣致誤。此疑當作「敢有不慹」。《說文》:「慹,怖也。」言敢有不懼耳。汪說失之。

按:徐山曰:「摯,執守、堅持義。」〔註99〕陳冰梅說「摯」訓作反擊〔註100〕。摯,程本、四部本、胡本、四庫本作「摯」。汪氏得其義,未得其字。汪氏所據元本作「摯」是也,讀作騺。《廣雅》:「騺,很也。」言很戾不聽從也,用作名詞,指很戾凶悍之鳥。本字為蟄,字亦作恎、痓、窒、室、桎、駤、懫、懥、寷〔註101〕。《說文》:「蟄,忿戾也。《周書》曰:『有夏氏之民叨蟄。』」《廣雅》:「恎,很也。」恎、騺一聲之轉。

(5) 則雖欲令無往,弗能止也

按:止,程本、四庫本、局本同,四部本、胡本誤作「正」。

(6)《周書》曰:「土多人少,莫出其材,是謂虛土,可襲伐也。土少人眾,民非其民,可匱竭也。」

汪繼培曰:匱,舊作「遺」。《逸周書·文傳解》云:「土多民少,非其土也。土少人多,非其人也。」又云:「《開望》曰:『土廣無守可襲伐,土狹無食可圍竭。』」

按:遺,當據《周書》讀作圍,汪氏改作「匱」,非是。《晏子春秋·內篇問上》「是以天下不相遺」,銀雀山漢簡本同,《治要》卷33引「遺」作「違」。《史記·孝文本紀》「民不勞苦,上下歡欣,靡有遺德」,《漢書·文帝紀》「遺」作「違」。

〔註98〕徐山《〈潛夫論〉詞語考釋》說略同,蘇州大學2002年博士學位論文,第56頁。

〔註99〕徐山《〈潛夫論〉詞語考釋》,蘇州大學2002年博士學位論文,第57頁。徐山《〈潛夫論〉詞語考釋中的非誤字問題》,《古籍整理研究學刊》2002年第4期,第69頁。

〔註100〕陳冰梅《〈潛夫論〉校注札記》,蘇州大學2008年碩士論文,第24頁。

〔註101〕參見蕭旭《淮南子校補》,花木蘭文化出版社2014年版,第643~645頁。

卷　六

《卜列》第二十五

（1）今俗人筴于卜筮，而祭非其鬼，豈不惑哉

　　汪繼培曰：「筴」疑「狎」。

　　按：汪說非是。《廣韻》：「筴，卜筮筴也。」指用於卜筮的蓍草。此作動詞用，指用筴卜筮。「筴」是「策」俗字。

（2）即不推其本祖，諧音而可，即呼鳥為魚，可內之水乎

　　汪繼培曰：內，讀為納。

　　按：《說文》：「內，入也。」又「入，內也。」二字互為聲訓。

《巫列》第二十六

（1）故《詩》云：「降福穰穰，降福簡簡。」

　　彭鐸曰：程本「穰穰」作「禳禳」。《爾雅·釋訓》：「禳禳，福也。」《釋文》：「今作穰。」阮元《校勘記》云：「《毛詩·執競》：『穰穰，眾也。』字從禾，言若黍稷之眾多也。《爾雅》：『禳禳，福也。』字從示，言禳除災禍，則神降之福也。今本蓋據《毛詩》改之。」陳喬樅《詩經四家異文考》云：「《初學記》卷 15 引《詩》亦作『禳』字，與《爾雅》及《潛夫論》合，是三家今文有作『禳禳』者。《毛詩》『禳』作『穰』，與三家文異。」穰穰，眾也。「禳」字訛。

　　按：彭說「禳」字訛，非是。四部本、胡本、四庫本亦同於程本作「禳禳」。汪氏所據本作「穰穰」，則據《毛詩》改也。唐·武周《王養及夫人中山成氏墓誌》、《初學記》卷 13 唐·陳叔達《太廟祼地歌辭》亦有「降福禳禳」語，均是引《詩》句。

（2）土公、飛尸、咎魅、北君、銜聚、當路、直符七神

　　汪繼培曰：《論衡·解除篇》云：「宅中主神，有十二焉。青龍、白虎，列十二位。龍虎猛神，天之正鬼也。飛尸流凶，不敢安集（引者按：「安」當作「妄」）。」

　　彭鐸曰：周廣業《意林》附編引裴氏《新言》：「俗間有土公之神。」「土公」即今俗所謂「土煞」，程本作「士公」，訛。

按：四部本、胡本、四庫本、局本亦誤作「士公」。周廣業《意林》附編引《新言》無其文，出《御覽》卷 37 引裴玄《新言》：「俗間有土公之神，云土不可動。」疑彭氏誤記。「飛尸」亦作「蜚尸」，見《論衡·訂鬼》。「直符」亦見本書《卜列》「宅有直符之歲」，《論衡·譋時》「且夫太歲在子，子宅直符，午宅為破」。「當路」見《抱朴子內篇·登涉》：「山中寅日，有自稱虞吏者，虎也。稱當路君者，狼也。」《金樓子·志怪》同。「咎魅、北君、銜聚」三神未詳。

（3）且夫以君畏臣，以上需下，則必示弱而取陵，殆非致福之招也

彭鐸曰：需亦畏也。《周禮·考工記·輈人》「馬不契需」，先鄭注：「需，讀為『畏需』之需。」是「需」與「畏」同義。

按：需，讀為懦，俗作愞，膽弱也。《史》、《漢》習以「畏懦（愞）」同義連文，省文作「畏需」。

《相列》第二十七

（1）公孫敖聞其能相人也

汪繼培曰：「孫」舊作「妖」。王先生云：「『妖』當是『姓』字之誤。古者孫、姓通用。」

按：四庫本、局本作「孫」，程本、胡本誤作「妖」，四部本誤作「姝」。

（2）曲者宜為輪，直者宜為輿，檀宜作輻，榆宜作轂

汪繼培曰：舊脫「輪直者宜為」五字。按《御覽》卷 952 引崔實《政論》云：「師曠曰：『人骨法猶木有宜，曲者為輪，直者為輿，檀宜作輻，榆宜作轂。』」今據補。

按：《御覽》卷 952 引《正論》云云有此語，據《太平御覽經史圖書綱目》，有阮子《正論》、袁子《政論》、崔元始《正論》；引文則有崔寔《政論》。此處引文未標姓名，不能必知是崔實《政論》。

（3）智者見祥，修善迎之，其有憂色，循行改尤

汪繼培曰：「循」當作「修」。

按：本書《卜列》：「夫君子聞善則勸樂而進口，聞惡則循省而改尤。」汪繼培亦曰：「『循』當作『修』。」〔註102〕《賈子·過秦論中》：「使天下之

〔註102〕汪繼培、彭鐸《潛夫論箋校正》，中華書局 1985 年版，第 293 頁。

人皆得自新，更節循行，各慎其身，塞萬民之望而以盛德與天下息矣。」劉師培曰：「『循』字當從《史記》當作『脩』。」〔註103〕《史記·秦始皇本紀》各本作「修」，古鈔本《治要》引《史記》作「循」，天明刊本作「修」。「循」當即「循」字〔註104〕，亦當校作「脩」。宋本《國語·周語下》韋昭注：「言見禍亂之戒，不恐懼循省，以消災咎，而壅飾之，禍敗終將章著也。」唐·陸贄《論兩河及淮西利害狀》：「惟明主循省而備慮之。」二例「循」字亦當校作「脩」，《國語》明、清刊本多已改作「脩」或「修」〔註105〕。「恐懼脩省」語出《易·震》象曰：「洊雷震，君子以恐懼脩省。」本書《夢列》「修發（省）戒懼」〔註106〕，程本「修」作「脩」。又《夢列》「凡有異夢感心……常恐懼修省，以德迎之，乃其逢吉，天祿永終」，四部本、程本、胡本「修」作「脩」。

卷 七

《夢列》第二十八

（1）春夢發生，夏夢高明，秋冬夢熟藏

按：熟，讀為蓄，與「藏」同義連文。《吳越春秋·勾踐陰謀外傳》計研曰：「春種八穀，夏長而養，秋成而聚，冬畜而藏。」「熟藏」即是「畜而藏」也。《老子指歸·大成若缺章》：「萬物青青，春生夏長，秋成冬熟，皆歸於土。」熟亦讀為蓄。

〔註103〕劉師培《賈子新書斠補》卷上，收入《劉申叔遺書》，江蘇古籍出版社 1997 年版，第 989 頁。

〔註104〕S.367《沙州伊州地志》「漢遣司馬及吏士屯田伊循以鎮之」，《漢書·西域傳》作「伊循」。「循」字字形與鈔本《治要》「循」相同。又相近字形參見臧克和《日藏唐代漢字鈔本字形表》第 1 冊，華東師範大學出版社 2015 年版，第 581 頁。

〔註105〕陳樹華、黃丕烈校《國語》均已從明、清刊本訂作「脩（修）」。陳樹華《春秋外傳國語斠正》卷3，國圖藏抱經堂鈔本，本卷第3頁。黃丕烈《校刊明道本韋氏解〈國語〉札記》，收入《〈國語〉研究文獻輯刊》第 10 冊，國家圖書館出版社 2012 年版，本冊第 257 頁。陳氏《斠正》承郭萬青博士檢示，謹致謝忱！

〔註106〕汪繼培校「發」作「省」。汪繼培、彭鐸《潛夫論箋校正》，中華書局 1985 年版，第 323 頁。

（2）解落墜下向衰之象皆為

汪繼培曰：「為」下脫二字。

按：此與上文「升上向興之象皆為吉喜」為對文，「升上」上當亦脫二字。「為」下脫字疑為「凶憂」二字。《易林·屯之隨》：「徵我叔季，封為魯侯，無有凶憂。」又《噬嗑之剝》：「凶憂災殃，日益明章。」又《大畜之咸》：「徑路開通，國無凶憂。」又《明夷之泰》：「切切之患，凶憂不成。」《開元占經》卷 37 引黃帝曰：「熒惑入天廟，若守為廟，有事，一曰為凶憂。」也倒作「憂凶」，《漢書·李尋傳》：「火入室，金上堂，不以時解，其憂凶。」

（3）圖畫胐胎，刻鏤非真，瓦器虛空，皆為見欺紿

汪繼培曰：「胐」當作「卵」。卵胎，物之未成者，故為「見欺紿」。或云：「殈」聲誤為「胐」，《說文》云：「殈，胎敗也。」

彭鐸曰：前說近是。

按：四部本、四庫本、局本「胐」作「邺」，字同。「胐胎」當是形容圖畫的形容詞，汪氏二說均非是。疑「胐」是「肧」形誤，本書《本訓》「資和以兆肧，民之胎含嘉以成體」，「肧」借作「肧（胚）」。「肧」與「胎」均「始」同源詞，取始成形之義。圖畫肧胎者，言圖畫尚在初始未成形。《爾雅》：「胎，始也。」郭璞注：「胚胎未成，亦物之始也。」影宋本《釋文》「胚」作「肧」〔註107〕，云：「胎，本或作台。肧，字又作衃，同。」《集韻》：「肧、衃，肧胎未成，物之始。或從血。」

（4）人對計事，起而行之，尚有不從，況於忘忽雜夢，亦可必乎

彭鐸曰：「對」字無義，疑當作「討」。《說文》：「討，治也。」與「計」義相近，故連言。

按：陳冰梅曰「『對』字不誤。《廣雅》：『對，治也。』」〔註108〕「對」是介詞，猶言於。

（5）夫占夢必謹其變故，審其徵候

按：謹，讀為隱，亦審也，度也，占也。《說文》云「愚，謹也」，是聲訓。

〔註107〕通志堂本作「胚」。
〔註108〕陳冰梅《〈潛夫論〉校注札記》，蘇州大學 2008 年碩士論文，第 26 頁。

（6）虢公夢見蓐收賜之上田，自以為有吉，囚史囂，令國賀夢

汪繼培曰：《晉語》。「囚」舊作「因」。

彭鐸曰：《晉語二》無「賜上田」語。神賜虢公上田，事在周惠王十五年，即魯莊公三十二年，《周語》、《莊三十二年左傳》並載之。此文蓋合二事為一。

按：①上田，四部本、程本、胡本、四庫本、局本均作「土田」。《左傳・莊公三十二年》亦作「賜之土田」。《漢書・五行志》載谷永諫成帝云：「昔虢公為無道，有神降曰賜爾土田。」《孔叢子・執節》：「昔虢公祈神，神賜之土田。」是漢人所見，固作「土田」。汪本當是形誤，彭氏失校。②汪氏校「因」作「囚」，是也。《國語・晉語二》：「虢公夢在廟，有神人……召史囂占之，對曰：『如君之言，則蓐收也，天之刑神也。天事官成。』公使囚之，且使國人賀夢。」《說苑・辨物》同。

《釋難》第二十九

（1）舜、伐何如弗得俱堅？堯、伐何如不得俱賢哉

汪繼培曰：兩「伐」字有一誤。

按：上文「堯、舜道德，不可兩美，實若韓子戈伐之說邪」，又「夫堯、舜之相於，人也，非戈與伐也」，此文「堯」下「伐」當作「戈」。

（2）天反德者為災

汪繼培曰：此語上下有脫誤。當設為問辭，下乃答之。《宣十五年左傳》云：「天反時為災，地反物為妖，民反德為亂。亂則妖災生。」此文蓋用其說。

按：天，程本、胡本、局本同，四部本、四庫本作「夫」。

（3）夫蓋滿於上，沾溥在下

彭鐸曰：滿，讀為漫。《方言》卷 13：「漫，敗也。濕敝為漫。」郭注：「漫，謂水潦漫潦壞屋也。」或曰：「滿」當為「漏」，字之誤也。《說文》：「屚，屋穿水下也。」書傳皆以「漏」為之。「溥」當為「濡」。「沾濡」即「霑濡」。屋漏於上，則人霑濡在下矣。

按：後說「滿」當為「漏」，是也，四庫本亦易「滿」作「漏」。「沾溥」則不誤，謂沾染廣溥。《類聚》卷 12 引後漢・蘇順《和帝誄》：「洪澤滂流，茂化沾溥。」也倒作「溥沾」、「溥霑」，《陳書・宣帝本紀》：「宜布惠澤，溥

沾氓庶。」唐·張說《唐玉泉寺大通禪師碑》:「一雨溥霶於眾緣，萬籟各吹於本分。」「漏蓋於上，沾溥在下」即本書《浮侈》「上漏下濕」之誼。

（4）棟折榱崩，懼有厥患

汪繼培曰:《魯語》:「叔孫穆子曰:『夫棟折而榱崩，吾懼壓焉。』」

按:厥，四部本、程本、胡本、四庫本、局本作「厭」。《左傳·襄公三十一年》「棟折榱崩，僑將厭焉」，亦作「厭」。《後漢書·馮衍傳》李賢注引《左傳》作「壓」，《白氏六帖事類集》卷3、《御覽》卷187引作「壓」，均是「厭」俗字。汪本當是誤刻，彭氏失校。

（5）故大屋移傾，則下之人不待告令，各爭其柱之

汪繼培曰:《說文》云:「陊，落也。陁，仄也。」「移傾」即「陊陁」假借字。「其」當作「共」。柱，謂榰柱之。或云:「其」當為「榰」，聲之誤也。亦作「枝柱」。

彭鐸曰:或說是也。俗音訛。

按:「移」讀如字自通，謂推移、移動。「其」字未誤，用法同「而」〔註109〕，連詞。

（6）是以次室倚立而歎嘯

汪繼培曰:「立」當作「柱」。《列女傳》云:「魯漆室女，當穆公時，君老，太子幼，女倚柱而嘯。旁人聞之，莫不為之慘者。」

按:《論衡·實知》亦云「次室之女倚柱而嘯」，然不足證此文「立」是誤字。《御覽》卷469引《說苑》:「魯有賢女，次室之子，年適二十，明曉經書，常侍立而吟。」亦作「立」字，「侍」則當訂作「倚」。

卷　八

《交際》第三十

（1）悟先聖之典戒，負久要之誓言

汪繼培曰:「悟」當作「牾」。《說文》云:「牾，逆也。」

按：「悟」乃俗譌字，當作「悟」，湖海樓叢書本不誤。「悟」是借字，不煩改作。字亦作吾、逜、啎、午、忤、仵、迕。宋本《韓子・說難》「大意無所拂悟，辭言無所繫縻」，宋本《史記・韓非傳》亦作「悟」，道藏本《韓子》作「忤」。「悟」亦是借字。

（2）夫與富貴交者，上有稱舉之用，下有貨財之益

汪繼培曰：「舉」舊作「譽」，據《意林》、《御覽》改。

按：《御覽》見卷836。《意林》有異本，道藏本、指海本、四庫本作「舉」，學津討原本、清鈔本、榕園叢書本、武英殿聚珍本、同文書局叢書本作「譽」。貨，《御覽》引作「貲」。

（3）故富貴易得宜，貧賤難得適

汪繼培曰：得宜，《意林》作「為客」，《御覽》「客」作「交」。按宜、適義同。《後漢書・馮衍傳》云：「富貴易為善，貧賤難為工。」

按：得宜，《御覽》卷836引作「為交」。《意林》有異本，道藏本、學津討原本、指海本、同文書局叢書本作「為容」，榕園叢書本、清鈔本、武英殿聚珍本、四庫本作「為客」。「客」是「容」形誤。孟郊《怨別》：「在富易為容，居貧難自好。」

（4）徐行謂之飢餒，疾行謂之逃責

按：餒，道藏本《意林》引作「餧」。餧、餒，正、俗字。《說文》：「餒，飢也。」

（5）不候謂之倨慢

汪繼培曰：慢，《意林》作「敖」。

按：《意林》作「傲」。

（6）此處子之羇薄，貧賤之苦酷也

汪繼培曰：薄，讀為縛。《釋名・釋言語》云：「縛，薄也；使相薄著也。」

按：汪說是。《戰國策・趙策三》：「薄之柱上而擊之，則折為三。」徐復曰：「薄，借為縛。」〔註110〕《方言》卷13：「萊，薄也。」郭璞注：「謂薄裹

〔註110〕徐復《戰國策正詁》，收入徐復《語言文字學論稿》，江蘇教育出版社1995年版，第117頁。又徐復《戰國策雜志》，收入《後讀書雜志》，上海古籍出版

物也。葯猶纏也。」徐復曰：「『薄』與『縛』通。」〔註111〕「葯」即「約」，故訓纏束、纏裹。羇，程本、四部本、胡本、四庫本、局本作「羈」。羇、羈，正、俗字。

（7）力勢不足以杖急

按：杖，程本、四部本、胡本、四庫本作「扙」。

（8）昔魏其之客，流于武安；長平之吏，移于冠軍

汪繼培曰：客，舊空，據程本。《風俗通‧窮通篇》用此四語，事見《史記‧魏其武安侯傳》及《衛將軍驃騎傳》。

按：四部本亦作「客」字，《文選‧冬節後至丞相第詣世子車中作》李善注引同，《風俗通》亦同。《文選》注引「吏」誤作「利」。《風俗通》「流」亦作「移」。

（9）苟相背也，心情乖㐄，推極其意，分背奔馳，窮東極西，心尚未快

汪繼培曰：「㐄」即「互」字。《漢書‧外戚傳》：「必生乖忤之患。」《王商傳》云：「父子乖迕。」《後漢書‧樂恢傳》：「天地乖互。」忤、迕、互並通。「快」舊作「決」。《易‧艮》：「其心不快。」

按：㐄，程本、局本誤作「手」，四部本、胡本誤作「牙」，四庫本臆改作「舛」。四庫本亦改作「快」，程本、四部本、局本作「決」，胡本作「餕」。

（10）是故聖人常慎微以敦其終

按：《爾雅》：「敦，勉也。」

（11）鶉鷃群遊，終日不休，亂舉聚跱，不離蒿茆。鴻鵠高飛，雙別乖離，通千達萬，志在陂池

汪繼培曰：《周禮‧醢人》「茆菹」，注云：「鄭大夫讀茆為茅。」此亦當讀為茅。

按：《老子指歸‧上士聞道章》有文字與本文相近，云：「故鶉鷃高飛，終

社 1996 年版，第 19 頁。

〔註111〕 徐復《方言補釋》，收入《徐復語言文字學論稿》，江蘇教育出版社 1995 年版，第 21 頁。

日馳騖，而志在乎蒿苗。鴻鵠高舉，逕歷東西，通千達萬，而志在乎陂池。」「苗」是「苗」形誤，亦讀為茅，陳景元《道德真經藏室纂微篇》卷6引正作「茅」。《史記・封禪書》《索隱》引《吳越春秋》：「禹巡天下，登茅山以朝群臣，乃大會計，更名茅山為會稽，亦曰苗山也。」此文「亂舉」及《指歸》「高舉」之舉，飛也。

（12）鸞鳳翱翔黃歷之上，徘徊太清之中，隨景風而飄颻，時抑揚以從容，意猶未得，啫啫然長鳴，蹙號振翼，陵朱雲，薄斗極，呼吸陽露，曠旬不食，其意尚猶嗛嗛如也

汪繼培曰：「黃歷」疑「萬仞」之誤。《淮南子・覽冥訓》云：「鳳皇曾逝萬仞之上，翱翔四海之外。」《鹽鐵論・毀學篇》云：「翱翔萬仞。」

按：徐復曰：「疑今本『黃』字不誤，『歷』則『塵』字形近之譌也。」〔註112〕汪說是，但「仞」何以誤作「歷」則不詳。《老子指歸・上士聞道章》有文字與本文相近，云：「鸞鳳翱翔萬仞之上，優游太清之中，而常以為卑。延頸舒翼，淩（凌）蒼雲，薄日月，高翔遠逝，曠時不食，往來九州，棲息八極，乃得其宜。」

（13）所謂平者，內懷鳲鳩之恩，外執砥矢之心

汪繼培曰：程本「矢」作「礪」。

按：程本、四庫本作「勵」，汪氏誤校。局本作「礪」。

（14）不諂上而慢下，不厭故而敬新

按：諂，程本、四部本、胡本誤作「謟」。厭，程本同，四部本、胡本作「猒」。《法言・修身》「上交不諂，下交不驕」，即「不諂上而慢下」之誼。

（15）事處其勞，居從其陋

汪繼培曰：陋，舊作「德」。

按：各本均作「德」。「陋」、「德」形聲俱遠，無從致誤。疑「德」是「仄」、「側」聲誤，猶言偪窄、狹窄。下文云「動欲擇其佚，居欲處其安」，是此文反筆，居處寬敞則安佚矣。

〔註112〕 徐復《潛夫論雜志》，收入《後讀書雜志》，上海古籍出版社 1996 年版，第109 頁。

（16）不驅於險墟之俗，不惑於眾多之口

汪繼培曰：「墟」當作「戲」。《楚辭・九辨》云：「何險戲之嫉妒兮。」《七諫・怨世》云：「何周道之平易兮，然蕪穢而險戲。」王逸注：「險戲，猶傾危也。」《文選・廣絕交論》李善注引作「險戲」。

按：「墟」、「戲」均從虍得聲，自可通借，不煩改字。「險戲（戲）」也作「嶮戲（戲）」，倒言則作「戲嶮」。《玄應音義》卷7：「戲嶮：又作隓、壞二形，同。許奇反。案：嶮戲，顛危也。經文作巇，非也。」「巇」亦是轉語，非誤字。《文選・劉孝標・廣絕交論》「世路嶮巇，一至於此」，《類聚》卷21引同，《南史・任昉傳》「嶮巇」作「嶮巇」，《梁書》作「險巇」。《文苑英華》卷358梁・范縝《擬招隱士》：「嶔崟兮嶮巇，岌峨兮傾欹。」《廣韻》：「巇，巇嶮。」又轉語作「嶮嶔」，《太上洞玄靈寶智意本願大戒上品經》：「吾少遊諸名山，履於嶮嶔。」P.3286《十二時》：「貪財嗜色嶮嶔人，也莫嫌他莫嘲笑。」「戲」是「危」音轉，亦險也。《漢書・杜周傳》「業因勢而抵陒」，服虔曰：「陒，音羲。」顏師古曰：「一說，陒讀與戲同，音許宜反。戲亦險也，言擊其危險之處，《鬼谷》有《抵戲篇》也。」今本《鬼谷子》作「抵巇」。《法言・重黎》：「曰：『巇可抵乎？』」「巇嶮」是「危險」轉語。

（17）先合而後忤

汪繼培曰：《淮南子・人間訓》云：「眾人先合而後忤。」

按：此當時成語。《文子・道德》：「夫先迕而後合者之謂權，先合而後迕者不知權。」《鹽鐵論・非鞅》：「故曰小人先合而後忤。」

（18）微言相感，掩若同符

汪繼培曰：《方言》云：「掩，同也。」

彭鐸曰：《荀子・儒效篇》：「晻然若合符節。」義同，言契合無間也。

按：《荀子》楊倞注：「『晻』與『暗』同。」王引之曰：「晻然，同貌也。《韓詩外傳》作『奄然』（引者按：見卷5）《爾雅》：『弇，同也。』郭引《詩》『弇有龜蒙』。弇、奄、晻並通。楊云『晻與暗同』，失之。」〔註113〕

（19）與其不忠，剛毅木訥，尚近於仁

〔註113〕王引之說轉引自王念孫《荀子雜志》，收入《讀書雜志》卷10，中國書店1985年版，本卷第104頁。

汪繼培曰：《論語》。「納」今作「訥」。

彭鐸曰：此即「君子欲訥于言」之「訥」，謂言語遲鈍。作「納」蓋草書形誤。

按：程本亦作「納」，四部本、胡本、四庫本、局本作「訥」。訥之言拙也，字亦作呐，謂拙於言辭。

《明忠》第三十一

（1）二人同心，則利斷金

按：《治要》引「則」下有「其」字。

（2）能知此者，兩譽俱具

汪繼培曰：「知」舊作「如」，據《治要》改。

按：鈔本及天明刊本《治要》仍作「如」，汪氏誤校。

（3）夫神明之術，具在君身，而君忽之

按：具，程本、四部本、胡本、四庫本、局本作「其」，底本是形誤字。其，副詞，猶言當也。

（4）目見危殆之事，無不為之灼怛驚而赴救之者

汪繼培曰：「驚」下脫一字。

按：①殆，四庫本同，程本、四部本、胡本作「怠」。怠，讀作殆。②灼怛驚，四庫本臆改作「惻怛驚駭」，局本臆改作「惻怛驚」。汪說「驚」下脫一字，是也。《方言》卷1：「怀怛，痛也。」郭璞注：「怀，音的，一音灼。」《廣雅》：「遑、怀、怛、駭、憚，驚也。」「灼」同「怀」，音轉作「遑」。「憚」是「怛」同音借字，驚痛也。「灼怛」即「怀怛」。《晉書・王敦傳》載王導《遺王含書》：「大兵一奮，導以為灼炟也。」「炟」涉「灼」而易作火旁，《通志》卷130、《永樂大典》卷6826正作「灼怛」。③又古書習以「怛驚」連文，也可能是「灼」上脫一字，疑「戰」或「恐」。曹植《文帝誄》：「咨遠臣之眇眇兮，感凶諱以怛驚。」《文選・寡婦賦》：「怛驚悟兮無聞，超惝怳兮慟懷。」也作「憚驚」，《類聚》卷59引《尚書大傳》：「戰者，憚驚之也。」〔註114〕

〔註114〕《御覽》卷304引同，又卷308引「憚」下衍「也」字。《白虎通・誅伐》引「驚」作「警」。

《淮南子・覽冥篇》：「當此之時，鴻鵠鷦鶴莫不憚驚伏竄，注喙江裔。」又倒作「驚悍」，《禮記・奔喪》鄭玄注：「以哭答使者，驚悍之哀無辭也。」《後漢紀》卷23：「一旦被誅，天下驚悍，海內嘿嘿。」又倒作「驚憚」，《史記・司馬相如傳》《上林賦》：「驚憚慴伏。」《詩・長發》鄭玄箋：「不震不動，不可驚憚也。」《周禮・考工記》「則雖有疾風，亦弗之能憚矣」，鄭玄注：「故書『憚』或作『但』。鄭司農云：『讀當為「憚之以威」之憚，謂風不能驚憚箭也。』」《釋文》：「憚，音悍。」「但」當作「悍」。

（5）過耳悟目之交

汪繼培曰：《詩・東門之池》毛傳：「晤，遇也。」「悟」與「晤」通。

按：悟，四庫本臆改作「晤」。悟，讀為遻，俗字作遌，字亦作吾、俉、遌、晤、午、迕，遇也，觸也。汪氏未能探本。《集韻》：「遻，過也，或作迕。」各本同，「過」必是「遇」形誤。趙振鐸曰：「陳校『過』作『遇』。」〔註115〕陳鱣校是也，《五音集韻》不誤。《漢語大字典》編者不察，「迕」、「遻」二字條並引《集韻》訓過也〔註116〕，亦云疏矣。

（6）誠皆願之而行違者，常苦其道不利而有害，言未得信而身敗爾

汪繼培曰：「信」舊作「言」，據《治要》改。

按：得言，鈔本《治要》引作「漫信」，天明刊本作「得信」。「漫」是「得」形誤。

（7）歷觀古來愛君憂主敢言之臣，忠信未達，而為左右所鞫按，當世而覆被，更為否愚惡狀之臣者，豈可勝數哉

汪繼培曰：「鞫」舊作「掬」，據《治要》改。《說文》云：「鞫，窮治罪人也。」「鞫」與「鞫」通，亦作「鞫」。

彭鐸曰：歷，《治要》作「廣」，與「曠」同。

按：「廣」是「歷」形誤。「歷觀」亦見本書《忠貴》「歷觀前世貴人之用心也」。歷，徧也，盡也〔註117〕。四部本、胡本作「掬」，程本、四庫本、

〔註115〕 趙振鐸《集韻校本》下冊，上海辭書出版社2012年版，第449頁。
〔註116〕 《漢語大字典》（第二版），崇文書局、四川辭書出版社2010年版，第4072、4093頁。
〔註117〕 參見萬佳才《〈潛夫論箋校正〉拾補》，《古籍研究》第60卷，安徽大學出版社2013年版，第88～89頁。

局本作「拍」，《治要》作「鞠」（不是「鞫」）。「拍」是「掬」形誤，「掬」是「鞠」聲誤。唐・常袞《御史大夫王公墓誌》：「歷觀憂國愛君之臣，忠信未達，而左右所鞠按，成其無狀之罪，豈勝言也？」正用此文。

（8）堯、舜恭已無為而有餘，勢治也；王莽馳騖而不足，勢亂也

    汪繼培曰：舊脫「而不足」三字，據《治要》補。

    按：恭，《治要》、《長短經・理亂》引作「拱」。《長短經》亦有「而不足」三字

（9）是以明王審法度而布教令，不行私以欺法，不黷教以辱命

    按：天明刊本《治要》引同今本。鈔本《治要》「欺」作「斯」，右旁改作「期」；「黷」作「價」，左旁改作「黷」。「期」是「欺」形誤。

《本訓》第三十二

（1）清濁分別，變成陰陽。陰陽有體，實生兩儀，天地壹郁，萬物化淳

    汪繼培曰：《易・繫辭下傳》。王弼本「壹鬱」作「絪縕」。按《說文》作「壹臺」。王本「淳」作「醇」，《白虎通・嫁娶篇》引《易》與此同。

    按：壹鬱，四部本、胡本同，程本、四庫本、局本作「絪縕」，《說文》「壹」字條引《易》作「壹壺」，《白虎通》、《黃帝九鼎神丹經訣》卷 10 引《易》作「氤氳」，並是轉語，亦轉作「抑鬱」、「烟熅」、「壹縕」等形。化淳，《神丹經訣》、《慧琳音義》卷 6 引《易》同。

（2）人行之動天地，譬猶車上御馳馬，篷中擢舟船矣。雖為所覆載，然亦在我何所之可

    汪繼培曰：「舟船」舊作「自照」。按《敘錄》云：「聖人運之，若御舟車。」《御覽》卷 769 引此文作「篷（引者按：宋本作『篷』）中擢舟」，「舟」字據改。「照」、「船」字形相近，以意訂正。《廣韻》云：「篷，織竹夾箬覆舟也。」《說文》無「篷」字，古蓋借「蓬」為「篷」。擢、櫂亦古今字。《詩・竹竿》毛傳：「楫，所以擢舟也。」「可」疑「耳」。

    按：馳，四部本、程本、胡本、四庫本、局本作「駟」，《御覽》卷 769 引同，亦當據校。汪氏疑「可」作「耳」，近是，《御覽》引無「可」字。四庫本臆改作「何所不可」，無據。

（3）旦有晝晦，宵有

汪繼培曰：王先生云：「按『宵有』下有脫文。以『晝晦』例之，疑是『夜明』二字。」繼培按：《淮南子・泰族訓》云：「晝冥宵光。」此亦當言「宵光」事。「宵光」即《左傳》所云「夜明」。《史記・天官書》云：「天雷電、蝦虹、辟歷、夜明者，陽氣之動者也。」

按：王、汪說近是。《淮南子・覽冥篇》「晝冥宵明」，「宵明」亦即「夜明」、「宵光」。

（4）債電為冰，溫泉成湯

汪繼培曰：「債電」當是「歅雹」。《說文》云：「雹，雨冰也。」或「憤」當為「積」，《白虎通・災變篇》云：「陰氣專精，積合為雹。」

按：汪氏二說均誤。「電」當作「雷」，與「冰」相對。《列子・周穆王》：「冬起雷，夏造冰。」《類聚》卷 76 梁簡文帝《十空如幻詩》：「三里生雲霧，瞬息起冰雷。」債，讀作奮，奮動也。《易・豫》象曰：「雷出地奮豫。」鄭玄注：「奮，動也。雷動於地上，萬物乃豫也。」此句言奮動之雷轉為冰也。

（5）蝥蟊蟓蝗

汪繼培曰：「蝥蟊」即「蟊賊」。

按：四部本「蟊」誤作「蟓」。

（6）聲入於耳，以感於心，男女聽，以施精神。資和以兆胚，民之胎，含嘉以成體

汪繼培曰：「聽」下脫一字。文有脫誤。以下篇參之，當云「民之胎也，資和以兆胚，含嘉以成體。」「胚」與「肧」同。

彭鐸曰：「聽」下蓋脫「之」字。

按：疑當讀作「聲入於耳以感於心，男女聽以施精，神資和以兆胚，民之胎含嘉以成體」。「施精」成詞，「施」是「施化」之「施」。《韓詩外傳》卷 1：「十六精通，而後能施化。」《家語・本命解》：「男子十六精通，女子十四而化，是則可以生民矣。」《董子・循天之道》：「天氣先盛牡而後施精，故其精固；地氣盛牝而後化，故其化良。」「民」即「人」。

《德化》第三十三

（1）是以上君撫世，先其本而後其末，順其心而理其行

汪繼培曰：「順」舊作「慎」，據《治要》改。理，《意林》作「治」。

彭鐸曰：作「慎」者借字，讀正之可也。《說文》：「順，理也。」理、順互文耳。

按：《治要》引作「順其心而理其行」，《意林》引作「慎其心治其行」，《貞觀政要‧公平》引作「順其心而履其行」。撫，《治要》、《貞觀政要》引同，《意林》引作「治」。彭鐸說慎讀為順，是也；但理、順不是互文。理，治也。「履」是「理」聲誤。

（2）心精苟正，則姦匿無所生，邪意無所載矣

汪繼培曰：精，《治要》作「情」。「正」舊作「亡」，據《治要》改。匿讀為慝。舊脫「無」字，「生」作「作」，據《治要》補、改。《意林》作「奸慝不生」。

按：《治要》、《貞觀政要》引均作「心情苟正，則姦慝無所生」。

（3）《詩》云：「鳶飛厲天，魚躍於淵。」

汪繼培曰：《旱麓》。「厲」今作「戾」。

按：《詩‧小宛》「宛彼鳴鳩，翰飛戾天」，毛傳：「翰，高。戾，至也。」又《四月》「匪鶉匪鳶，翰飛戾天」，鄭箋說同毛傳。《文選‧西都賦》李善注引《韓詩》曰：「翰飛厲天。」又引薛君曰：「厲，附也。」《玉篇殘卷》「厲」字條引同。此文所引，殆亦《韓詩》耳。「厲」、「戾」古音同。「厲（戾）」有二說，一是上引毛傳、薛君說。《莊子‧大宗師》「夢為鳥而厲乎天，夢為魚而沒於淵」，《淮南子‧俶真篇》「厲」作「飛」。此又一說，指疾飛。《楚辭‧遠遊》「颯弭節而高厲」，亦同。

（4）聖深知之，皆務正己以為表，明禮義以為教，和德氣於未生之前，正表儀於咳笑之後

按：程本、四部本、胡本「儀」作借字「義」。下文「正表儀以率群下」，各本同。「禮義」亦即「禮儀」。

（5）民之胎也，合中和以成；其生也，立方正以長

按：「合」當作「含」，各本均誤。本書《本訓》「民之胎含嘉以成體」，是其確證。《類聚》卷47魏·楊修《司空荀爽述贊》：「生應正性，體含中和。」

（6）此姬氏所以崇美於前，而致刑措於後也

汪繼培曰：《史記·周本紀》云：「成、康之際，天下安寧，刑錯四十餘年不用。」「錯」是「措」之借。

彭鐸曰：下文作「錯」。

按：程本作「措」。四部本、胡本作「錯」，與下文同。

（7）導之以德，齊之以禮，務厚其情而明則務義

汪繼培曰：「則務」二字當作「其」。

彭鐸曰：當作「而務明其義」。

按：《貞觀政要·公平》引作「道（導）之以禮，務厚其性而明其情」。

（8）民親愛則無相害傷之意，動思義則無姦邪之心

按：《治要》引同。《貞觀政要·公平》引「親」作「相」，「害傷」作「傷害」，「姦邪」上有「畜」字。

（9）夫若此者，非法律之所使也

汪繼培曰：「法」字據《治要》補。

按：《貞觀政要·公平》引作「非律令之所理也」，則亦可「律」下補「令」字。

（10）聖人甚尊德禮而卑刑罰

汪繼培曰：「甚」舊作「其」，據《治要》改。

按：《貞觀政要·公平》引亦作「甚」。

（11）中民之生世也，猶鑠金之在鑪也，從篤變化，惟冶所為，方圓薄厚，隨鎔制爾

汪繼培曰：「篤」疑「笵」之誤。王先生云：「疑是『從革』。」《漢書·董仲舒傳》云：「夫上之化下，下之從上，猶泥之在鈞，惟甄者之所為；猶金之在鎔，惟冶者之所鑄。」

彭鐸曰：作「笵」是也。下言「隨鎔」，金曰鎔，竹曰笵，對文則異，散

文則通。

按：徐復曰：「從笵、從革，與鑠金之義殊隔。疑『從』為『徙』字形近之誤，『篤』亦當為『易』字之譌文。」〔註118〕徐山曰：「從篤，順從篤固義。」〔註119〕句言金屬在鑪之變化，不當改作「從笵」，徐復所駁是也。但徐氏改作「徙易」，亦無確據。余謂「從篤」是「從逐」音轉，猶言隨從。又此文及《漢書》，均本於《管子・任法》：「昔者堯之治天下也，猶埴之在埏也，唯陶之所以為；猶金之在鑪，恣冶之所以鑄。」

（12）咸懷方厚之情，而無淺薄之惡

按：《治要》引同。《貞觀政要・公平》引上句作「感忠厚之情」。

（13）各奉公正之心，而無姦險之慮，則義、農之俗，復見於茲

汪繼培曰：「正」舊作「政」，據《治要》改。「險」舊作「陂」，據《治要》改。

按：《貞觀政要・公平》引亦作「正」、「險」二字，又「義農」作「醇醨」。

《五德志》第三十四

（1）亡於嫚以，滅於積惡

汪繼培曰：「以」當作「易」，「易」、「以」聲近之誤。《說文》云：「嫚，侮易也。」經典通作「慢易」。

按：「以」疑讀作「怠」字。「嫚怠」即「慢怠」。

（2）（帝嚳）其相戴干，其號高辛

汪繼培曰：《御覽》卷80引《春秋元命苞》云：「帝嚳戴干，是謂清明，發節移度，蓋像招搖。」王先生云：「按《元命苞》言『厥象招搖』，則『干』當作『斗』，字形相涉而誤。戴斗者，頂方如斗也。」

按：干，四部本、程本、胡本、局本誤作「十」，四庫本臆改作「斗」。《御覽》卷80引《春秋元命苞》：「帝佶戴干，是謂清明，發節移〔度〕，蓋

〔註118〕 徐復《潛夫論雜志》，收入《後讀書雜志》，上海古籍出版社1996年版，第110頁。

〔註119〕 徐山《〈潛夫論〉詞語考釋》，蘇州大學2002年博士學位論文，第66頁。徐山《〈潛夫論〉詞語考釋五則》，《青海師專學報》2003年第3期，第52頁。

像招搖」，又引宋均注：「干，楯也。招搖為天戈，〔戈〕楯（楯）相副，戴之像見天中以為表。」《御覽》卷 357 引同，缺字據補。《初學記》卷 9 引《春秋元命苞》「帝嚳戴干，是謂清明」，又引宋均注：「干，盾也。」《書鈔》卷 1 亦言「帝嚳戴干」（未言出處）。《易緯乾鑿度》卷下「泰表載干」，鄭玄注：「干，楯也。」《隋書·王劭傳》引作「泰表戴干」。則「干」必非「斗」誤字，王說非是。《史記·五帝本紀》《正義》引《河圖》：「（女樞）生顓頊，首戴干戈，有德文也。」《宋書·符瑞志》同，孫楷第據上二例以駁王說改「斗」〔註 120〕，《初學記》卷 9、《類聚》卷 11、《御覽》卷 79 引《帝王世紀》亦說顓頊「首戴干戈」。《五行大義》卷 5 引《文燿鉤》：「帝嚳載（戴）于（干），是謂清明，發節移度，蓋象招搖。」「載」、「戴」古通，「于」必是「干」形誤。《劉子·命相》云「帝嚳戴肩」，「肩」、「干」均見母元部字，亦足證「干」非「斗」誤字。《白虎通·聖人》：「顓頊戴午，是謂清明，發節移度，蓋象招搖。」《論衡·骨相》、《講瑞》亦云「顓頊戴午」，「午」是「干」形誤〔註 121〕，方以智、盧文弨、孫詒讓已校正〔註 122〕，《路史·前紀六》羅苹注引《春秋演孔圖》及《春秋元命苞》云：「顓帝戴干，是謂崇仁。帝佶戴干，是謂清明。」「干」字不誤。「戴干」有三說：一是鄭玄、宋均說干訓楯，盧文弨、孫詒讓、孫楷第並從此說；二是方以智說「面額高滿曰戴干」；三是吳承仕說「戴干」是「鳶肩」之誤，黃暉從其說，又指出「然仲任以『戴角之相猶戴干』，則仲任義當與鄭玄、宋均說同也」〔註 123〕。吳承仕曰：「疑『戴干』當作『戴干』。『戴』為『鳶』之異文，『干』即『肩』之假字也。《淮南·道應訓》『淚注而鳶肩』，《論衡·道虛篇》引作『雁頸而戴肩』。此『鳶』偽（譌）『戴』之證。《乾鑿度》曰：『復表日角，臨表龍顏，泰表戴干。』劉晝《新論·命相篇》述之則曰：『伏羲日角，黃帝龍顏，帝嚳戴肩。』」王叔岷說略同吳氏〔註 124〕。鄭玄等「干楯」、「干戈」舊說，不容輕棄；吳說雖辯，未為確論，「鳶肩」非

〔註 120〕 孫楷第《劉子新論校釋》，收入《滄州後集》附錄，中華書局 1985 年版，第 440 頁。王先生指王宗炎，孫氏誤以為是王紹蘭。

〔註 121〕 宋乾道三年紹興府刻宋元明遞修本《論衡·骨相》又誤作「戴牛」。

〔註 122〕 方以智《通雅》卷 18，收入《方以智全書》第 1 冊，上海古籍出版社 1988 年版，第 621 頁。盧文弨《白虎通》校本，收入《叢書集成初編》第 238 冊，商務印書館民國 25 年初版，第 178 頁。孫詒讓《論衡札迻》，收入《札迻》卷 9，中華書局 1985 年版，第 276 頁。

〔註 123〕 黃暉《論衡校釋》，中華書局 1990 年版，第 109 頁。

〔註 124〕 王叔岷《劉子集證》，中華書局 2007 年版，第 115～116 頁。

「招搖」之象，亦非「崇仁、清明」之象。《論衡》「戴肩」，固是「鳶肩」之誤；《劉子》「戴肩」，則是「戴干」聲誤，孫楷第說是也。《論衡·講瑞》說「戴角之相猶戴午（干）」，王充所見必是「戴」字，不是「鳶」。

（3）（帝嚳）迎送日月，順天之則，能敘三辰以周民

汪繼培曰：《大戴禮》云：「歷日月而迎送之。」《禮記·祭法》云：「帝嚳能敘星辰以著眾。」

按：正文「送」，底本作「逆」，四部本、程本、胡本、四庫本、局本同。逆亦迎也。《禮記》「敘」作「序」。《國語·魯語上》「帝嚳能序三辰以固民」，韋昭注：「固，安也。三辰，日、月、星也。謂能次序三辰，以治曆明時，教民稼穡以安之。」此文「周」是「固」形誤，各本均誤。《禮記》「著」亦是安定、處置之誼。

（4）作樂《六英》

汪繼培曰：《周禮·大司樂》疏引《樂緯》云：「顓頊之樂曰《五莖》，帝嚳之樂曰《六英》。」注云：「能為五行之道立根莖。六英者，六合之英。」高誘注《淮南子·齊俗訓》以《六英》為顓頊樂。《御覽》卷79、80引《帝王世紀》又云：「顓頊作樂《五英》，帝嚳作樂《六莖》。」《白虎通·禮樂篇》則以《六莖》屬顓頊，《五英》屬帝嚳，《漢書·禮樂志》同。然此自本《樂緯》。下云「顓頊作樂《五英》」，「英」當為「莖」，蓋傳寫之誤。

按：《呂氏春秋·古樂》：「帝嚳命咸黑作為聲（唐）歌：《九招》、《六列》、《六英》。」《御覽》卷915、《事類賦注》卷18引「六英」同，與本書合。《類聚》卷11引《帝王世紀》亦云「帝嚳作樂《六莖》」。

（5）龍感女媼，劉季興

汪繼培曰：《史記·高祖紀》《索隱》引王符云：「太上皇名煓。」此書無之，蓋小司馬誤也。《漢書·律曆志》云：「漢高祖皇帝伐秦繼周，木生火，故為火德。」

按：P.2011 王仁昫《刊謬補缺切韻》：「煓，他端反，漢太上皇名。」S.2071《切韻箋注》同。《史記·漢興以來將相名臣年表》《索隱》：「名執嘉，一名瑞。」杜光庭《道德真經廣聖義》卷33：「漢祖劉邦，字季，彭城豐沛人，帝堯劉累之後，父太上皇煓。」「瑞」是本字，言祥瑞，故又名「執嘉」也；

漢氏火德，故又改從火旁作「爓」字。

（6）世號少暤。代皇帝氏，都於曲阜

按：皇帝，底本即湖海樓叢書本作「黃帝」，各本同，當據校正。

（7）棄武羅、伯因、熊髡、尨圉，而用寒浞

按：伯因，阮刻本《左傳·襄公四年》作「伯困」，阮氏《校勘記》云：「石經、宋本、淳熙本、岳本、纂圖本、監本、毛本作『伯因』，是。案《漢書·古今人表》作『柏因』，《史記正義》作『伯姻』。」《史記·夏本紀》《正義》引《帝王紀》作「伯姻」。楊守敬《日本訪書志》卷1：「各本『困』作『因』，唯臨川本、沈本與此（引者按：指日藏舊鈔本《春秋左傳》）同。」〔註125〕《文選·離騷經》、《薦禰元彥表》李善注二引《左傳》並作「伯因」，《御覽》卷82、《稽古錄》卷5引《左傳》並作「伯因」。「因」、「困」均形誤字。

（8）恃其讒慝詐偽，而不德於民

汪繼培曰：本書「慝」皆作「匿」。按《爾雅·釋訓》：「讁讁、謞謞，崇讒慝也。」《釋文》云：「慝，諸儒並女陟反，言隱匿其情以飾非。」是「讒慝」正當為「讒匿」，此疑後人所改。

按：汪氏取諸儒說，謂「讒慝」之「慝」的語源是「匿」，讀女陟反，指隱匿其情。考《春秋·昭公十三年》、《桓公六年》「讒慝」條《釋文》並云「他得反」，《左傳·成公七年》、《襄公十三》、《昭公十八年》「讒慝」條《釋文》均同，又《僖公二十八年》「讒慝」條《釋文》云「吐得反」。諸儒說非是，當讀他得反，語源是「態」。《釋名》：「慝，態也，有姦態也。」《爾雅釋文》「諸儒」上尚有「謝切得反」四字，法偉堂曰：「『切』必『叨』之譌。諸儒音女陟反，則讀為匿也。」〔註126〕吳承仕曰：「案：謝如字讀，合音『土得反』。今作『切』，疑傳寫之譌。各家並失校。」〔註127〕黃焯曰：「吳云云。焯案：『切』當為『他』之誤。」〔註128〕「切得反」必誤，諸說均通，法偉

〔註125〕楊守敬《日本訪書志》卷1，收入《日本藏漢籍善本書志書目集成》第9冊，北京圖書館出版社2003年版，第65頁。
〔註126〕法偉堂《法偉堂經典釋文校記遺稿》卷29，華東師範大學出版社2010年版，第811頁。
〔註127〕吳承仕《經籍舊音辨證》，中華書局2008年版，第301頁。
〔註128〕黃焯《經典釋文彙校》卷29，中華書局2006年版，第864頁。

堂說字形最近，其說為長。汪氏不取謝氏切（叨）得反，偏取諸儒誤讀，非是。《爾雅》「崇讒慝也」，郭璞注：「樂禍助虐，增譖惡也。」譖、讒一音之轉耳〔註129〕。「讒慝」或省作「讒匿」，《呂氏春秋·貴因》「讒慝勝良」，高誘注：「讒，邪也。慝，惡也。」《治要》卷 39 引作「讒匿」。《易林·困之損》：「離友絕朋，巧言讒匿。」也音轉作「譖慝」，《墨子·修身》：「譖慝之言，無入之耳；批扞之聲，無出之口。」王念孫曰：「『譖慝』即『讒慝』，《左傳》『閒執讒慝之口』是也（《僖二十八年》）。『讒』與『譖』古字通。」〔註130〕也音轉作「僭慝」、「僭忒」，《書·洪範》「民用僭忒」，《釋文》：「忒，他得反，馬云：『惡也。』」《漢書·王嘉傳》引作「僭慝」，顏師古注：「僭，不信也。慝，惡也。」也音轉作「譖忒」，清華簡（七）《子犯子餘》：「凡民秉厇（度）諯（端）正譖忒，才（在）上之人。」「譖忒」即「譖忒」，猶言詐偽，與「端正」對文。也作「讒忒」，《魏書》卷 80：「姦佞為心，讒忒自口。」以同源詞決之，「慝」必是讀他得反，故也作「忒」。

（9）澆才力蓋眾，驟其勇武而卒以亡

汪繼培曰：蓋，覆蔽也。

按：蓋，四部本、胡本同，程本、四庫本、局本誤作「益」。

（10）（顓頊）作樂《五英》

汪繼培曰：「英」當作「莖」，詳上。

按：汪說未是。《類聚》卷 11 引《帝王世紀》亦言顓頊高陽氏「作樂《五英》」，蓋傳聞異辭。《廣雅·釋樂》有《五䪫》，即《五英》。宋刊《御覽》卷 79 引《帝王世紀》作「《五音》」，「音」是「䪫」脫省。P.2011 王仁昫《刊謬補缺切韻》、裴務齊《正字本刊謬補缺切韻》並云：「䪫，六（五）䪫，高陽氏樂名。」《鉅宋廣韻》：「䪫，五䪫，高陽氏樂。亦作英。」

〔註129〕 《說文》：「讒，譖也。」蔣斧印本《唐韻殘卷》：「譖，讒也。」此是聲訓。《易·豫》「朋盍簪」，馬王堆帛書本「簪」作「讒」。《韓詩外傳》卷 2「聞君子不譖人，君子亦譖人乎」，《荀子·哀公》、《新序·雜事五》「譖」作「讒」。《詩·巷伯》「取彼譖人」，《禮記·緇衣》鄭玄注、《後漢書·馬援傳》、《漢紀》卷 23 引並作「讒人」。

〔註130〕 王念孫《墨子雜志》，收入《讀書雜志》卷 9，中國書店 1985 年版，本卷第 30 頁。

（11）升以為大公，而使朝夕規諫。恐其有憚怠也，則敕曰

　　按：四部本、胡本「有」形近而誤作「布」。憚，讀作嬗。《說文》：「嬗，緩也。」字亦作僤、𧪰、𧮰、誕，放誕、放縱也。憚怠，猶言緩怠、惰怠。《廣雅》：「𧪰謾，緩也。」王念孫曰：「𧪰謾，或作『僤僈』，謂怠緩也。《淮南子·修務訓》作『誕謾』，並字異而義同。『憚漫』亦舒緩之意。」〔註131〕

（12）爾交修余，無棄

　　按：修，各本作「脩」。《國語·周語上》：「瞽史教誨，耆艾修之。」王念孫曰：「脩之，謂脩飭之也。『之』字指王而言，非指瞽史之教而言。《魯語》公父文伯之母謂文伯曰：『吾冀而朝夕脩我曰：必無廢先人。』韋彼注云：『脩，儆也。』《楚語》白公子張引武丁之言曰：『必交脩余，無余棄也。』並與此『脩』字同義。」〔註132〕《楚語上》「交修」與上文「交戒」、「交儆」同義，韋、王說是。俞樾曰：「修者，勉也。」徐元誥說同俞氏〔註133〕。失之。

卷　九

《志氏姓》第三十五

（1）探命歷之去就，省群臣之德業

　　按：臣，當據程本、四部本、胡本、四庫本、局本作「后」。后，君也。群后，猶言諸侯，先秦、漢代成語。本書《潛歎》：「堯為天子，求索賢人，訪于群后，群后不肯薦舜而反稱共、鯀之徒。」

（2）亦有雜厝，變而相入

　　汪繼培曰：《漢書·地理志》云「五方雜厝」，晉灼云：「厝，古錯字。」

　　按：程本、四部本、胡本、四庫本、局本均作「錯」。

〔註131〕 王念孫《廣雅疏證》，收入徐復主編《廣雅詁林》，江蘇古籍出版社 1992 年版，第 134 頁。
〔註132〕 王念孫說轉引自王引之《經義述聞》卷 20，江蘇古籍出版社 1985 年版，第 478 頁。
〔註133〕 俞樾《春秋外傳國語平議》，收入《群經平議》卷 29，《春在堂全書》第 1 冊，鳳凰出版社 2010 年版，第 482 頁。徐元誥《國語集解》，中華書局 2002 年版，第 504 頁。

（3）故且略紀顯者，以待士合揖損焉

汪繼培曰：「士」當作「三」，「三合」即「參合」。「揖」與「挹」同，《史記・十二諸侯年表序》云：「七十子之徒，口受其傳指，為有所刺譏褒諱挹損之文辭不可以書見也。」

按：汪說是也，但猶未盡。《三國志・文昭甄皇后傳》裴松之注引《魏書》「后寵愈隆，而彌自挹損」，《書鈔》卷 25 引「挹損」作「揖損」。「揖」、「挹」均「抑」借字。《荀子・宥坐》：「此所謂挹而損之之道也。」《韓詩外傳》卷 3、8「挹」作「抑」，《淮南子・道應篇》作「揖」。楊倞註：「挹亦退也。挹而損之，猶言損之又損。」王念孫曰：「『揖』與『挹』同。《文選・為幽州牧與彭寵書》注引《蒼頡篇》云：『挹，損也。』『挹』與『損』義相近，故曰『挹而損之』。作『揖』者，借字耳。《後漢書・杜篤傳》注引此正作『挹而損之』，《荀子・宥坐篇》、《說苑・敬慎篇》並同。《韓詩外傳》作『抑而損之』，『抑』與『挹』聲亦相近，故諸書或言『抑損』，或言『挹損』也。」〔註134〕朱駿聲曰：「挹，叚借為抑。《荀子》注云云。《蒼頡篇》：『挹，損也。』挹、抑雙聲。」〔註135〕《晏子春秋・內篇雜上》「其後，夫自抑損」，正作本字。倒言也作「損抑」、「損挹」、「損揖」，《後漢書・光武帝紀》：「陛下情存損挹，推而不居。」《宋書・王僧綽傳》：「懼其太盛，勸令損抑。」《梁書・夏侯詳傳》「延僚屬以表損挹之志」，《御覽》卷 254 引作「損揖」。

（4）是以有國香，人服媚

汪繼培曰：「媚」下脫「之」字。

按：《左傳・宣公三年》「以蘭有國香，人服媚之如是」，杜注：「媚，愛也。」此言蘭有國香，服食之則媚愛於人。《山海經・中山經》：「姑媱之山，帝女死焉。其名曰女尸，化為䔄草，其葉胥成，其華黃，其實如菟丘，服之媚於人。」《博物志》卷 3：「右詹山草，帝女所化，其葉鬱茂，其華黃，實如豆，服者媚於人。」《搜神記》卷 14：「舌堙山，帝之女死，化為怪草，其葉鬱茂，其華黃色，其實如兔絲，故服怪草者，恒媚於人焉。」諸草與蘭亦相類。服，謂服食、服用。

〔註134〕王念孫《淮南子雜志》，收入《讀書雜志》卷 14，中國書店 1985 年版，本卷第 25～26 頁。
〔註135〕朱駿聲《說文通訓定聲》，武漢市古籍書店 1983 年版，第 115 頁。

（5）夫黎，顓頊氏裔子吳回也。為高辛氏火正，淳耀天明地德，光四海
　　也，故名祝融

　　　按：「光」下當據《國語·鄭語》補「照」字（據天聖明道本，公序本作
「昭」）。

（6）夌冒主蔫章者，王子無鈞也

　　　汪繼培曰：蔫章，《左傳》作「薳章」。「鈞」舊作「鈞」。

　　　按：各本「生」誤作「生」。薳、蔫一聲之轉。

（7）其子伯翳，能議百姓以佐舜、禹，擾馴鳥獸，舜賜姓嬴

　　　汪繼培曰：「百姓」之「姓」當作「物」。《鄭語》云：「伯翳能議百物以佐
舜。」

　　　按：汪說是。《鄭語》韋昭注：「百物，草木鳥獸也。議使各得其宜。」
黃丕烈引惠棟曰：「議，《漢書》作『儀』。」又引段玉裁曰：「玩韋《解》，當
本是『儀』。」〔註136〕王引之曰：「儀度之『儀』，古通作『議』也。《鄭語》
云云，《漢書·地理志》『議』作『儀』。《晏子春秋·外篇》『博學不可以儀世』，
《墨子·非儒篇》『儀』作『議』。」〔註137〕朱珔說全同〔註138〕。朱駿聲亦
讀議作儀〔註139〕。均當是襲王說耳。段氏從韋說解作「各得其宜」，非是，
且「議」、「儀」古通，不當「本是儀」。王氏讀議作儀是也，度謂法度、準則，
用作動詞，猶言取法。《漢書·地理志》：「嬴，伯益之後也。伯夷能禮於神以
佐堯，伯益能儀百物以佐舜。」顏師古曰：「『儀』與『宜』同。宜，安也。」
顏說非是。《漢書·敘傳》《幽通賦》：「嬴取威於百儀。」顏師古注引應劭曰：
「嬴，秦姓也，伯益之後也。伯益為虞，有儀鳥獸百物之功，秦所由取威於
六國也。」「伯益」即「伯翳」，是班氏讀議作儀也。《文選·東京賦》「儀姬
伯之渭陽」，薛綜注：「儀，則也。」

（8）後有仲衍，鳥體人言，為夏帝大戊御

〔註136〕黃丕烈《校刊明道本韋氏解〈國語〉札記》，收入《〈國語〉研究文獻輯刊》
　　　　　第10冊，國家圖書館出版社2012年版，本冊第280頁。
〔註137〕王引之《經義述聞》卷19，江蘇古籍出版社1985年版，第452頁。
〔註138〕朱珔《說文假借義證》「儀」字條，黃山書社1997年版，第449頁。此書引
　　　　　王引之說至多（稱作「王伯申」）。
〔註139〕朱駿聲《說文通訓定聲》，武漢市古籍書店1983年版，第479頁。

汪繼培曰：「言」舊作「元」，據《紀》改。《趙世家》又云：「人面鳥噣。」

按：王說非是。元，首也，頭也。此云「人元」，與《趙世家》云「人面」相合。《秦本紀》「大廉玄孫曰孟戲、中衍，鳥身人言」，《御覽》卷365引「言」作「面」。《御覽》卷915引《括地圖》「孟虧人首鳥身」，《博物志》卷2「孟舒國民，人首鳥身」，「孟虧」、「孟舒」即是「孟戲」，可知「人面」與「人首」相合。

（9）以正於朝，朝無閒官

汪繼培曰：閒，《晉語》作「姦」。

彭鐸曰：《國語》多以「閒」為「姦」，《周語中》「神無閒行」，韋注：「閒行，姦神淫厲之類也。」是其例。證以此引，則今本《晉語》「姦」字為後人所改明矣。

按：「姦」同「奸」，古音干、閒相通〔註140〕，故借「閒」為「奸（姦）」。《國語》自多用「姦」字，不得據《周語》偶用「閒」作「姦」，即說《晉語》「姦」當作「閒」。本篇下文「國無姦民」，《晉語八》同，豈亦當改作「閒」乎？

（10）端刑法，集訓典

汪繼培曰：集，《晉語》作「緝」。

彭鐸曰：並「輯」之借。

按：《國語》天聖明道本作「緝」，《國語補音》及《四部叢刊》影嘉靖金李本、明閔齊伋裁注本、四庫本作「輯」。

（11）武王克殷，而封帝堯之後於鑄也

汪繼培曰：「鑄」舊作「社」，據《五德志篇》改。「社」或為「祝」之誤，注見前篇。

彭鐸曰：此當作「祝」。若本是「鑄」字，則無緣誤為「社」矣。汪改非。

按：《五德志篇》「武王克殷，而封其胄於鑄」，此汪氏所本。《禮記·樂記》「武王……封黃帝之後於薊，封帝堯之後於祝。」《史記·樂書》、《家語·辯樂解》同；《韓詩外傳》卷3「薊」形誤作「蕭」〔註141〕，餘亦同。此《五

〔註140〕參見張儒、劉毓慶《漢字通用聲素研究》，山西古籍出版社2002年版，第727頁。
〔註141〕《韓詩外傳》據元刻本，龍谿精舍叢書本、崇文書局叢書本已校正「蕭」作「薊」。

德志篇》所本。「鑄」、「社」形聲俱遠，彭氏駁之，是也，但「祝」、「社」形聲亦近，汪氏或說及彭氏改作「祝」，亦未得。考《史記‧周本紀》「（武王）封黃帝之後於祝，帝堯之後於薊」，《宋書‧荀伯子傳》荀伯子上表同，與《禮記‧樂記》適相反，《潛夫論》此篇殆用《史記》，各有所本耳。「薊」是「郪（鄈）」借字，「薊」古音「計」〔註142〕，「社」當作「計」，形近而譌。《呂氏春秋‧慎大》：「封黃帝之後於鑄，封帝堯之後於黎，封帝舜之後於陳。」《御覽》卷201引「黎」作「犁丘」。「黎（犁）」與「薊」亦是音轉〔註143〕，此與《周本紀》說合。

（12）師曠對曰：「女色赤白，女聲清汗，火色不壽。」

汪繼培曰：「女色赤白，女聲清汗」，《逸周書》二語互轉，《風俗通》與此同。

彭鐸曰：《風俗通》脫「汗」字。

按：《御覽》卷146引《周書》無「汗」字，《類聚》卷16引《春秋外傳》同（蓋誤其出處）。嘉靖刊本《周書‧太子晉解》「汗」作「汙」，唐‧司馬承《上清侍帝晏桐柏真人真圖讚》引同，《御覽》卷729、731引《周書》作「浮」。「浮」字是，脫誤作「汗」和「汙」。「汗」亦有可能是「浮」音轉。《類聚》卷8引晉‧庾闡《海賦》：「昔禹啟龍門，群山既鑿，高明澄氣而清浮，厚載勢廣而盤礴。」〔註144〕又卷19引晉‧袁山松《答桓南郡書》：「嘯有清浮之美，而無控引之深。」

（13）太伯君吳，端垂衣裳，以治周禮

汪繼培曰：王先生云：「『垂』疑『委』。」

彭鐸曰：當從《哀七年左傳》作「端委」。

按：王、彭說非是。委，垂也，王符以訓詁字易之，不得遽據《左傳》改字。「垂衣裳」是古書習語。《呂氏春秋‧察賢》：「故曰堯之容若委衣裘，以言少事也。」王利器曰：「《易‧繫辭下》：『黃帝、堯、舜垂衣裳而天下治。』

〔註142〕參見宗福邦主編《故訓匯纂》，商務印書館2019年版，第1906頁。《後漢書‧方術列傳》「計子勳者，不知何郡縣人」，《御覽》卷691引仲長統《昌言》「計」作「薊」。亦其例。
〔註143〕說見畢沅《呂氏春秋新校正》卷15，收入《叢書集成新編》第20冊，新文豐出版公司1985年版，第558頁。
〔註144〕《初學記》卷6引梁簡文帝《海賦》同。

與此文『委衣裳』同義。」〔註145〕但《左傳》「端委」指禮衣，不是垂衣裳而治天下，此則自是王符誤解其誼。

（14）故受福祐

汪繼培曰：「祐」疑「祜」。《詩·信南山》、《桑扈》、《下武》並云「受天之祜」，鄭箋：「祜，福也。」《漢書·揚雄傳》《長楊賦》云：「受神人之福祜。」

彭鐸曰：《楚辭·天問》王逸注：「祐，福也。」是「福祜」亦可言「福祐」，非必字誤。《漢書·王嘉傳》：「宜思正萬事，順天人之心，以求福祐。」尤其明證矣。

按：彭氏說「祐」不誤，是也。《易林·歸妹之遯》：「與喜相抱，長子成考，封受福祐。」《論衡·幸偶》：「服聖賢之道，講仁義之業，宜蒙福祐。」

（15）單穆公、襄公、頃公、靖公，世有明德，次聖之才

汪繼培曰：王先生云：「『次』疑『睿』之誤。」

彭鐸曰：「次聖」即「齊聖」……次、齊古同聲。王說失之。又《勸將篇》「次聖繼之」，對「上聖」言，與此義別。

按：次、齊古雖音轉，但此「次聖」當讀如字，與《勸將篇》同，猶言亞聖，指賢人。單穆公諸人，還不能稱作聖人，只是次聖。《易·革》：「大人虎變……君子豹變。」《集解》引干寶曰：「君子大賢，次聖之人，謂若太公、周、召之徒也。」《法言·吾子》作「聖人虎別……君子豹別」。「君子」次於聖人一等，亦是「次聖」。《文選·與侍郎曹長思書》李善注引《桓子新論》：「昔顏淵有高妙次聖之才，聞一知十。」東漢《楚相孫叔敖碑》：「君受純靈之精，懷絕世之才，有大賢次聖之質。」均其例。顏淵、孫叔敖亦是次聖。

卷　十

《敘錄》第三十六

（1）闒茸而不才，先器能當官

汪繼培曰：「先」疑「无」。

〔註145〕王利器《呂氏春秋注疏》，巴蜀書社 2002 年版，第 2631 頁。

按：先，疑讀為淺。淺器，喻才學小也。陸機《演連珠》：「臣聞通於變者，用約而利博；明其要者，器淺而應玄。」晉·張華《相風賦》「嘉創制之窮理，諒器淺而事深。」又疑讀為賤。唐·李嶠《陳情表》：「臣瓶筲賤器，駑蹇輕姿。同鼪鼠之五伎不成，異飛鴻之六翮兼備。」

（2）或因類釁，或空造端

汪繼培曰：「類釁」舊作「類釁」。《淮南子·氾論訓》高誘注：「考，瑕釁也。類，磐若絲之結纇也。」

按：不煩改字。「釁」同「釁」。類，讀作纇。

（3）原明所起，述暗所生

彭鐸曰：「述」疑當作「迹」。《漢書·賈誼傳》「竊跡前事」，師古注：「尋前事之蹤跡。」「跡」、「迹」同。

按：不煩改字。述，猶言顯明、申明。

（4）買藥得鴈，難以為醫

汪繼培曰：《廣韻》：「贋，偽物。」鴈、贋古今字。《韓非子·說林下》云：「齊伐魯，索讒鼎。魯以其鴈往。齊人曰鴈也。魯人曰真也。」

按：汪說是，但仍未得本字。所引《韓子》，《御覽》卷 430 引「鴈」作「偽」。「鴈」、「贋」即「偽」音轉。字亦作贗，又音轉作修、諺、嗲、彥〔註146〕。

（5）百寮阿黨，不覈真偽，苟崇虛譽，以相詿曜

汪繼培曰：「譽」舊作「舉」，盧學士改。

按：程本、四庫本、局本作「舉」，四部本、胡本作「譽」。又四部本「曜」誤作「曜」。

（6）民無欺詒，世乃平安

按：詒，程本、局本同，四部本、胡本、四庫本作「紿」。詒、紿，正、借字。

（7）遭衰姦牧，得不用刑？

按：「姦牧」當乙作「牧姦」。《方言》卷 12：「牧，司也。」又「監、牧，

察也。」是牧為司察、監察之義。牧姦，司察姦人也。《史記·商君列傳》：「令民為什伍，而相牧司連坐。」又《酷吏列傳》：「置伯格長，以牧司奸、盜賊。」「牧司」同義連文。《漢書·酷吏傳》下句作「以收司奸」，顏師古曰：「置伯及邑落之長，以收捕司察奸人也。」顏說非是。王引之指出《漢書》「收」當作「牧」，引《方言》訓作察〔註147〕。《白虎通·封公侯》「使大夫往來牧諸侯，故謂之牧」，上「牧」亦察也，盧文弨據《曲禮下》《正義》引文於上「牧」下補「視」字〔註148〕，陳立襲其說〔註149〕，殊無必要。

（8）堯、舜憂民，皋陶御叛

汪繼培曰：「御」舊作「術」。按「御」與「禦」同。

彭鐸曰：「抵御」字正當如此作。

按：汪說非是。「術」當作「誅」，討也。《周禮·職方氏》「其浸沂沭」，鄭玄注引鄭司農曰：「沭，或為洙。」是「术」、「朱」形近相譌之例。四庫本作「除」，殆是臆改。

（9）不能遠慮，各取一制

汪繼培曰：「各」舊作「督」。按本篇云「各取一闋」，今據改。

按：「督」、「各」形聲俱遠，不能致誤。督，讀作獨。

（10）邊既遠門，太守擅權

汪繼培曰：王先生云：「『門』疑『闋』。」繼培按：作「闋」是也。

按：門，四部本、胡本同，程本、四庫本、局本作「問」。「門」字不誤。《廣雅》：「門，守也。」《漢書·循吏傳》「（張）敞遠守劇郡，馭於繩墨。」

（11）自昔庚子，而有責云。予豈好辯？將以明真

汪繼培曰：「責」舊作「貴」。

按：四部本作「責」不誤。四庫本改作「遺」，尤誤。四庫本改「庚子」作「孟子」，殆是也。「予豈好辯」出《孟子·滕文公下》：「予豈好辯哉？予

〔註147〕 王引之說轉引自王念孫《史記雜志》，收入《讀書雜志》卷2，中國書店1985年版，本卷第85頁。

〔註148〕 盧文弨《白虎通》校正，收入《叢書集成初編》第238冊，商務印書館民國25年初版，第68頁。

〔註149〕 陳立《白虎通疏證》，中華書局1994年版，第134頁。

不得已！」

（12）氣終度盡，後代復進

按：進，四部本、胡本同，程本、四庫本、局本作「運」。「運」與上文犯複。

（13）雖未必正，可依傳問

汪繼培曰：「問」當作「聞」。

彭鐸曰：此書多以「問」為「聞」。

按：程本「問」誤作「間」。

2020 年 11 月 1 日～12 月 31 日初稿。

本文部分内容以《潛夫論校詁》為題發表於《文津學志》第 16 輯，北京圖書館出版社 2021 年 6 月出版，第 58～76 頁。

《風俗通義》校補

　　應劭撰《風俗通義》，亦稱作《風俗通》。原書 31 卷，今存 10 卷，佚失大半。有清以降，學人校理研究的著作大致有如下者：盧文弨《風俗通義校正並補遺》〔註1〕，徐友蘭《群書拾補識語·風俗通義》〔註2〕，朱筠《風俗通義校正》、《風俗通義大德本校正》〔註3〕，孫詒讓《風俗通義札迻》〔註4〕，劉師培《風俗通義書後》〔註5〕，吳樹平《風俗通義校釋》〔註6〕，王利器《風俗通義校注》〔註7〕，朱季海《風俗通義校箋》〔註8〕。

〔註1〕盧文弨《風俗通義校正並補遺》，收入《群書拾補》，《續修四庫全書》第 1149 冊，上海古籍出版社 2002 年版，第 466～478 頁。後附三部分內容：一是「宋元諸刻本跋」，二是臧庸、顧明覆校訂此書的意見，三是錢大昕所輯佚文。盧氏所據底本為明胡文煥本，校語所引錢說指錢大昕說，孫說指孫志祖說。鄭國勳《龍谿精舍叢書》刊刻《風俗通義》多採盧說。

〔註2〕徐友蘭《群書拾補識語·風俗通義》，收入《叢書集成續編》第 92 冊，上海書店 1994 年版，第 577～581 頁。

〔註3〕朱筠《風俗通義校正》、《風俗通義大德本校正》，收入《續修四庫全書》第 1121 冊（影印稿本），第 585～589 頁。《國學叢刊》第 14 期有排印本發表（1944 年）。

〔註4〕孫詒讓《風俗通義札迻》，收入《札迻》卷 10，中華書局 1989 年版，第 332～338 頁。

〔註5〕劉師培《風俗通義書後》，收入《左盦集》卷 7，《劉申叔遺書》，江蘇古籍出版社 1997 年版，第 1282 頁。

〔註6〕吳樹平《風俗通義校釋》，天津古籍出版社 1980 年版。吳氏常襲用盧文弨等前人說而不注明出處。

〔註7〕王利器《風俗通義校注》，中華書局 1981 年初版；中華書局 2010 年第 2 版。本文標示第 2 版頁碼。

〔註8〕朱季海《風俗通義校箋》，《學術集林》第 8 卷，上海遠東出版社 1996 年版，第 95～139 頁；收入《初照樓文集》，中華書局 2011 年版，第 259～309 頁。

　　茲依王利器《校注》為底本作校補，王氏以《四部叢刊》景印元大德本作底本，校以元、明各本。但王本有誤字，不盡忠實於底本，如：①《皇霸》「秦無一矢遺鏃之費」，各本「鏃」作「鏃」。②《十反》「進退溫雅」，各本「退」作「對」；又「歲致敬郡縣，答問而已」，各本「歲」下有「時」；又「泠澀比如寒蜓」，各本「泠」作「冷」。③《怪神》「獨先見識」，各本作「獨見先識」；又「遠近他倡」，各本「近」作「迎」；又「遂伐其樹」，各本「樹」作「木」。均皿當校正。

　　王氏所據底本即《四部叢刊》景元大德本非善本，與《中華再造善本》據上海圖書館藏元大德九年無錫州學刻本影印本雖然版式一致，但有較大差異。如：①四部本《皇霸》「尊事王家之功」，又「因問伺隙」；再造本「家」作「室」，「問」作「間」。②四部本《過譽》「不囚少以為多」，又「光昭舊交之門」；再造本「囚」作「因」，「門」作「問」。③四部本《十反》「言笑宴宴」，又「夫不擇而疆用之」，又「故遜位自劾還家」，又「今問休揚」，又「土名不休揚」；再造本「宴宴」作「晏晏」，「疆」作「彊」，「故」作「放」，「問」作「聞」，「土」作「士」。④四部本《聲音》「伏於室惻」，又「子磬擊于衛」；再造本「惻」作「側」，「磬擊」作「擊磬」。⑤四部本《窮通》「魯弱而齊彊」，再造本「彊」作「疆」。⑥四部本《怪神》「糜財妨農」，又「今條丸禁」，又「百姓若之」，又「言李君令我自愈」，又「其集診之」；再造本「糜」作「靡」，「丸」作「下」，「若」作「苦」，「自」作「目」，「其」作「共」。⑦四部本《山澤》「《禮》記將至泰山」，再造本「記」作「祀」。此上所舉，四部本均當據再造本校正。本文所稱「元大德本」指「再造本」，與王氏所稱「元大德本」指「四部本」不同。

　　季嘉玲《風俗通義校注》，史樹青《風俗通義校勘記》，二稿余均未見〔註9〕。

　　本文引用類書版本如下：孔廣陶校刻本《北堂書鈔》（省稱作《書鈔》），

　　　　本文引據《文集》。

〔註9〕季嘉玲《風俗通義校注》，1976 年油印本。嚴靈峰《周秦漢魏諸子知見書目》第 5 卷著錄，中華書局 1993 年版，第 495 頁。史樹青《風俗通義校勘記》未知出處，吳樹平《校釋》有引用，從所引用看，史樹青襲用清代人徐友蘭說卻不注明。如《校釋》第 153 頁引史樹青說「隅讀如『攝乎大國之閒』之攝」，第 164 頁引史說「『本』字乃『夸』字之譌」，第 205 頁引史說「『能』字語詞，《中庸》『民鮮能久矣』，即《論語》『民鮮久矣』」，第 232 頁引史說「『凡』字因與上句『瓦』字形近而誤衍，《韓非子・十過》正無此字」，都是襲用的徐友蘭說，卻不知徐氏讀隅為攝是錯誤的。

古香齋本《初學記》，南宋刻本《藝文類聚》（省稱作《類聚》），道藏本《意林》，
南宋刻本《白氏六帖事類集》（省稱作《白帖》），景宋本《太平御覽》（省稱作
《御覽》），南宋刻本《事類賦注》。

《風俗通義》序

（1）天氣有寒煖，地形有險易

王利器曰：盧文弨曰：「『險易』，《御覽》作『陰陽』。」徐友蘭曰：「謹
案：當是『隃易』，故訛『險易』。」器案：《文獻通考・經籍考》卷 40 引亦
作「陰陽」，此蓋別本。《孫子始・計篇》：「地者，遠近、險易、廣狹、死生
也。」《淮南子・兵略篇》：「易則用車，險則用騎。」高誘注曰：「易，平地
也。」（P8～9）

吳樹平曰：險易，《御覽》卷 602 引作「陰陽」。（P5）

按：《淮南子・兵略篇》是許慎注，而非高誘注。《意林》卷 4 引作「險
易」。「陰陽」是「險易」形誤，徐說非是。險，不平也。「險易」與「寒煖」
對舉，均相反為義。

（2）水泉有美惡，草木有剛柔也

按：水泉，《意林》卷 4 引同，《御覽》卷 602、《文獻通考》卷 213 引作
「泉水」。

（3）含血之類，像之而生

王利器曰：像，《意林》、《通考》作「象」，古通。（P9）

按：《意林》卷 4 引作「象之而生」，《御覽》卷 602、《文獻通考》卷 213
引作「象而生之」。

（4）周、秦常以歲八月遣輶軒之使，求異代方言

王利器曰：求，《書鈔》卷 40、《分紀》卷 45、《事類賦》卷 5 作「採」，
《御覽》卷 779、《全後漢文》作「采」，《拾補》引孫曰：「《文選・顏延年・曲
水詩序》注引此作『采』（器案：六臣本作「採」），《七命》注作『採』（器案：
《宣德皇后令》集注作「採」），《意林》同。」《事類賦》引「代」作「俗」，
肮改。（P11）

吳樹平曰：求，《文選・曲水詩序》李善注、《御覽》卷 25、602、779、

《天中記》卷 5 皆引作「采」，於義較長。又《文選・七命》李善注、《初學記》卷 20、《書鈔》卷 40、《六帖》卷 35、《碎事》皆引作「採」，與「采」通。（P6）

按：《玉海》卷 161、《記纂淵海》卷 33、《永樂大典》卷 11001 引亦作「採」。「求」是「采」形誤，「采」同「採」。《書鈔》卷 40 引《方言》：「遣輶軒使者，採絕代方言。」是其證。《史記・張儀列傳》「言不足以采正計」，《戰國策・燕策一》「采」作「求」，是其形誤之例。

（5）林閭翁孺才有梗概之法

王利器曰：《意林》「孺」下有「者」字。（P12）

按：道藏本《意林》「者」字誤在「才」下。《意林》卷 4、《御覽》卷 602 引無「之法」二字。《御覽》「林閭翁孺」誤作「林陶翁儒」。

《皇霸》卷一

（1）乃欲審其事而建其論，董其是非而綜其詳略

王利器曰：詳略，原作「詳矣」，《拾補》曰：「疑。」劉師培曰：「『矣』疑『略』。」今據改正。（P2）

吳樹平曰：史樹青云：「『矣』疑是『失』字之譌。『詳失』與『是非』相對為文。」此說甚是，「矣」乃「失」之形誤。（P10）

按：四庫本作「綜其詳略」。疑本作「詳略矣」，今本「詳」下脫「略」字。「是非」相反成詞，「詳略」亦然。史樹青說不確，「詳失」不辭。

（2）《春秋運斗樞》說：「皇者，中也，光也，弘也；含弘履中，開陰陽，布剛上，含皇極，其施光明，指天畫地，神化潛通，煌煌盛美，不可勝量。」

王利器曰：含弘，《御覽》引作「合元」，與所引《運斗樞》合。《御覽》引無「開陰陽」三字，明以三字為句也。布剛正，鄭本「剛」作「綱」，《御覽》作「網」，俱未可據。「正」原作「上」，今從吳本、《拔萃》本改正。陳立《白虎通疏證二・號篇》引此句作「布紀綱上」，劉師培則以為「『剛』下疑脫『柔』字」，俱有未當，蓋未董其是非，從而句讀不明耳。含皇極，鄭本、《御覽》「含」作「合」。（P4）

吳樹平曰：含弘，《御覽》卷 77 引作「合元」，卷 76 引《春秋運斗樞》

同，而《初學記》卷9引作「合天」。按「合」乃「含」之形誤，「元」因避宋太祖父名弘殷諱而改。「元」又譌為「天」。《新論·王霸》：「夫王道之主，其德能載，包含以統乾元也。」此即「含弘」義。「開陰布綱」，此句原作「開陰陽布剛」，吳本下句「上」作「正」，與此句連讀。《風俗通義書後》云當作「開陰陽，布剛柔」。按《御覽》卷77引作「開陰布綱」，卷76、《初學記》卷9引《春秋運斗樞》同，今據改。（P12～13）

按：王利器所據《御覽》是誤本。《運斗樞》之文，《御覽》卷77引本書無「弘也」二字；下文景宋本《御覽》卷76引作「合元履中，開陰布綱，指天畫地，神化潛通」，又卷77引本書作「合元履中，開陰布綱，上合皇極，其施光明，指天畫地，神化潛通，煌煌盛美，不可勝量」（《初學記》卷9引《運斗樞》「上合」作「止合」，餘同；《說郛》卷5引「合元」作「含弘」，餘同。），《路史》卷11引作「合元履中，開陰布綱，上合皇極，其施元（光）明，指天畫地，神化潛通者也」。均當四字為句，「陰」下「陽」字是衍文，「剛」是「綱」音誤（盧文弨已校正），「皇極」上「含」是「合」形誤。讀作「含弘履中，開陰布剛（綱），上含（合）皇極……」，朱季海指出「中、綱、明、通、量」為韻（P259）。「含弘」疑「含和」形誤，《易林·蠱之兌》：「南山高岡，麟鳳室堂，含和履中，國無災殃。」《說苑·脩文》：「彼舜以匹夫，積正合（含）仁（和），履中行善，而卒以興。」〔註10〕《淮南子·泰族篇》：「（聖人）執中含和。」均其證也。《老子指歸·江海章》「體道合和，無以物為而物自為之化」，又《天之道章》「履道合和，常與物友」。二例「合」當作「含」，「含和」謂含和氣也。一作「合元」者，當作「含元」，謂含元氣也。「中」指中正之道，「體道」即「履道」，亦即「履中」、「執中」。

（3）《尚書大傳》說：「蓋天非人不因，人非天不成也。」

王利器曰：宋本《御覽》卷77引「因」作「固」，未可據。（P6）

吳樹平曰：因，依也。（P14）

按：王說是。《法言·重黎》：「天不人不因，人不天不成。」汪榮寶引此文及《孟子·充虞路問章章指》「聖賢興作，與天消息。天非人不因，人非天不成」為證〔註11〕。《管子·勢》：「天因人，聖人因天……人先生之，天地刑

〔註10〕 《家語·辨樂》「積正合仁」作「積德含和」。
〔註11〕 汪榮寶《法言義疏》卷14，中華書局1987年版，第360頁。

（形）之，聖人成之，則與天同極。」《國語・越語下》：「天因人，聖人因天。人自生之，天地形之，聖人因而成之。」亦足佐證。

（4）帝者任德設刑，以則象之

按：《御覽》卷77引「象」作「像」。

（5）黃者，光也，厚也，中和之色，德施四季，與地同功

王利器曰：「施」字各本俱脫，《御覽》卷77引有，《拾補》據補，是，今從之。（P11）

按：《御覽》卷77引「光」誤作「先」。《書鈔》卷4有「施四季，應五行」語，未言出處。

（6）《詩》云：「亮彼武王，襲伐大商。」

王利器曰：《毛詩・大明》作「涼彼武王，肆伐大商」，《釋文》引《韓詩》「涼」作「亮」，與此合，仲遠用《魯詩》也。「肆」之與「襲」，亦毛、魯之異。（P16）

按：《漢書・王莽傳》引《詩》亦作「亮」，「涼」、「亮」音同。《釋文》又云：「涼，本亦作諒，同。」《文選・出師頌》、《運命論》李善注引《詩》作「諒」，《御覽》卷206、303引同。毛傳：「肆，疾也。」《小爾雅》：「肆，突也。」襲亦謂突襲。

（7）俗儒新生，不能採綜，多共辨論，至於訟閧

按：四庫本「閧」作「鬨」。「閧」是「鬨」俗譌字，亦訟也。

（8）雖復更制，不如名著，故因名焉

王利器曰：《御覽》引「不如」作「不知」。（P17）

按：元大德本、程本、吳本、兩京本作「不知」，《御覽》卷77引作「不如」。王氏校語顛矣。盧文弨據《御覽》校作「不如」，鄭本據改，是也。四庫本亦作「不如」。

（9）齊桓九合一匡，率成王室

王利器曰：率成，猶言遵率輔成。《左傳・宣公十二年》：「昔平王命我先君文侯曰：『與鄭夾輔周室，毋廢王命。』今鄭不率。」杜預注：「率，遵

也。」（P20）

　　按：王氏所引《左傳》，「率」承上文「王命」而言，故杜預訓遵。此文「率」非此誼，當訓率領，指率領諸侯而成就王室。

（10）（管仲）對曰：「狄困于衛，復兵不救，須滅乃往存之，仁不純，
　　　為霸君也。」

　　王利器曰：《御覽》卷 536、《初學記》卷 13 引《尚書中候》：「管子曰：『衛困于狄，案兵，須滅乃存之，仁不純，〔名〕為霸君。』」〔註12〕《詩·定之方中》疏引《樂緯稽耀嘉》亦有「狄人與衛戰，桓公不救，於其敗也，然後救之」之言。（P26）

　　按：《初學記》未引《尚書中候》此文。據史實，衛為狄所滅。「狄困於衛」當據《尚書中候》乙作「衛困于狄」。「復」當作「偃」，形近致誤。《管子·弟子職》「暮食復禮」，元大德本《白虎通·禮樂》引「復」誤作「偃」，是其相譌之例。《韓子·內儲說上》「而惠施欲以齊、荊偃兵」，《戰國策·魏策一》作「案兵」。《淮南子·修務篇》「於是秦乃偃兵」，《呂氏春秋·期賢》作「按兵」，《新序·雜事五》作「案兵」。《漢書·高祖本紀》、《風俗通義·十反》並有「偃兵息民」語，《戰國策·趙策二》、《史記·楚世家》作「案兵息民」。故此文作「偃兵」，《尚書中候》作「案兵」。偃、按（案）一聲之轉，《釋名》：「偃，安也。」此是聲訓。馬王堆帛書《經法·論》：「一曰正名，一曰立而偃，二曰倚名法（廢）而亂。」整理者曰：「偃讀為安。」〔註13〕上博簡（五）《君子為禮》簡 7「身毋鞍」，整理者張光裕讀鞍為偃〔註14〕。《漢書·韓信傳》「莫如按甲休兵」，《史記》作「案甲」，《御覽》卷 448 引《漢書》作「偃甲」。「偃衍」音轉作「按（案）衍」、「晏衍」、「宴衍」。均其音轉之證。

（11）楚之先，出自帝顓頊

　　王利器曰：《史記·楚世家》作「楚之先祖，出自帝顓頊」，有「祖」字。器案《秦本紀》：「秦之先，帝顓頊之苗裔。」《越世家》：「其先，禹之苗裔。」《趙世家》：「趙之先，與秦共祖。」「先」下皆無「祖」字；應氏此文，即本《史記》，亦無「祖」字，今本《史記》有「祖」字，疑出後人妄增。（P28）

〔註12〕　《御覽》卷 536 引有「名」字，王氏引脫。
〔註13〕　《馬王堆漢墓帛書〔壹〕》，文物出版社 1980 年版，第 54 頁。
〔註14〕　《上海博物館藏戰國楚竹書（五）》，上海古籍出版社 2005 年版，第 259 頁。

按：李笠亦說《楚世家》「祖」字衍文，此王說所本。辛德勇採李笠說，又補舉傳世文獻及出土材料包山楚簡、望山楚簡、葛陵楚簡文例〔註15〕。太史公稱楚之先祖例作「楚之先」，見《鄭世家》、《西南夷列傳》。《漢書·地理志》：「秦之先曰柏益，出自帝顓頊。」漢《益州太守高頤碑》：「君諱頤，字貫方，其先出自帝顓頊之苗胄裔乎！」文例亦同。楚簡稱作「楚先」，新蔡楚簡甲三 268：「是日就禱楚祏（先）。」又甲三 134、108：「乙亥禱楚先與五山。」

（12）此子之所聞

按：本書各本無「之」字，《史記·趙世家》、《扁鵲傳》則有。

（13）吾有所見子晰也

按：底本即元大德本作「晰」，兩京本同，《史記·趙世家》亦同；程本、吳本、鄭本作「晰」。

（14）此童謠曰：「趙為號，秦為笑，以為不信，視地上生毛。」

王利器曰：《史記》「上」作「之」。其文云：「王遷六年，大饑，民訛言曰：『趙為號，秦為笑，以為不信，視地之生毛！』」案《公羊傳·宣公十二年》：「錫之不毛之地。」何注：「墝埆不生五穀曰不毛。」《文選·七命》注：「凡地之所生謂之毛。」此蓋謂趙受天災，顆粒不收，而秦人幸災樂禍也。下二句謂，如謂言之不信，試看地上之出產如何也。（P44）

按：吳樹平說與王氏略同（P44），均非是。《開元占經》卷 4「地生毛」條引《地鏡》：「地忽生毛，天下亂兵起。」又引《易妖占》：「地生毛，百姓勞苦。」又引《史記》：「趙王遷時，人訛言曰：『秦為笑，趙為號，以為不信，視地之生毛。』後五年地果生毛，七年而秦滅趙。」則「地生毛」是大饑大亂、百姓勞苦之徵兆，不是指地生五穀。《華陽國志》卷 8：「三蜀地生毛如白毫，三夕長七八寸，生數里。」《宋書·五行志》：「晉成帝咸康初，地生毛，近白眚也。孫盛以為民勞之異。」《御覽》卷 880「地生毛」條引《晉書》以下諸書十餘例，「毛」亦都指毛髮，不指五穀。

（15）承六世之遺烈，抗長策而御宇內

〔註15〕辛德勇《史記新本校勘》，廣西師範大學出版社 2017 年版，第 271～274 頁。

王利器曰：承，《史記・秦始皇本紀》作「續」，《史記・陳涉世家》、《新書》、《漢書》、《文選》俱作「奮」。師古曰：「烈，業也。」（P54）

吳樹平曰：抗，《史記》、《文選》作「振」。（P49）

按：承，《漢紀》卷2亦作「奮」，《御覽》卷86引《史記》、《初學記》卷5引《漢書》均作「續」。《秦始皇本紀》、《陳涉世家》、《新書》、《漢書》、《漢紀》、《文選》「遺」作「餘」，「抗」作「振」。

（16）吞二周而叱諸侯，履至尊而制六合

王利器曰：叱，《史》、《漢》、《新書》、《文選》俱作「亡」，此疑形近而誤。（P54）

按：《漢紀》卷2亦作「亡」。

（17）世宗攘夷辟境，崇演禮學，制度文章，冠于百王矣

王利器曰：「辟」字原無，《拾補》云：「疑脫一『辟』字。」今據補。（P58）

按：盧說近是。「境」上亦可補「柝（拓）」、「斥」、「廓」等字。《潛夫論・救邊》：「武皇帝攘夷柝（柝——拓）境，面數千里。」《漢書・夏侯勝傳》：「武帝有攘四夷廣土斥境之功。」《漢書・地理志》：「武帝攘卻胡、越，開地斥境。」《鹽鐵論・非鞅》：「是以征敵伐國，攘地（夷）斥境。」《後漢書・律曆志》：「尚書令忠上奏：『諸從太初者，皆無他效驗，徒以世宗攘夷廓境，享國久長為辭。』」

《正失》第二

（1）《呂氏春秋》：「孔子曰：『昔者，舜以夔為樂正，始治六律，和均五聲，以通八風，而天下服。」

王利器曰：今本《呂氏春秋》無「均」字，《文選・長笛賦》注、《天中記》卷6引有，與此合，當據補正。（P62）

按：王說非是。今本《呂氏春秋・察傳》作「夔於是正六律，和五聲」，「和」、「正」單字對舉，不煩補「均」字。《淮南子・泰族篇》：「夔之初作樂也，皆合六律而調五音，以通八風。」《孔叢子・論書》：「唯聖人為能和六律，均五聲（一本「聲」作「音」）。」亦都是單字對舉。此作「和均」者，蓋旁注異文而混入正文耳。《呂氏春秋・孝行》、《禮記・樂記》都有「正六律，和五

聲」語，尤是《察傳》「和」下不當補「均」字之確證。

（2）傳之，聞于宋君，公問其故，對曰……

按：「公問其故」四字，《呂氏春秋·察傳》作「宋君令人問之於丁氏」，《御覽》卷189引《呂氏》作「召問其故」。疑「公」是「召」形誤（俗書方口、尖口不別）。《列子·湯問》「楚王聞而異之，召問其故，詹何曰……」，文例相同。

（3）事父以孝，成民以仁

王利器曰：民，《通典》卷54引作「人」，避唐諱改；程本、鐘本、《意林》作「名」。（P72）

按：《御覽》卷536引同今本，《書鈔》卷91引作「感民以仁」，《漢書·武帝紀》師古注引應劭說作「育民呂仁」。「名」是「民」音誤。「成」形誤作「咸」，復改作「感」。

（4）三皇禪於繹繹，明己功成而去，德者居之，繹繹者，無所指斥也

王利器曰：《白虎通·封禪篇》：「三皇禪於繹繹之山，明己成功而去，有德者居之，繹繹者，無窮之義也。」《御覽》卷536引《禮記·逸禮》：「三皇禪云云，盛意也。」《史》、《漢》俱作「云云」，《廣雅·釋詁》云：「云云，遠也。」是「云云」有遠、盛二義，亦即《白虎通》無窮之謂也。則此之「繹繹」，或即「云云」也。（P76）

按：《書鈔》卷91引《禮統》：「三皇禪奕奕，盛意也。」《梁書·許懋傳》引《禮記》：「三皇禪奕奕，謂盛德也。」「繹繹」即「奕奕」。「盛意」之「意」當作「悥」或「惪」，即「德」字。

（5）咨問長老賢通上泰山者云

王利器曰：《意林》「通」下有「更」字。（P76）

按：王氏誤校。《意林》卷4引「賢通」作「更」，非「通」下有「更」字。疑「更」是「通」誤，又脫「賢」字。「賢通」是漢人語。《論衡·對作》：「賢通之人，疾之無已。」本篇下文云「劉向少時，數問長老賢人，通于事，及朔時人，皆云……」，王利器曰：「上『人』字原脫，據《漢書》補。下『人』，《漢書》作『者』。」（P112）王說非是，《漢書》「人」當據此引文刪去。讀作「數問長老賢通、於事及朔時人」。

（6）烏號弓者，柘桑之林，枝條暢茂，烏登其上，下垂著地，烏適飛
　　去，從後撥殺；取以為弓，因名烏號耳

　　王利器曰：《御覽》卷920引無「之林」二字，《類聚》卷60引「林」作
「枝」。下垂，《類聚》、《御覽》俱作「垂下」。從後，原作「後從」，今從《類
聚》、《御覽》引乙正。（P81）

　　按：《類聚》卷60引「下垂」作「乘下」，「乘」是「垂」形誤。《御覽》
卷347引「林」作「枝」，「下垂」作「垂下」，「後從」作「從後」。

（7）言其臨至時，常有雙鳧從東南飛來

　　王利器曰：常，《類聚》、《御覽》卷919、《水經注》作「輒」，范書亦作
「輒」。「東」字原無，《書鈔》、《類聚》、《御覽》卷266、697、919有，范書、
《水經注》亦有，今據補正。（P83）

　　按：《太平廣記》卷6引《仙傳拾遺》「常」作「必」，亦有「東」字。

（8）喬：「天帝獨欲召我。」

　　按：底本即元大德本「喬」下有「曰」字。《初學記》卷14引作「喬謂
曰」。

（9）宿夜葬於城東

　　王利器曰：夜，《拾補》云：「《御覽》卷556作『者』。」器案：《水經注》、
《群書類編故事》俱作「昔」，范書同。（P84）

　　按：盧氏《拾補》原文「者」作「昔」，王氏誤記。《御覽》卷551引亦作
「昔」，吳樹平已及（P66）。

（10）師曠對曰：「女色赤白，女聲清，女色不壽。」

　　王利器曰：《拾補》云：「《逸周書》『清』下有『汗』字。」器案：《潛夫
論》亦有「汗」字。朱右曾曰：「聲散而不收，如汗之出而不返，清為金，汗
為火，故知其色赤白。金不勝火，則火為主，火必附木以炎，今無木，故不壽。」
（P88）

　　按：《御覽》卷146引《周書》無「汗」字，《類聚》卷16引《春秋外傳》
同（蓋誤其出處）。四部叢刊景印嘉靖刊本《周書·太子晉解》「汗」作「汙」，
道藏本唐司馬承《上清侍帝晏桐柏真人真圖讚》引同，《御覽》卷729、731、
《天中記》卷41引《周書》作「浮」。「浮」字是，脫誤作「汗」和「汙」。「汗」

亦有可能是「浮」音轉。

（11）揚雄以為：「慮犧、神農、黃帝、堯、舜殂落，文王葬畢，孔子葬
　　　魯城之北，獨不愛其死乎？」

　　王利器曰：《法言·君子篇》：「吾聞宓羲、神農歿，黃帝、堯、舜殂落而
死，文王葬（引者按：《法言》無「葬」字）畢，孔子魯城之北，獨子愛其死
乎？」（P89）

　　按：此文「殂落」當據《法言》作「殂落」。《書·舜典》「帝乃殂落」，帝
指堯，此楊子「殂落」之本。字亦作「徂落」，《爾雅》：「徂落，死也。」

（12）又安別在宮中

　　王利器曰：「又」字原作「之安」，《拾補》云：「『之安』二字訛，似當作
『又』。」今據改正。（P89）

　　按：王校誤。原文作「之安」，當說「『又』字原作『之』」。既採盧說，則
正文「安」字當刪。

（13）燕太子丹仰歎，天為雨粟，烏白頭

　　王利器曰：「仰歎」二字原無，《拾補》據《御覽》卷 840 引補，今從之。
器案：《史記·荊軻傳》《索隱》引作「丹乃仰天歎」，日本《秘府略》卷 864
引作「燕太子丹歎」，同卷引張楚金《翰苑》注引此「歎」上有「仰」字。
（P90）

　　按：《類聚》卷 85 引亦有「仰歎」二字，《史記·刺客列傳》《正義》、
《永樂大典》卷 4909 引則同今本。《荊軻傳》《索隱》所引乃《燕丹子》，又
說「《風俗通》及《論衡》皆有此說」，只指記事相近，不能知此文作何語。
《論衡·是應》、《變動》、《感虛》並言太子丹「使日再中，天雨粟」云云，
亦無「仰歎」語。

（14）孝文皇帝，小生于軍

　　王利器曰：《東坡物類相感志》卷 4 引「小」作「少」。（P94）
　　按：《御覽》卷 88 引亦作「少」。

（15）及即位為天子，躬自節儉，集上書囊以為前殿帷

　　王利器曰：帷，大德本誤作「惟」。（P95）

按：程本、兩京本、四庫本作「帷」，《御覽》卷 88 引同。又前二句《御覽》作「遂即位為天子，躬行至儉」。

（16）粟升一錢

王利器曰：粟升，《拾補》云：「《初學記》作『米斗』，下同。」（P96）

吳樹平曰：粟，《初學記》卷 2、《御覽》卷 88 引皆作「米」。升，《御覽》引同，《初學記》、《天中記》卷 3 引作「斗」。按作「斗」是。（P76）

按：盧文弨校「升」作「斗」（P468），是也，王氏失引。《初學記》卷 2、《御覽》卷 14、《天中記》卷 3 引作「米一斗一錢」，《御覽》卷 88 引作「米升一錢」。當作「米斗」。張家山漢簡《算數書·米出錢》：「米斗一錢三分錢二，黍斗一錢半錢，今以十六錢買米、黍凡十斗，問各幾何，用錢亦各幾何？」雖云是算術書，亦足以知漢代米價以「斗」為單位。

（17）（文帝）常居宮闕內，不棄捐軍中，祭代東門

按：《御覽》卷 88 引「東門」下有「外也」二字，當據補。上文云「（文帝）日祭于代東門外」，下文云「（文帝）長大祭代東門外」，均正有「外」字。

（18）未央前殿至奢，雕文五采，畫華榱壁璫，軒檻皆飾以黃金

王利器曰：《拾補》「壁」校作「璧」。（P100）

吳樹平曰：璧，原誤作「壁」，今據《拾補》校正。（P76）

按：《御覽》卷 88 引誤作「畫華欀壁牆」。

（19）故文帝宜因修秦餘政教，輕刑事少，與之休息

王利器曰：宜因，《拾補》云：「錢疑倒。」事少，《拾補》云：「亦倒。」（P100）

按：鄭本據錢說乙作「因宜」。余謂錢說非是，當校「因修」作「因循」，指因循秦制。盧氏說「事少」當作「少事」，是也。「輕刑少事」即《韓詩外傳》卷 3「省事輕刑」。

（20）由是北邊置屯待戰，設備備胡，兵連不解

按：《御覽》卷 88 引「待」作「守」，「備」字不重。

（21）轉輸駱驛，費損虛耗

　　王利器曰：駱驛，大德本如此作，朱藏元本以下各本俱作「絡繹」。（P101）

　　按：《御覽》卷88引誤作「轉輸騷擾，費積虛耗」。「騷」是「駱」形誤，是舊本作「駱驛」也。

（22）因以年歲穀不登，百姓饑乏，穀糴常至石五百，時不升一錢

　　王利器曰：《拾補》：「錢云：『穀』衍。」器案：據下文，當衍「歲」字。（P101）

　　吳樹平曰：「歲」字下原有「穀」字，今據《御覽》卷88引刪。時不，《御覽》卷88引作「非一」。（P78）

　　按：下文文帝詔書作「年穀不登」。《御覽》卷88引作「因以年歲不登，百姓飢乏，穀糴嘗至石五百，非一升一錢也」。「升」亦當作「斗」。

（23）上曰：「吾於臨朝統政施號令何如？」

　　按：統，《御覽》卷88引作「揔」，同「緫（總）」。作「統」是，《漢書·王莽傳》有「臨朝統政，發號施令」語。

（24）日擊牛灑酒，勞賜士大夫

　　王利器曰：灑，《拾補》云：「與『釃』通。」（P103）

　　按：《後漢書·馬援傳》：「援乃擊牛釃酒，勞饗軍士。」李賢注：「釃，猶濾也。」

（25）其德比周成王

　　按：《御覽》卷88引「比」作「偕」。

（26）審形者少，隨聲者多

　　王利器曰：審形，楊慎以為「審音」之誤。（P108）

　　按：《御覽》卷88引作「審形」。《史通·惑經》亦有「審形者少，隨聲者多」語，即用此文。

（27）然文帝之節儉約身，以率先天下，忍容言者，含咽臣子之短，此亦通人難及

王利器曰：《書鈔》卷9引作「忍言容事人告臣子之短」，《御覽》卷88引同今本。通，郎本、程本、奇賞本作「過」。（P108）

按：「過」是「通」形誤。《御覽》卷88引「率先」誤作「變」，「短」誤作「矩」，「通」誤作「過」。

（28）黃帝時為風后

王利器曰：程本「后」誤「伯」。（P109）

按：程本仍作「后」，王氏誤校。

（29）《漢書》：「淮南王安，天資辨博，善為文辭。」

王利器曰：高誘《淮南子敍》：「安為辨達，善屬文。」（P116）

按：辨，讀為辯。《漢書·淮南王傳》：「辯博，善為文辭。」

（30）乃遷徙去處，所載不過囊衣

王利器曰：《拾補》云：「『去處』二字衍，《御覽》無。」器按：《漢書》有。（P119）

按：各本「乃」作「及」，《漢書·王吉傳》同。王本誤耳，宜當校正。吳樹平指出《御覽》卷811（吳氏誤作卷881）引乃約省「去處」二字（P90），是也，《類聚》卷83、《御覽》卷689、《事類賦注》卷9、12引《漢書》亦省「去處」二字。

（31）九江多虎，百姓苦之。前將募民捕取，武吏以除賦課，郡境界皆設陷阱

王利器曰：前將指前太守，漢代崇武事，諸刺史、太守皆稱將。（P123）

吳樹平曰：前將，謂前任郡守。（P93）

按：《後漢紀》卷9：「九江多虎，數傷民，先時常募吏民設檻餌捕之。」疑「將」是「時」形誤。

（32）豈能犯陽侯，凌濤瀨而橫厲哉？

王利器曰：厲讀與「深則厲」之厲同。以衣涉水曰厲。（P126）

按：王說誤。《漢書·陳湯傳》：「橫厲烏孫。」又《息夫躬傳》：「鷹隼橫厲。」《後漢書·馬融傳》：「驍騎旁佐，輕車橫厲。」張衡《羽獵賦》：「輕車飇（飈）厲，羽騎電騖。」厲讀作䮾，亦騖也，猶言奔馳、飛越。

（33）俚語：「狐欲渡河，無奈尾何。」

王利器曰：《水經・河水注》、《御覽》、《離騷》補注引「俚」作「里」。（P126）

按：《水經注・河水》、《離騷》補注引「里語」下有「稱」字，《御覽》卷891引有「云」字，《事類賦注》卷20引有「曰」字。

（34）喜其加會

王利器曰：《札迻》曰：「案『加』當作『嘉』。」器案：何本、胡本、《意林》、《後漢書》注俱作「嘉」，當據改正。（P130）

按：四庫本亦作「嘉」。加，讀為嘉，不煩改字。

《愍禮》卷三

（1）因載歸家，供養以為母

王利器曰：因，《大典》作「引」。（P139）

按：《永樂大典》卷10813引仍作「因」，王氏誤校。

（2）九江太守武陵陳子威，生不識母，常自悲感

吳樹平曰：史樹青云：「『感』字疑是『慼』字之譌。」（P103）

按：「感」字不誤。「悲感」是二漢人成語。

（3）足下徑行自可，今反相歷，令子失禮，仆豫愍

王利器曰：歷，《拾補》云：「疑。」器案：當作「磨」，謂相摩切也。《周禮・遂師》：「及窆抱磨。」注：「磨者，適歷，執紼者名也。」《釋文》：「磨，劉音歷。」（P150～151）

吳樹平曰：史樹青云：「『今反相歷令子失禮』一句讀。『歷』有牽連之義。」（P111）

按：王氏所引《周禮》「抱磨」，「磨」無「歷」音，字當作「曆」，故鄭訓適歷，劉音歷。《通典》卷86、《御覽》卷544引已誤作「磨」〔註16〕。

〔註16〕《史記・樂毅列傳》「故鼎反乎曆室」，《集解》引徐廣曰：「曆，歷也。」《索隱》：「曆室亦宮名，《戰國策》作『歷室』也。」《困學紀聞》卷4、《容齋隨筆五集》卷10引《史記》誤作「磨室」。《漢書・高惠高后文功臣表》「曆侯」，《史記・高祖功臣侯者年表》誤作「磨侯」。是其比。

《釋文》「磨」，盧文弨依宋刻本改作「䃺」，法偉堂從盧說〔註17〕。此文「歷」承上文「胡毋季皮獨過相候」之「過」而言，《說文》：「歷，過也。」指過訪。意謂胡毋季皮（人姓名）過訪封子衡，欲為封母服喪，封子衡說，你直接自行即可，今來過訪問我，則你不符合禮制，我也有錯。

（4）太原郝子廉……每行飲水，常投一錢井中

王利器曰：《御覽》卷62引《三輔決錄》：「項中山飲馬渭水，日與三錢以償之。」其釣名沽譽，亦郝子廉之流亞歟！（P153）

按：《御覽》卷426引《風俗通》曰：「潁川黃子廉者，每飲馬，投錢於水中。」《御覽》卷836、《事類賦注》卷10引作「潁川黃子廉，每飲馬，輒投錢於水」。或即此異文。

（5）孔子疾時貪昧，退思狂狷；狷者有所不為，亦其介也

王利器曰：《論語·子路篇》：「子曰：『不得中行而與之，必也狂狷乎！狂者進取，狷者有所不為也。』」又見《孟子·盡心章下》。（P155）

吳樹平曰：《論語·子路》云云。介，次也。（P115）

按：吳說非是。此文是「狷介」分言，介不得訓次。「狷」謂有所不為，很戾不從也。《國語·楚語下》「其心又狷而不潔」，韋昭注：「狷者，直己之志，不從人也。」又《晉語二》「小心狷介」，韋昭注：「狷者，守分有所不為也。」介亦狷也，謂耿介特立。《漢書》卷67「昔仲尼稱不得中行，則思狂狷」，顏師古注：「狷，介也。」

（6）子亦不得見，復踰拜耳

王利器曰：《拾補》曰：「錢云：『當本是隃字，與遙同。』」（P160）

按：吳樹平襲用錢說（P119），而不注明。踰字徑讀為遙，不煩改字。《禮記·投壺》「毋踰言」，鄭玄注：「踰言，遠談語也。踰，或為遙。」《漢書·陳湯傳》「踰集都賴」，如淳曰：「踰，遠也。」顏師古曰：「踰，讀曰遙。」字亦作逾，《玉篇》：「逾，遠也。」

〔註17〕盧文弨《經典釋文考證》，收入《盧文弨全集》第5冊，浙江大學出版社2017年版，第185頁。法偉堂《法偉堂經典釋文校記遺稿》，華東師範大學出版社2010年版，第229頁。

（7）醊哭於墳前

　　王利器曰：《通鑑》卷 54 注云：「醊，醊酒也。」（P164）

　　吳樹平曰：《玉篇》：「醊，祭醊也。」（P122）

　　按：「醊」本字《說文》作「餟」，云：「餟，祭醊也。」

《過譽》卷四

（1）所在荒亂，虛而不治

　　王利器曰：虛，袁《紀》作「虐」。范書無此句。（P172）

　　吳樹平曰：虛，四庫本作「廢」，乃以意改字。《後漢紀》載此事，「虛」作「虐」。（P129）

　　按：「虐」是「虛」形誤，《呂氏春秋·上農》「四隣來虛」，王念孫改「虛」作「虐」，俞樾說同〔註18〕。虛，猶言荒廢。《三國志·王淩傳》裴松之注引《漢晉春秋》：「今曹爽以驕奢失民，何平叔虛而不治。」

（2）為上計史，獨車載衣資

　　王利器曰：《漢書·朱買臣傳》：「買臣隨上計吏為卒，將重車至長安。」師古曰：「買臣身自充卒，而與計吏將重車也。載衣食具曰重車。重音直用反。」據此，則上計吏當別有車，故應氏按語亦以「推獨車」為言，此載衣資者，即所謂重車是也。（P199）

　　按：沈欽韓曰：「獨車乃鹿車。」〔註19〕沈說是也。「獨車」也作「轆車」、「犢車」、「櫝車」，居延漢簡 157.24A：「乘騂牡馬，白蜀車。」「蜀車」即「獨車」。都是「鹿獨車」省稱，字或作「獨祿車」、「鹿犢車」，或省作「鹿車」，又作「轆車」〔註20〕。

（3）宗家猶有贏田廬田，可首粥力者耳

　　王利器曰：「贏」元作「贏」，今據《拾補》校改。首，《拾補》校作「身」，

〔註18〕王念孫《呂氏春秋校本》，轉引自張錦少《王念孫〈呂氏春秋〉校本研究》，《漢學研究》第 28 卷第 3 期，2010 年出版，第 318 頁。俞樾《呂氏春秋平議》，收入《諸子平議》卷 24，上海書店 1988 年版，第 501 頁。

〔註19〕沈欽韓《漢書疏證》卷 30，收入《續修四庫全書》第 267 冊，上海古籍出版社 2002 年版，第 39 頁。

〔註20〕參見蕭旭「鹿車」名義考，收入《群書校補（續）》，花木蘭文化出版社 2014 年版，第 2123～2134 頁。

云：「『粥身』又見下卷，乃勤力之意。」（P201）

吳樹平曰：《拾補》云云。贏，餘也。按改「首」為「身」，義仍費解。疑此句應作「田可粥身者耳」，「田」用如動詞，耕種。粥，讀為鬻。《大戴禮記‧夏小正》云：「粥也者，養也。」「粥力」疑即「鬻」之誤。意謂耕種宗族的多餘田畝，可以自養其身。（P157）

按：當讀作「宗家猶有贏田、盧，田可首粥力者耳」，「田、盧」即下文之「田、屋」。首，讀為守，猶言守持、依靠。「粥力」不誤，指粥的養生之力。意謂依靠多餘的田地，還可以吃粥而生存。四庫本臆改作「宗家猶有贏田盧，田可耕，盧可居也」，無版本依據。

《十反》卷五

（1）干木息偃以藩魏

王利器曰：「息偃」當作「偃息」。《幽通賦》：「木偃息以藩魏。」《呂氏春秋‧順說篇》高注：「段干木偃息以安魏。」趙岐《孟子‧公孫丑下》章指：「段干木偃寢而式閭。」《三國志‧魏書‧衛臻傳》載明帝詔：「昔干木偃息，義壓強秦。」左太沖《詠史詩》：「吾希段干木，偃息藩魏君。」字皆作「偃息」，是其證。（P210）

按：王說非是。「偃息」是同義複詞，故此文倒作「息偃」。本書《愆禮》「息偃城郭」，亦其例。

（2）土名不休揚

王利器曰：土名，即當時所謂鄉曲之譽。《三國志‧魏書‧王粲傳》注引《魏略》：「故雖已出官，本國猶不與之土名。」又引《吳質別傳》：「土名不揚，謚為醜侯。」則「土名」之說，曹魏時猶然。（P215）

吳樹平曰：土，《遺編》本、程本作「士」。按「土」字不誤。土名，謂在鄉里的名聲。（P174）

按：「土」字誤。元大德本、程本、兩京本、四庫本、鄭本均作「士名」，獨四部叢刊影印本誤作「土名」。王氏所引《魏略》云云，實裴松之語，《三國志》南宋紹興本、南宋紹熙本、朝鮮刊本均作「士名」〔註21〕，王氏所據乃誤

〔註21〕南宋紹熙本《三國志》，余見二本，一藏於國圖，一藏於日本宮內廳書陵部。
紹興本藏於國圖，朝鮮刊本藏於日本內閣文庫。

本。又《吳質別傳》作「質先以怙威肆行，謚曰醜侯」，無「土名不揚」語，王氏誤記。

（3）人數恐灼，持之有度

王利器曰：「恐灼」不辭，疑當作「恐猲」，《漢書・王子侯表上》：「坐縛家吏恐猲受賕，棄市。」師古曰：「猲，謂以威力脅人也。」又下：「承鄉侯德天，鴻嘉二年，坐恐猲國人、受財臧五百以上免。」此「恐猲」連文之證，「猲」、「灼」形近而誤。（P217）

吳樹平曰：恐灼，恐懼焦灼。（P176）

按：王說非是。《方言》卷13：「灼，驚也。」《廣雅》：「忬，驚也。」王念孫引此文疏證《廣雅》云：「『灼』與『忬』通。」錢大昭曰：「『灼』、『忬』音義同。或說忬當為悼，《說文》：『悼，懼也。陳、楚謂懼曰悼。』書傳卓、勺互通。」〔註22〕錢繹引此文疏證《方言》，又引其父大昭說，又云：「前卷2云：『逴，驚也。』逴、悼並從卓，古聲亦相近。」〔註23〕本字為悼。《易林・困之屯》：「匍匐出走，驚惶悼恐。」《中孚之剝》作「驚懼惶恐」，是悼為懼也。「驚惶悼恐」四字同義連文，「恐灼」即是「悼恐」轉語。

（4）友人張子平、吉仲考等，密共穿踰，奪取衣裘

王利器曰：《淮南・齊俗篇》：「故有大路龍旂，羽蓋委（引者按：「委」當作「垂」）綏，結駟連騎，則必有穿窬、拊楗、抽箕、踰備之姦。」《論語・陽貨篇》：「譬諸小人，其猶穿窬之盜也與？」「穿踰」即「穿窬」。（P217～218）

按：穿窬指鑿牆洞，窬亦穿也。此文「穿踰」是二事，即《淮南》之「穿窬、踰備」（許慎注：「備，後垣也。」）。穿指穿牆，踰指爬牆。《孟子・盡心下》：「人能充無穿踰之心，而義不可勝用也。」趙岐注：「穿牆踰屋，姦利之心也。」《周禮・司刑》鄭玄注引《尚書大傳》：「決關梁踰城郭而略盜者，其刑臏。」《御覽》卷648引《白虎通》引《尚書》作「故穿踰盜竊者，其刑臏也」。是「穿踰」即指「決關梁踰城郭」而言。

〔註22〕王念孫《廣雅疏證》，錢大昭《廣雅疏義》，並收入徐復主編《廣雅詁林》，江蘇古籍出版社1992年版，第66頁。

〔註23〕錢繹《方言箋疏》卷13，上海古籍出版社1984年版，第744頁。

（5）據輜乘綏，還歷鄉里

　　按：乘，底本作「垂」，元大德本、程本、四庫本、鄭本同，兩京本亦誤作「乘」。歷，過也。

（6）父字叔矩，遭母憂，既葬之後，饘粥不贍，叔矩謂其兄弟：「《禮》不言事，辯杖而起；今俱匍匐號咷，上闕奠酹，下困餬口，非孝道也。」

　　王利器曰：《禮記·喪大記》：「既葬，與人立，君言王事，不言國事；大夫士言公事，不言家事。」即此文所本。《拾補》謂「《禮》不言事辯」句，非是。辯，胡本、鄭本作「辨」，辨杖即治杖，猶辨裝之為治裝也。（P220）

　　按：吳樹平說同王氏（P178），俱非也。《禮記·喪服四制》：「百官備，百物具。不言而事行者，扶而起。言而後事行者，杖而起。」《大戴禮記·本命》、《家語·本命解》同。盧文弨讀「《禮》不言事辯」句（P471），是也。「不言事辯」即《禮記》之「不言而事行」。此文是其縮語。《說文》：「辯，治也。」俗作「辨」，亦借「辨」為之。盧文弨曰：「辨，即『辦』字，『辯』非。」盧氏以「辯」為誤字，失其本也。

（7）因將人客于九江，田種畜牧

　　王利器曰：杜甫《遣興詩》：「問知人客姓。」「人客」字本此。（P220）

　　按：王說非是。此文「人客」非一詞。將，猶言率領。「客于九江」句，「客」是動詞，猶言寄居。指叔矩率其族人寄居於九江也。

（8）田種畜牧，多所收獲

　　王利器曰：宋本「收」作「全」。（P220）

　　按：底本「收」字作缺文，元大德本作「全」，程本、兩京本、四庫本、鄭本作「收」。

（9）則粥身苦思

　　吳樹平曰：粥身，勤力也。（P180）

　　按：吳氏乃襲用盧文弨說（上文已引）。然「粥身」訓勤力理據不明，盧說無根。「粥身」與「苦思」對文，粥疑讀為愿，困窘也。

（10）弟婦不哭死子而哭孟玉

按：《書鈔》卷37引同今本。《御覽》卷512、《記纂淵海》卷190引作「弟婦不哭其子但哭孟玉」〔註24〕，《書鈔》卷68引「婦」作「妻」，餘同。

（11）文侯壯其功而疑其心

按：《戰國策・魏策一》、《韓子・說林上》、《說苑・貴德》並有「文侯賞其功而疑其心」語。元大德本「壯」作「莊」，疑是「牂（將）」形誤，「獎」之省文。

（12）蓬顆墳栢，何若曜德王室，昭顯亡者？

王利器曰：蓬顆，原作「蓬敫」，《拾補》云：「梁處素疑『敫』字。」器按當作「蓬顆」，《漢書・賈山傳》：「使其後世曾不得蓬顆蔽冢而托葬焉。」注：「顆謂土塊。」（P232）

吳樹平曰：敫，效也。蓬首致力於喪事。（P189）

按：梁履繩疑作「蓬教」是也，即「蓬勃」，作動詞用。蓬勃墳栢，謂使墳上之栢茂盛也。

（13）言笑晏晏

王利器曰：晏晏，大德本（描字）、《類纂》本作「宴宴」，古多混用。（P236）

按：底本即四部叢刊本作「宴宴」，甚是清晰，非描字；元大德本、程本、兩京本、四庫本、鄭本作「晏晏」。

（14）統聞知之，歷收其家，遣吏追還

按：歷，盡也。

（15）孔子曰：「火上不可握，熒惑班變，不可息志，帝應其修無極。」

按：似當讀作：「熒惑班變不可息，志帝應其修無極。」

（16）欲自提理

按：提，讀作諟。《說文》：「諟，理也。」或省作「是」，《國語・楚語上》「昔令尹子元之難，或譖王孫啟於成王，王弗是」，韋昭注：「是，理也。」

〔註24〕《記纂淵海》據宋刻本，四庫本在卷81。

（17）俯伏甚於鱉蝟，泠澀比如寒蜒

王利器曰：寒蜒，《拾補》曰：「范書作『寒蟬』。」器案章懷注云：「寒蟬，謂寂默也。《楚辭》曰：『悲哉，秋之為氣也，蟬寂寞而無聲。』」《方言》卷 11：「寒蜩，螿也，似小蟬而青。」今案：寒蜩即寒蟬，蟬之一種，至秋深天寒則不鳴，故稱瘖蜩。《北史·尉古真傳》：「瑾好學吳人搖唇振足，為人所哂，見人好笑，時論比之寒蟬。」（P262）

吳樹平曰：《爾雅·釋蟲》曰「蠨蛸」，今稱蚰蜒，棲息木石陰濕之地，常夜間出來活動。（P215）

朱季海曰：《爾雅》：「蠸蚓，豎蠶。」郭注：「即蚰蟺也。江東呼為寒蚓。」蚓、蜒一聲之轉。蠸蚓今謂之蚯蚓。（P277）

按：泠，各本作「冷」，亟當校正。楊慎曰：「寒蜒：寒蟬。」〔註25〕桂馥引此文以證《說文》「蟺，夗蟺也」，指寒蚓、蚯蚓〔註26〕。俞樾曰：「《風俗通》云云。按《後漢書·杜密傳》云：『劉勝位為大夫，而知善不薦，聞惡無言，隱情惜己，自同寒蟬。』與此語句不同，『蜒』與『蟬』義亦有別。」〔註27〕桂、俞、吳、朱說均非是。楊、王說是，此文以寒蟬噤聲喻劉勝之冷澀不言，蚰蜒、蚯蚓絕非其喻，《後漢書·杜密傳》云云，與此語句正同。但楊、盧、王三氏未指出「寒蜒」何故即是「寒蟬」。蜒，讀為蝘、蟬。蜒、蝘同喻母字，蟬是禪母字；蜒、蟬同元部字，蝘真部字。喻、禪旁紐雙聲，真、元旁轉。《廣韻》：「蝘，寒蟬。」《集韻》：「蝘，蟲名，寒螿也。」「寒螿」即「寒蜩」，亦即「寒蟬」。是「寒蜒」即「寒蟬」也。《淮南子·墜形篇》「九州之外，乃有八殯」，《後漢書·明帝紀》李賢注、《御覽》卷 36、157、《事類賦注》卷 6 引「殯」作「寅」，《初學記》卷 5、《御覽》卷 36、《緯略》卷 3 引作「埏」〔註28〕。「蜿蜒」、「宛蜒」轉語作「蜿蝘」、「蜿演」、「宛演」，又轉語作「婉蟬」。《史記·司馬相如傳》《大人賦》：「駕應龍象輿之蠖略委麗兮，驂赤螭青蛇之蚴蟉蜿蜒。」《漢書》作「宛蜒」。又司馬相如《上林賦》：「青虯蚴蟉於東箱，象輿婉蟬於西清。」「蚴蟉蜿蜒」即「蚴蟉婉蟬」，斷無可疑。均其聲轉之證。吳群說「蜒」當作「蜒」，指蜻蜓、蠅蛄，蠅蛄又指寒

〔註25〕楊慎《古音駢字》卷 2，收入《叢書集成新編》第 39 冊，新文豐出版公司 1985年印行，第 331 頁。
〔註26〕桂馥《說文解字義證》卷 42，齊魯書社 1987 年版，第 1168 頁。
〔註27〕俞樾《茶香室叢鈔》卷 23，中華書局 1995 年版，第 478 頁。
〔註28〕《御覽》卷 36 凡二引而字不同。

蟬〔註29〕。吳君妄改無據，蜻蜓和寒蟬異物同名「蟪蛄」，「蜓」不得指寒蟬也。古書中從無「寒蜓」一說，不得妄造。

《聲音》卷六

（1）商者，章也，物成熟，可章度也

王利器曰：熟，《意林》作「就」。（P276）

按：「就」是「孰」形誤，「孰」是「熟」古字，《漢書・律曆志》正作「孰」。《真誥・稽神樞》「西出通句容、湖就」，《史記・建元已來王子侯者年表》有「湖孰」，《後漢書・郡國志》有「湖熟」，「就」亦是「孰」形誤。《老子指歸・道生章》「停而就之」，即北大漢簡本《老子》「亭之孰之」。鈔本《治要》卷46引《中論・覈辯》「就知其非乎」，「就」字右旁改作「孰」。

（2）夏宮冬律，雨雹必降

王利器曰：雹，《拾補》校作「電」。（P280）

按：王說誤。盧氏所見本作「電」，而校作「雹」；不是校「雹」作「電」。《隋書・牛弘傳》、《北史・牛弘傳》、《御覽》27、565引均作「雹」。

（3）象物貫地而牙，故謂之管

王利器曰：「象」字原無，今據《書鈔》卷112、《御覽》卷580引補。《說文》：「物開地牙，故謂之管。」（P284）

吳樹平曰：「象」字原無，《書鈔》卷112、《御覽》卷580、《淵海》卷78引均有「象」字，今據補。牙，《淵海》引作「芽」，二字通。（P229）

按：盧文弨已據《書鈔》、《御覽》補「象」字（P472）。《說文》「開」當作「關」，王念孫、王紹蘭已經校正〔註30〕，《御覽》卷580又引《說文》「物關地而牙，故謂之管」，字正作「關」。「關」、「貫」古通，《說文》及此文「關」、「貫」都是「管」聲訓字。「牙」是「芽」古字，孔廣陶說「『牙』當作『丯』，古『互』字也」〔註31〕，非是。

〔註29〕吳群《〈風俗通義〉古今注商》，湖南師範大學2018年碩士論文，第23～24頁。

〔註30〕王念孫《史記雜志》、《淮南子雜志》，收入《讀書雜志》卷3、14，中國書店1985年版，本卷第38、19頁。王紹蘭《說文段注訂補》卷5，胡氏刻本，本卷第12頁。

〔註31〕《書鈔》（孔廣陶校注本）卷112，收入《續修四庫全書》第1212冊，上海古籍出版社2002年版，第516頁。

（4）零陵文學奚景，于泠道舜祠下得生白玉管

王利器曰：《漢書·地理志上》「泠道」，注：「應劭曰：『泠水出丹陽宛陵西，北入江。』」（P285）

按：盧文弨校「冷」作「泠」，是也，吳樹平舉《文選·閑居賦》李善注引作「泠道」（P230）。《漢書·律曆志》注引孟康說、《晉書·律曆志》亦作「泠道」，《說文》「琯」字條作「伶道」。

（5）三奏之則延鶊舒翼而舞

王利器曰：胡本、《拔萃》本「頸」下有「而鳴」二字。（P287）

按：底本即四部叢刊影印本「延鶊」下本就有「而鳴」二字。

（6）《世本》：「毋句作磬。」

王利器曰：《禮記·明堂位》注、《山海經·海內經》注、《原本玉篇·磬部》、《初學記》卷16、《御覽》卷576並引《世本》此文。《初學記》又引注曰：「《樂錄》又曰：『磬，叔所造。』未知孰是。無句，堯臣也。」《御覽》同卷引《古史考》亦云：「無句，堯時人。」《說文》亦云：「古者，毋句氏作磬。」（P289）

吳樹平曰：毋句，《玉篇》作「毋勾」，《慧琳音義》卷43作「毋勾氏」。按「句」與「勾」同。（P232）

按：毋句，《禮記·明堂位》注、《初學記》卷16、《白帖》卷18、《通典》卷144、《御覽》卷576引《世本》作「無句」，《原本玉篇》「磬」字條引作「毋勾」。《禮記釋文》：「句，其俱反，字又作劬。」《御覽》卷577引《通禮纂》：「堯使無勾作琴，五絃。」疑亦此人。《慧琳音義》卷57、81引《世本》作「母句」，「母」是「毋」形譌，《玄應音義》卷13不誤。「毋句」、「無句」、「無劬」疑是「佝務」、「佝愁」、「怐愁」倒言，取勤苦為義。

（7）聲所以五者，繫五行也，音所以八者，繫八風也

王利器曰：《拾補》曰：「『所』下《御覽》有『有』字，下句亦同。」器案：《文選·七命》注引無「有」字。（P292）

按：景宋本《御覽》卷388引無「有」字，盧氏所據乃俗本（四庫本即有二「有」字）。

（8）其道行和樂而作者，命其曲曰暢

王利器曰：《群書通要》丁二引作「凡琴曲和樂而作，名之曰曲」，誤。
（P293）

按：《事文類聚》續集卷 22 引同《群書通要》。《初學記》卷 16、《白帖》
卷 18、《合璧事類備要》前集卷 57、《錦繡萬花谷》前集卷 34 引作「凡琴曲
和樂而作，命之曰暢」，《御覽》卷 579、《記纂淵海》卷 78 引《大周正樂》
同；《海錄碎事》卷 16 引作「凡琴曲和樂而作，謂之暢」。然則本書舊本「道
行」作「琴曲」，不知何以致誤？

（9）《漢書》：「孝武皇帝賽南越，禱祠太一后土，始用樂人侯調，依琴
作坎坎之樂，言其坎坎應節奏也，侯以姓冠章耳。」

按：《漢書·郊祀志》：「於是塞南越，禱祠泰一、后土，始用樂舞。益召
歌兒，作二十五絃及空侯瑟自此起。」《書鈔》卷 110、《初學記》卷 16、《類
聚》卷 44、《白帖》卷 18、《記纂淵海》卷 78、《事文類聚》續集卷 22 引此
文作「漢武帝祠太一、后土，令樂人侯調依琴而作坎侯，言其坎坎應節」〔註
32〕，《事物紀原》卷 2 但引「令樂人侯調依琴作坎侯」一句。此文脫「樂舞
令」二字，「始用〔樂舞〕」是《漢書》之文。「〔令〕樂人侯調」屬下句，非
《漢書》文。《宋書·樂志》「令樂人侯暉依琴作坎侯，言其坎坎應節奏也」，
雖人名「侯調」、「侯暉」不同，但亦足證「樂人侯調」屬下句。

（10）《禮·樂記》：「箏，五弦，築身也。」

王利器曰：錢大昕曰：「案《通鑒》注卷 60 引云：『箏，秦聲，五弦築
身。箏者，上圓象天，下平象地，中空象六合，弦柱十二，擬十二月，乃仁
智之器也。』」器按：《群書通要》丁二引云：「箏者，上圓象天，下平象地，
中空准六合，弦柱十二，准十二月，乃仁智之器也。」是元人所見本，俱有
此文。《初學記》卷 16 引「箏，秦聲也，或曰蒙恬所造」，在「五弦築身」
前，又《事物紀原》卷 2 引作「箏，秦聲也，而五弦，今十三弦，不知誰作」。
今本脫「箏，秦聲也」句。《史記·李斯傳》：「夫擊甕叩缶，彈箏搏髀，而
歌呼嗚嗚快耳目者，真秦之聲也。」《隋書·音樂志》：「箏，十三弦，所謂
秦聲，蒙恬所作也。」據此，則此文「五弦」上當補「秦聲」二字，「築身

〔註32〕 《書鈔》「侯」作「篌」，《類聚》「太一」上有「太山」二字，「令樂人」句《白
　　　　帖》脫作「令人調依琴作坎」。

也」下，當補元人所引「上圓象天」一段。（P299）

按：《類聚》卷 44、《御覽》卷 576、《記纂淵海》卷 78 引此文同今本。王說補「箏，秦聲」，尚有《初學記》及《事物紀原》之依據，然亦不能必；至於補「上圓象天」一段則大誤。「上圓象天」云云，乃傅玄《箏賦》序語，元人混入本書，絕不可據補。《箏賦》序者，《類聚》卷 44 引《傅子》：「箏者，上圓象天，下平象地，中空准六合，弦柱十二擬十二月，乃仁智之器也。」《通典》卷 144 引作：「代（世）以為蒙恬所造。今觀其器，上崇似天，下平似地，中空准六合，絃柱擬十二月，設之則四象在，鼓之則五音發，斯乃仁智之器，豈蒙恬亡國之臣能關思哉！」（《御覽》卷 576 引略同）。《書鈔》卷 110 引作：「箏，秦聲也，以為蒙恬所造，斯乃仁智之器，豈蒙恬亡國之臣所能關其思哉？」《初學記》卷 16 引作：「上圓象天，下平象地，中空準六合，絃柱擬十二月，斯乃仁智之器，豈蒙恬亡國之臣所能開（關）思運巧？」《宋書‧樂志一》引作：「世以為蒙恬所造。今觀其體合法度，節究哀樂，乃仁智之器，豈亡國之臣所能關思哉？」王氏下文已知引《類聚》卷 44、《御覽》卷 576 傅玄《箏賦》序（P300），不知何以仍說此文有缺？

（11）為濮上音，士皆垂髮涕泣，後為羽聲，慷慨而索，瞋目，發盡上指冠

王利器曰：《拾補》云：「髮，《史》作『淚』。」《識語》：「『淚』是後人因下文『髮盡上指冠』更之，無義。」案《漢書‧中山靖王傳》注：「應劭曰：『……漸離擊築，士皆垂泣，荊軻不能復食也。』」亦不作「髮」，當從《拾補》說校改。（P301）

吳樹平曰：復，原作「後」，形近而誤，今據《史記》改正。士皆，原誤作「索」，於義不通，必有誤，今據《史記》校正。（P241）

按：王說字當作「淚」，是也，但盧文弨僅出異文，未作判斷。徐友蘭語「淚」是「髮」誤書（原文即誤），「垂髮」無義。盧文弨早已校正「後」作「復」，「而索」作「士皆」（P472），吳氏襲盧說耳。《戰國策‧燕策三》：「為變徵之聲，士皆垂淚涕泣。又前而為歌曰：『風蕭蕭兮易水寒，壯士一去兮不復還！』復為羽聲忼慨，士皆瞋目，髮盡上衝冠。」乃《史記‧刺客傳》及此文所本（《史記》「衝」作「指」）。「慷慨而索」無義，此文當讀作：「後（復）為羽聲慷慨，而索瞋目。」索猶盡也，皆也。盧氏改作「士皆」殊無必要，四庫本刪「索」字亦誤。兩京本「垂」誤作「乘」。

（12）笛者，滌也，所以蕩滌邪穢，納之於雅正也

王利器曰：《初學記》卷 16、《類聚》卷 44、《書鈔》卷 111、《事類賦》卷 11、《群書通要》丁二引無「蕩」字。（P305）

吳樹平曰：穢，《文選·長笛賦序》李善注引作「志」。（P244）

按：國圖藏宋刻本《文選·長笛賦序》李善注引仍作「蕩滌邪穢」，宋明州本同，宋淳熙本作「蕩滌邪志」。《書鈔》卷 111 凡二引，均無「蕩」字；《慧琳音義》卷 26、《白帖》卷 18、《御覽》卷 580 引亦無，蓋省文。

《窮通》卷七

（1）藜羹不糝

王利器曰：《莊子·讓王篇》同，《呂覽·慎人篇》、《韓詩外傳》卷 7、《說苑·雜言》、《荀子·宥坐》、《墨子·非儒下》作「糂」，楊倞注：「『糂』與『糝』同，蘇覽反。」《家語·在厄》作「充」。（P316）

吳樹平曰：《荀子·宥坐》、《墨子·非儒下》作「藜羹不糂」。糝，米粒。（P253）

按：《呂覽·慎人篇》、《韓詩外傳》卷 7、《說苑·雜言》作「糝」，王氏誤記。《孔叢子·詰墨》作「粒」。《說文》：「糂，以米和羹也，一曰粒也。糝，古文糂從參。」又「粒，糂也。」

（2）顏回釋菜於戶外

王利器曰：《莊子·讓王篇》作「顏回擇菜」，《呂覽·慎人篇》作「顏回擇菜於外」，釋、擇古通。（P316）

按：釋，元大德本、程本、兩京本、四庫本、鄭本均作「擇」。「擇菜」是秦漢成語。

（3）夫子逐于魯，削迹于衛，拔樹于宋

王利器曰：《莊子·天運篇》、《讓王篇》、《呂覽·慎人篇》「拔」作「伐」，《呂覽》舊校云「伐一作拔」，與應氏同。（P316）

按：《莊子》說孔子事凡四見，《天運》、《讓王》、《山木》、《漁父》並云「伐樹」，《列子·楊朱》、《家語·困誓》、《論衡·儒增篇》、《論衡·自紀》、《孔叢子·詰墨》同。《晏子·外篇》作「拔樹」，《史記·孔子世家》作「拔其樹」。《說苑·尊賢》：「吾臣之削迹拔樹以從我者，奚益於吾亡哉？」此用孔子典，

亦作「拔樹」。拔，讀為伐。

（4）孔子恬然推琴，喟然而歎曰

朱季海曰：《呂》「恬」作「愀」。（P282）

按：恬然，《呂覽·慎人》作「愀然」，《冊府元龜》卷 895 作「愀然」。「愀」、「愀」音轉，「恬」是「愀」形誤。愀然，不悅貌。

（5）今丘抱仁義之道，以遭亂世之患

按：抱，《莊子·讓王》同，《呂覽·慎人》作「拘」。楊樹達指出「拘」是「抱」形誤〔註33〕。

（6）（秦昭王）與飲數日，請曰：「……今范君亦寡人之叔父也。」

按：《史記·范雎傳》「請曰」作「昭王謂平原君曰」，「請」當作「謂」。

（7）暑則鬱蒸，寒則凜凍

按：「蒸」是「烝」俗字。鬱蒸，也倒作「蒸鬱」、「烝鬱」，熱氣盛也。「凜」是「凛」俗字，與「凍」同義，寒也，冷也。

（8）徑詣床蓐，手扒摸

王利器曰：扒，原作「收」，今據《拾補》校改。（P340）

按：底本作「手自收摸」，元大德本同，當補「自」字。

（9）昔子夏心戰則懼，道勝如肥

按：各本「懼」作「癯」，王氏誤矣。

《祀典》卷八

（1）今營夷寓泯，宰器闕亡

王利器曰：「寓」當作「寓」，形近而訛。《說文》：「寓，籀文宇字。」《漢書·敘傳》：「攸攸外寓（引者按：當作『寓』）。」《吳都賦》劉注引作「悠悠外宇」，亦「寓」為「宇」誤之證。《淮南·俶真篇》：「皆其營宇狹小。」此「營宇」連文之證，與此以「營」、「寓」對文，義正相同。（P352）

〔註33〕楊樹達《讀呂氏春秋札記》，收入《積微居讀書記》，上海古籍出版社 2006 年版，第 236 頁。

吳樹平曰：宧，與「寓」通。（P294）

按：吳氏說通假，非是。王說「宧」當作「寓」，是也，王念孫校《漢書》，已並及此文作過訂正〔註34〕。底本缺二字，殘存「今營□□泯」三字，元大德本、程本、兩京本、吳本作「營宧（寓）夷泯」，四庫本、鄭本作「營寓夷泯」，亦是「營宧（寓）」連文，非對文也。王氏誤倒。

（2）《黃帝書》：「妄為人禍害。」

王利器曰：《御覽》卷967引作「鬼妄榾（音骨）人」，「榾」疑「滑」訛，《路史》作「鬼妄滑人者」。（P369）

按：王說非是。《荊楚歲時記》作「捐」。「捐」、「榾」、「滑」都當作「褐」，即「禍」字。戰國楚簡中「禍」字多作異體「褐」，敦煌寫卷中亦然，例多不煩舉證。景宋本《淮南子·詮言篇》：「有滑則詘，有福則嬴（贏）。」道藏本同；漢魏叢書本「滑」作「禍」，《御覽》卷739引同。

（3）《黃帝書》：「荼與鬱壘縛以葦索，執以食虎。」

王利器曰：《御覽》卷967、《路史》「縛」作「援」。（P369）

按：《荊楚歲時記》引亦作「援」，《文選·東京賦》李善注、《合璧事類備要》前集卷18引作「持」。

（4）垂葦茭

王利器曰：《書鈔》卷155「垂」作「承」。《齊民要術》卷10、慧琳《音義》卷11、《類聚》卷86、《歲時廣記》、《鼠璞》引「茭」作「索」，《御覽》卷967作「垂葦索交」，蓋「索」為「茭」之旁注字，後人或遂以「索」代「茭」，《御覽》則並以旁注字入正文，又誤「茭」為「交」也。尋《說文》：「笅，〔竹〕索也。」〔註35〕則「茭」當作「笅」，此書上文言「葦索」，則字本作「笅」可知。（P369）

按：①兩京本「垂」誤作「乘」。《書鈔》「垂」作「承」者，「垂」誤作「乘」，復改作「承」。②垂葦茭，《玉燭寶典》卷1引同，《荊楚歲時記》、《文選·東京賦》李善注引亦作「垂葦索」，《御覽》卷33引作「垂葦終絞」（「終」

衍文），《玉海》卷 99 引作「懸葦索」（《論衡·訂鬼》同），《論衡·謝短》作「挂蘆索於戶上」，《獨斷》卷上作「懸葦索於門戶」。「莢」不當改作「笍」。竹索謂之「笍」，草索則謂之「莢」（亦作「絞」），其義一也，析言有別，混言則同。《墨子·辭過》「衣皮帶莢」，又《尚賢》「被褐帶索」，帶莢即帶索，指帶草繩也〔註 36〕。《史記·河渠書》「搴長莢兮沈美玉」〔註 37〕，《漢書·溝洫志》「莢」同，《集解》引臣瓚曰：「竹葦絙謂之莢。」

（5）冀以衛凶也

王利器曰：《書鈔》卷 155、《御覽》卷 891、《歲時廣記》「衛」作「禦」，《山海經》、《獨斷》同。（P370）

吳樹平曰：禦，原作「衛」，《文選·東京賦》薛綜注〔註 38〕、《歲時廣記》、《書鈔》卷 155、《御覽》卷 33、891、《備要》前集卷 18 皆引作「禦」。《後漢書·禮儀志》劉昭注引《山海經》載此云：「畫鬱櫑持葦索，以禦凶鬼。」《論衡·訂鬼》引《山海經》亦云：「懸葦索以禦（鬼）。」〔註 39〕顯然作「禦」為是，今改正。（P308）

按：吳說是，盧文弨早校正作「禦」（P474），《論衡·亂龍》亦作「禦」。「衛」是「御」形誤。本篇下文「狗別賓主，善守禦」，《御覽》卷 905 引「禦」誤作「衛」。《國語·楚語下》韋昭注：「待，禦也。」《冊府元龜》卷 795 引「禦」誤作「衛」。《家語·正論解》「季康子使冉求率左師禦之」，《御覽》卷 308 引「禦」誤作「衛」。P.5034V《春秋後語·秦語》「名為衛疾」，P.2702「衛」誤作「御」。均其相譌之例。

（6）《戰國策》：「今子東國桃木也。」

王利器曰：《續漢書》注「國」下有「之」字，《齊策》作「今子東國之桃梗也」，亦有「之」字，當據補。《說苑·正諫篇》「東國」作「東園」。（P371）

按：《白帖》卷 30、《類聚》卷 86、《全芳備祖》前集卷 8 引《戰國策》作「東園」，與《說苑》合。

〔註 36〕參見王念孫《墨子雜志》，收入《讀書雜志》卷 9，中國書店 1985 年版，本卷第 35 頁。

〔註 37〕《索隱》引一本「莢」誤作「芨」，《書鈔》卷 89 引「莢」誤作「菱」，《永樂大典》卷 11136 引「莢」誤作「旌」。

〔註 38〕引者按：李善注引此文，非薛綜注引。

〔註 39〕引者按：《論衡》原文作「以禦凶。」

（7）《傳》曰：「萑葦有藂。」

　　王利器曰：《淮南・說林篇》：「蓷葦有叢。」蓷、萑古通。（P373）

　　按：「蓷」、「萑」不通，王說非也。「萑」當作「萑」，其字本當作「萑」，俗作「蒮」。「萑」形近而誤作「蓷」、「萑」。萑，荻類植物，也稱作蒹，與葦相類，故「萑葦」連文。王氏所引《淮南》「蓷葦」，朱弁本《文子・上德》正作「萑葦」。本書下文引《呂氏春秋》「薰以萑葦」，《御覽》卷1000引《呂氏》作「蓷葦」。《穆天子傳》卷2「珠澤之藪，方三十里，爰有萑葦、莞蒲」云云，《御覽》卷999引「萑」作「萑」。二例亦當作「萑」。

（8）今人卒得惡悟，燒虎皮飲之，擊其爪，亦能辟惡，此其驗也

　　王利器曰：「惡」下原有「遇」字，《拾補》以為衍文，今據刪。《御覽》卷891、《事類賦》卷20引作「今人卒得病」〔註40〕。「悟燒」二字原倒，依《拾補》校乙。《史記・天官書》：「鬼哭若呼，其人逢悟。」《集解》：「悟，迎也。」《索隱》曰：「悟音五故反，逢悟，謂相逢而驚也。亦作迕，音同。」器案：此文「悟」借「迕」字，轉鈔者旁注「遇」字，遂誤增入，《拾補》以為「忤」同，未達一間。擊其爪，《御覽》作「繫其衣服」，《事類賦》作「繫之衣服」。《御覽》、《事類賦》「其」作「甚」。（P373）

　　吳樹平曰：遇，《拾補》云：「疑衍。」按「遇」當作「病」。「惡遇」二字，《事類賦》卷20、《御覽》卷891引作「病」。「燒悟」不成辭。此句《事類賦》引作「燒虎皮飲之」，《御覽》引作「燒皮飲之」。據二書所引，「悟」字當是衍文。繫，原誤作「擊」。《御覽》引作「繫其衣服」，今取「繫」字。（P311）

　　朱季海曰：《札迻》：「《論衡・訂鬼篇》：『中人微者即為腓，病者不即時死。何則？腓者，毒氣所加也。』又《言毒篇》：『人行無所觸犯，體無故痛，痛處若箠杖之跡。人腓，腓謂鬼驅（引者按：當作『毆』）之。』『腓』當為『痱』之叚字。《說文》云：『痱，風病也。』《風俗通義・怪神篇》云：『今人卒得鬼刺痱悟（與『忤』同），殺雄雞以傅其心上。』巢元方《諸病源候總論》云：『鬼擊一名為鬼排。』（亦與『痱』通。）皆與王說鬼驅（毆）同。」今謂孫說是也。（P290）

　　按：朱季海所引《札迻》，出自《論衡札迻》〔註41〕。本書下文「今人卒

〔註40〕引者按：《事類賦》引無「今」字。
〔註41〕孫詒讓《論衡札迻》，收入《札迻》卷9，中華書局1989年版，第292頁。

得鬼刺痱悟，殺雄雞以傅其心上」，文例相同，則「悟」字必非衍文，盧文弨乙「悟」於「燒」字前，甚確。「惡遇」二字無由誤作「病」，吳樹平說誤也。《本草綱目》卷51引作「今人卒中惡病，燒皮飲之，或繫衣服，亦甚驗也」。悟，盧氏、孫氏讀為忤，王利器讀為晤，均是也，但盧氏未釋其義，王說其「未達一間」，亦過矣。忤亦遇也，字亦作牾、午、仵、迕、吾、捂、晤、逜、啎、遻、遻、遻，猶言逢遇、觸突也。《說文》：「牾，屰（逆）也。」牾、屰（逆）一聲之轉，所謂聲訓也。其義備載於字書，無煩舉證。「遇悟」同義複詞，王利器說「遇」字衍文，非是。倒言則作「忤遇」，《外臺秘要方》卷28：「卒忤遇惡風。」《無上秘要》卷25引《天皇文》：「若家有邪病厭夢，忤過（遇）鬼剌（刺），心腹絞痛，蜚尸入藏，此法著紙上召六丁問意，六丁叩頭，將為人治之。」「過」必是「遇」形誤。擊，讀作繫。「其」當作「甚」。此文當作「今人卒得惡遇悟，燒虎皮飲之；擊（繫）其爪，亦能辟惡。此甚驗也」。考《太上洞玄靈寶素靈真符》卷中：「上四符，卒中惡忤遇，鬼剌（刺），復（腹）急痛煩滯，但脹欲死。」宋刊本《千金要方》卷56有「太乙備急散治卒中惡客忤」方。「惡忤遇」、「惡客忤」即此文之「惡遇悟」也。謂突然得了鬼怪衝撞的病，則燒虎皮飲之，或繫其爪，都能辟惡。

（9）今人卒得鬼剌痱，悟，殺雄雞以傅其心上

吳樹平曰：今人卒得鬼剌痱悟，《御覽》卷918引作「今人卒病」。痱，病也。悟，與「忤」通。（P314）

按：元大德本、程本、兩京本、吳本、四庫本「剌」作「剌」。「剌」字是，鄭本不誤。剌，擊也。桂馥曰：「俗又謂皮外小起為鬼風，即《風俗通》所云『鬼痱』。」〔註42〕桂氏又曰：「鬼痱者，北人謂之鬼風，皮膚小起，痒不及搔是也。」〔註43〕桂說非是。「痱」不是指風病或生痱子的皮膚病，當指鬼剌擊而痛的病。孫氏《札迻》云云（見上條朱季海引），是也。《集韻》：「痱，鬼痛病。」痱之言排也，擊也。《本草綱目》卷48「鬼排卒死」病下引本書云「用烏雄雞血塗心下，即甦」，當是意引此文。《論衡·言毒》「腓謂鬼歐之」，正是以「排」為「腓」語源。宋本《千金要方》卷39有「倉公散治卒鬼擊鬼痱鬼剌心腹痛」方，又卷56有「太乙備急散治鬼剌鬼痱」方，《千金翼方》

〔註42〕桂馥《札樸》卷9，中華書局1992年版，第377頁。
〔註43〕桂馥《說文解字義證》「痱」字條，齊魯書社1987年版，第649頁。

卷 20 有「倉公散主卒鬼打鬼排鬼刺（刺）心腹痛」方，《外臺秘要方》卷 28 有「倉公散主療卒鬼繫（擊）鬼排鬼刺心腹痛」方，足證「鬼痱」之語源即「鬼排」，其「鬼刺鬼痱」分明即此文之「鬼刺痱」矣。「鬼刺痱」又稱作「鬼擊病」、「鬼排病」，葛洪《肘後備急方》卷 1：「鬼擊之病，得之無漸，卒著如人力（刀）刺狀〔註44〕，胸脅腹內絞急切痛，不可抑按。或即吐血，或鼻中出血，或下血。一名鬼排。」《巢氏諸病源候總論》卷 23：「鬼擊者，謂鬼厲之氣擊著於人也。得之無漸，卒著如人以刀矛刺狀〔註45〕，胸脅腹內絞急切痛，不可抑按。或吐血，或鼻中出血，或下血。一名為鬼排，言鬼排觸於人也。人有氣血虛弱精魂衰微，忽與鬼神遇，相觸突，致為其所排擊，輕者困而獲免，重者多死。」〔註46〕「悟」即相遇、觸突之義也。

（10）故獨於九門殺犬磔禳。犬者金畜，禳者卻也

　　按：二「禳」，《御覽》卷 905、《事類賦注》卷 23 引作「攘」。禳之言攘也。

（11）臘者，獵也，言田獵取禽獸，以祭祀其先祖也

　　王利器曰：原無「禽」字，《拾補》複校云：「據李善注《閒居賦》引作『言獵取禽獸』，《一切經音義》卷 14 引亦有『禽』字，當補入。」今據補。《類聚》卷 5、《事類賦》卷 5、《玉堂嘉話》卷 6、《歲時廣記》卷 39「田」作「因」。原本《書鈔》卷 155「取」作「收」。（P380）

　　按：「言田獵取禽獸」句，《文選·閒居賦》李善注引此文，宋淳熙本作「言獵取禽獸」，此《拾補》所本；國圖藏宋刻本、宋明州本、四部叢刊影南宋版都作「田獵取獸」，《左傳·僖公五年》孔疏、《漢制考》卷 3 引同。《玉燭寶典》卷 12 引作「獦（獵）取獸」，《書鈔》卷 155 引作「田獵收獸」，《類聚》卷 5、《初學記》卷 4、《御覽》卷 33、《事類賦注》卷 5、《事文類聚》前集卷 12 引作「因獵取獸」，《玄應音義》卷 14、《慧琳音義》卷 59 引作「獵取禽獸」。《初

〔註44〕當據《千金翼方》卷 28、《千金要方》卷 75、《證類本草》卷 9、25 乙作「卒著人，如刀刺狀」。

〔註45〕當乙作「卒著人，如以刀矛刺狀」。

〔註46〕此上有部分用例，吳群已引之。吳君亦引《論衡》說「痱」即「痱」，當是襲自孫詒讓說。觀點至關重要，而在當前條件下，例證檢索即得，已經不很重要了。吳群《〈風俗通義〉古今注商》，湖南師範大學 2018 年碩士論文，第 44～45 頁。

學記》卷4凡二引，一作「田獵取獸」，一作「因獵取獸」。「因」是「田」形誤，「禽」字不必補。盧文弨改「田」作「因」，俱矣。

《怪神》卷九

（1）《傳》曰：「神者，申也。怪者，疑也。」

王利器曰：《五行大義·論諸神》：「神，申也，萬物皆有質，礙屈而不申〔註47〕，神是清虛之氣，無所擁滯，故曰申也。」《論衡·論死篇》：「神者，伸也，伸復無已，終而復始。」《說文》：「申，神也。」《杜伯簋》：「言孝于皇申且考。」用「申」為「神」字。「怪者，疑也」未詳。《淮南·氾論》注：「疑，怪也。」（P387）

按：此文「申」與「疑」對舉，當讀作信。本書《皇霸》引《含文嘉記》云「神者，信也」，《御覽》卷78引《禮含文嘉》同，是其確證。《釋名》：「信，申也，言以相申束，使不相違也。」王氏所引《五行大義》及《論衡》均是「屈伸」之「伸」義，與此文不合。

（2）予之祖父郴

王利器曰：《永樂大典》卷20311引無「父」字。（P390）

按：《類聚》卷75、《御覽》卷23、738引亦無「父」字（《御覽》卷23誤其出處作《抱朴子》）。

（3）以夏至日詣見主簿杜宣，賜酒

王利器曰：詣見，《西溪叢語》、《永樂大典》作「請」，《類聚》卷60、《御覽》卷738、《鼠璞》引亦作「請」。（P390）

吳樹平曰：詣，《類聚》卷60、75、《御覽》卷348、738、《淵海》卷55、《大典》卷20311皆引作「請」，今據改。（P329～330）

按：吳氏改作「請見」猶未盡，「見」當是衍文，吳氏所舉各書都無「見」字。《御覽》卷23引「詣見」亦作「請」。《書鈔》卷125引「請」雖誤作「詣」，但無「見」字。

（4）宣畏惡之

王利器曰：《叢語》、《大典》引無「畏」字。（P390）

〔註47〕引者按：「礙」字當屬上句。

按：《類聚》卷60、《御覽》卷738引同今本，《類聚》卷75、《書鈔》卷125、《御覽》卷23、348、《記纂淵海》卷7引亦無「畏」字〔註48〕。

（5）宣遂解

王利器曰：《類聚》卷60、《御覽》卷738「宣」下有「意」字，《鼠璞》「遂」下有「意」字。（P391）

吳樹平於「宣」下補「意」字，云：「意」字原脫，今據《類聚》卷60、75、《御覽》348、738引增補。（P330）

按：吳說是也。《類聚》卷75、《御覽》卷738、《記纂淵海》卷7引作「宣意遂解」〔註49〕，《御覽》卷23引作「宣遂意解」，《書鈔》卷125、《類聚》卷60、《御覽》卷348引作「宣意解」。

（6）《漢書》：「深耕廣種，立苗欲疏。非其種者，鉏而去之。」

王利器曰：廣，《漢書》作「概」，《史記》同。師古曰：「概，穊也。概種者，言多生子孫也。疏立者四散置之，令為藩輔也。概音冀。」（P396）

按：《漢紀》卷6「廣種」作「概穊」，「其種」作「其類」，「鉏」作「鋤」。廣，多也。穊，種也，去聲。

（7）今條下禁，申約吏民，為陳利害

王利器曰：下，元作「丸」，郎本、程本、奇賞本作「下」，今據改正。（P399）

吳樹平曰：下，原誤作「丸」，義不可通，郎本、百子全書本、四庫全書本作「下」，今據改。《拾補》亦改作「下」。（P336）

按：元大德本、程本、鄭本亦均作「下」。兩京本亦誤作「丸」，明·梅鼎祚《東漢文紀》卷25復誤作「九」。

（8）若私遺脫，彌彌不絕，主者髡截，歎無及已

按：程本、兩京本、四庫本、鄭本「絕」同，元大德本誤作「紀」。又底本「及」作「反」，當出校記。各本並誤作「反」，獨四庫本不誤。

〔註48〕《記纂淵海》據宋刻本，四庫本在卷55。
〔註49〕《記纂淵海》據宋刻本，四庫本在卷55。

（9）三邊紛挐

王利器曰：紛，郎本、《全後漢文》作「分」。（P399）

按：元大德本亦作「分」。

（10）田家老母，到市買數片餌，暑熱行疲，頓息石人下小瞑

按：「頓」屬上句，讀作「暑熱，行疲頓」。瞑，讀作眠。

（11）頭痛者摩石人頭，腹痛者摩其腹，亦還自摩，他處放此

王利器曰：放此，原作「於此」，《拾補》曰：「二字疑有訛脫。」器案：
「於」為「放」形近之誤，韓鄂《四時纂要》卷 1「他月倣此」，句法放此，
放、倣古通。《御覽》卷 16 引《京氏律術》：「他月效此也。」「效此」亦是「放
此」之誤。他處放此者，謂於人身上他處有病痛者，即於其處摩石人，亦還自
摩也。（P407～408）

按：王氏改「於」作「放」，是也。《御覽》卷 16 字作「効」，是「效」俗
字。「效」與「放（倣）」都是仿效義，不是形誤。

（12）數年亦自歇，沬復其故矣

王利器曰：沬，何本、郎本、程本、鄭本作「末」，《漢書·溝洫志》注，
師古曰：「沬音本末之末。」《封氏聞見記》作「數年稍自休歇」。（P408）

吳樹平以「沬」屬上句，云：沬，終止。歇沬，停息。（P345）

按：吳讀是，但所釋則誤。「沬」是「休」形誤。

（13）精氣消越

按：越，散也。

（14）何不芥蔕於其胷腹而割裂之哉？

王利器曰：「芥蔕」當作「蔕芥」，司馬相如《子虛賦》：「吞若雲夢者八九
於其胸中，曾不蔕芥。」《文選·西京賦》：「睚眥蒂芥。」李善注：「張揖《子
虛賦》注：『蔕介，刺鯁也。』蒂與蔕同，並丑介切。」《漢書·賈誼傳》：「細
故蔕芥，何足以疑？」《史記·賈生傳》作「慸葪」，《鶡冠子·世兵篇》用其
言又作「蒤葪」。（P416）

按：「蔕芥」是雙音複合詞，「蒂芥」是其轉語，又音轉作「慸芥」「懘
忦」、「薑芥」、「遰介」、「帶介」、「蒤葪」、「慸葪」、「蒂介」，可以倒言作「芥

蒂」，不必乙改。王氏所引，「薊」是「薊」形誤，「裂」是「裂」形誤〔註50〕。王氏皆未能訂正原書之誤。

（15）孫兒婦女，以次教誡

王利器曰：《搜神記》卷18「誡」作「戒」。（P417）

按：元大德本「誡」誤作「誡」。

（16）家人大哀剉斷絕

王利器曰：《搜神記》「剉」作「割」。（P417）

吳樹平曰：剉，裂也。哀剉，心悲如碎。四庫本作「家人大哀，比絕復起」，乃臆改。（P349）

朱季海曰：哀剉，漢人語。（P292）

按：《搜神記》卷18作「家人大小哀割斷絕」，則此文「大」下脫「小」字。「哀剉」他書未見，朱說「漢人語」，臆測耳。

（17）狗於竈前蓄火，家益忹忪

王利器曰：忹忪，《事類賦》卷23及《搜神記》卷18作「忹營」，《文選·王褒·四子講德論》：「百姓征伀。」五臣本「征伀」作「忹忪」，李善注引《方言》曰：「征伀，惶遽也。」（P420）

按：《合璧事類備要》別集卷84、《事文類聚》後集卷40引亦作「忹營」，《類聚》卷94、《御覽》卷905引作「怪」，《太平廣記》卷438引作「驚愕」。

（18）及明視之，則已臭爛

王利器曰：《新書·春秋篇》作「使人視之，蛇已魚爛矣」，《新序·雜事二》作「發夢視蛇，臭腐矣」，《博物志》卷7作「覺而視蛇，則自死也。」（《太平廣記》卷291引「自死」作「臭」。（P422～423）

按：「臭」字俗作「臰」。「臰」誤分為二字，故《博物志》作「自死」，《永樂大典》卷13140引已誤，范寧也失校〔註51〕。《新書》「魚爛」義雖可通，然疑「魚」亦是「臭」形誤，《天中記》卷56引《新書》正作「臭爛」。

〔註50〕參見蕭旭《賈子校補》，收入《群書校補（續）》，花木蘭文化出版社2014年版，第776～778頁。

〔註51〕范寧《博物志校證》卷7，中華書局1980年版，第84頁。

（19）炊臨熟，不知釜處

　　王利器曰：《御覽》卷869引作「欲炊而失釜」。（P424）

　　按：《御覽》卷348引亦作「欲炊而失釜」。

（20）兵弩自行

　　按：《御覽》卷348引「兵」作「弓」。

（21）火從篋簏中起，衣物燒盡，而簏故完

　　王利器曰：燒盡，《御覽》卷869引作「盡燒」，《搜神記》卷3亦同。（P424）

　　按：而簏故完，《御覽》卷869引作「而篋不損」，《搜神記》作「而篋簏故完」。

（22）遂上樓，與婦人棲宿

　　王利器曰：樓，《拾補》校作「接」。今案：《廣記》卷317引作「接」。（P427）

　　吳樹平曰：樓，《拾補》改作「接」，於義較長，《廣記》正引作「接」。（P356）

　　按：盧、吳說非是。「棲宿」是先秦二漢成語，《搜神記》卷3亦作「棲宿」。《廣記》作「接宿」，乃臆改。

（23）伯夷持被掩足，跣脫幾失，再三

　　按：《御覽》卷253引《列異傳》作「伯夷屈起，以袂掩之」，《搜神記》卷18作「伯夷持被掩之，足跣脫，幾失再三」。此文「掩」下脫「之」字，「足」屬下句。

（24）徐以劍帶繫魅腳

　　王利器曰：「繫」原作「擊」，《列異記》作「繫」，細繹上文，作「繫」良是，今據改正。（P430）

　　按：《御覽》卷912引作「擊」，《搜神記》卷18同。鐸爾孟亦謂「擊」當作「繫」〔註52〕。《搜神記》無「徐」字，疑衍文。

〔註52〕鐸爾孟是法國人，曾任北大教授，其說轉引自江紹原《讀呂氏春秋雜記（二）》，《中法大學月刊》第5卷第3期，1934年版，第3頁。

（25）《楚辭》云：「鱉令尸亡，溯江而上，到岷山下蘇起，蜀人神之，尊立為王。」

按：底本及各本「溯」作「泝」，「岷」作「崏」。

（26）田中有大樹十餘圍，扶疏蓋數畝地，播不生穀

按：明刻本《太平廣記》卷415引此文無「播」字，餘同今本（《永樂大典》卷8527引《廣記》有「播」字）。《搜神記》卷18：「田中有大樹十餘圍，枝葉扶疏，蓋地數畝，不生穀。」《法苑珠林》卷31引《搜神記》：「田中有大樹十餘圍，蓋六畝，枝葉扶疏，蟠地不生穀草」，宋、元、明、宮本「蟠」作「盤」（在卷42），《太平廣記》卷359引《珠林》同。此文「扶疏」上脫「枝葉」二字，《水經注·贛水》「門內有樟樹，高七丈五尺，大二十五圍，枝葉扶疎，垂蔭數晦」，文例相同。「地播」當乙作「播地」，讀作「〔枝葉〕扶疏，蓋數畝，播地不生穀」。播，讀作蟠、盤，本字作般。馬王堆帛書《十問》：「尚（上）察（際）於天，下播於地。」《莊子·刻意》、《淮南子·道應》「播」作「蟠」。

（27）叔高使先斫其枝，上有一空處，白頭公可長四五尺，忽出往赴叔高

王利器曰：《廣記》卷415引無「上」字、「赴」字，《御覽》卷952、《搜神記》有。（P436）

按：《御覽》卷952引亦無「上」字，王氏誤校。「忽出往赴」，《御覽》卷952引同，《搜神記》卷18作「突出往赴」，《法苑珠林》卷31引《搜神記》作「突出赴」（宋本卷42「赴」作「趍」），《太平廣記》卷359引《珠林》作「突出稱」。「赴」當是「趍」形誤，「趍」是「趁」俗字，《廣記》卷359音誤作「稱」。趁，亦作趂、趲，猶言追逐。《韓詩外傳》卷10「追車赴馬乎」，《御覽》卷383引同；《新序·雜事五》亦同，道藏本《意林》卷3引《新序》「赴」作「趍」（別本作「趁」），「赴」亦是「趍（趁）」形誤，趍亦追也，同義對舉。

（28）榮羨如此

按：羨，《搜神記》卷18同；《御覽》卷952引作「美」，蓋為形誤。

（29）許季山孫曼字寧方

王利器曰：「曼」字原無，《拾補》云：「孫云：《范書・方術傳》：『許曼祖父峻，字季山。』寧方蓋曼字也。」器案：《御覽》卷934引作「許季山孫憲」，《搜神記》卷9亦作「許季山孫憲字甯方」，「憲」字形與「曼」近而誤，足證「孫」下原有「曼」字，不然，則「字」字將無所著落也。（P439）

按：《御覽》卷682引同今本，《事類賦注》卷28節引此文云「許憲卜云」。以字「寧方」求之，其名當是「憲」，《御覽》、《事類賦》及《搜神記》是也。憲，法令也，故與「寧方」相應。「憲」俗作「寭」，形近誤作「曼」。又古書「寧」、「曼」形近易誤，胡敕瑞曾有舉證〔註53〕，茲再補二例：《文子・下德》「職事不慢」，《淮南子・主術篇》「慢」作「嫚」，P.4073《文子》作「寧」。《法言・孝至》「珍膳寧餻」，《御覽》卷849引作「曼餻」。則「許曼」或是「許寧方」之脫誤。

（30）心大悸動

按：悸動，《搜神記》卷3作「怖恐」，《御覽》卷728引《搜神記》卷3作「恐」。

《山澤》卷十

（1）巡者，循也；狩者，守也

王利器曰：守，《拾補》云：「當作『牧』，見所校《白虎通》。」（P456）

吳樹平曰：狩，《類聚》卷39引作「守」。守，《拾補》云：「當作『牧』。」按《白虎通義・巡狩》云：「巡者，循也。狩，牧也。為天下循行守牧民也。」《公羊傳・隱公八年》何休注：「巡猶循也，狩猶守也。」〔註54〕可見「狩」既可釋為「牧」，亦可解為「守」，不必改「守」為「牧」。「巡者，循也」與「狩者，守也」都是疊韻為訓，《類聚》、《御覽》卷537皆引作「守」。（P371～372）

按：本書是聲訓，「狩者，守也」不誤，《孟子・梁惠王下》引晏子曰「巡狩者，巡所守也」，《說苑・脩文》「巡狩者，巡其所守也」，此其確證。「守」指守土。《白虎通》「狩，牧也」，《通典》卷54、《初學記》卷13引同，《書・

〔註53〕胡敕瑞《隸書形近相誤揭例》，《古漢語研究》2019年第4期，第41～42頁。胡文承王挺斌博士檢示，謹致謝忱！
〔註54〕「狩猶守也」何注原文作「守猶守也」。

舜典》孔疏、《禮記・王制》孔疏、《御覽》卷 537 引作「狩者，收也」。《白虎通》亦是聲訓，「牧」當作「收」。《玉篇》：「守，收也。」亦其證，「狩」是「守」分化字。陳立曰：「巡、循，狩、守、牧，皆疊韻為訓。」〔註55〕劉師培曰：「『收民』義不可通，必屬『牧民』之誤。蓋宋人不諳『牧』、『狩』音轉，以為『收』、『牧』（引者按：當作『狩』）音近，始改『牧』字為『收』，未足依也。」〔註56〕陳氏說「牧」疊韻為訓，非是，且「狩」訓牧養亦無理據。《白虎通》「循行守牧民」，《通典》卷 54 引同，《初學記》卷 13 引作「循行以牧人」，《書》孔疏引作「循收養人」，《禮記》孔疏引作「循行守土收民」，均有誤，當作「循行守土牧民」。阮氏《禮記校勘記》云：「閩、監、毛本同。浦鏜云：『牧誤收。』按浦鏜是也。作『牧』字與《通典》及《初學記》所引合。又孫志祖云：『李善注《東都賦》引《禮記・逸禮》曰：「巡狩者何？巡者，循也。狩，牧也。謂天子巡行守牧也。」亦作牧之一證。』」〔註57〕《御覽》卷 537 引《逸禮》作：「巡，循也。狩，牧也。為（謂）天〔子〕循行牧民也。」浦、阮說亦非，《逸禮》當作「狩，收也」、「循行守土牧民」。

（2）嶽者捔功考德，黜陟幽明也

王利器曰：捔，原作「埆」，《拾補》校作「捔」，今從之。案《詩・召南・行露》《正義》引《五經異義》：「獄者埆也，囚證於埆核之處。」蓋涉彼而誤。《拾補》作「捔考功德」，云：「舊倒，據《書》《左》正義、《爾雅》疏乙正。」（P457）

按：《白虎通義・巡狩》：「嶽之為言桶，桶功德。」盧文弨亦據《書・舜典》疏、《爾雅・釋山》疏校「桶」作「捔」〔註58〕。盧校是，「嶽，捔也」是聲訓。《太上老君大存思圖注訣》：「嶽者何也？嶷也，覺也。」「嶽，覺也」亦是聲訓。捔讀作斠，字亦作角、較、校、覺，猶言較量、考核。「捔功考德」與「捔考功德」均可，不必改作。「捔考」即是漢人成語「考校」之倒語。《御覽》卷 537 引此文作「循功考德」亦誤。《白虎通》之文，黎本《玉篇殘卷》「嶽」字條引作「嶽之言埆也，〔埆〕功德也」，《慧琳音義》卷 1 引作「确同

〔註55〕陳立《公羊義疏》，中華書局 2017 年版，第 317 頁。
〔註56〕劉師培《白虎通義斠補》卷下，收入《劉申叔遺書》，江蘇古籍出版社 1997 年版，第 1081 頁。
〔註57〕阮元刻本《十三經注疏》附《校勘記》，中華書局 1980 年版，第 1331 頁。
〔註58〕盧文弨校定本《白虎通義》卷 3，《抱經堂叢書》盧氏刊本，本卷第 7 頁。

－1120－

功德也」,《說文繫傳》「嶽」字條引作「嶽,确也。王者巡守,确功德也。」
「塙」、「确」亦「捔」字形誤。

(3) 淮者,均,均其務也

王利器曰:《拾補》曰:「《水經注》引《春秋說題辭》『務』作『勢』。」
《水經·淮水注》、《御覽》卷 61 引《春秋說題辭》:「淮者,均其勢也。」《地
理志》「淮浦」注引應劭曰:「淮,涯也。」《水經·淮水注》引應劭曰:「淮,
崖也。」崖、涯字同。(P463)

按:《御覽》卷 61 引《春秋說題辭》作「務」,王氏失檢。《竹溪鬳齋十一
稿》續集卷 28、《永樂大典》卷 10935 引作「勢」。「務」是「勢」形誤。《水
經》引應劭說本作「浦,岸也」,趙一清改作「淮,涯也」,戴震改作「淮,崖
也」。「淮」無崖(涯)訓,趙、戴校非是,《地理志》注「淮」是「浦」字之
誤,楊守敬已駁正[註 59]。

(4)《禮》記將至泰山,必先有事于配林

王利器曰:《禮》記將至,《拾補》曰:「疑是『禮將祀』三字,『至』字當
為衍文。《禮器》本作『齊人將有事于泰山』,此或約省其文也。程本改『祀』
為『記』,書中無此例。」(P463)

按:記,程本同,元大德本、兩京本、吳本、四庫本作「祀」。盧文弨校
「禮祀將至」作「禮將祀」。

(5) 陵有天性自然者

王利器曰:性,《拾補》據《水經·渭水下注》引校作「生」。(P468)
按:盧校非是。上文「(丘)謂非人力所能成,乃天地性自然也」,亦是「性」
字。

(6) 阜者,茂也,言平地隆踊,不屬於山陵也

王利器曰:《釋名·釋山》:「土山曰阜,阜,厚也,言高厚也。」《書鈔》
卷 157 引「隆」作「陸」,不可據。(P472)
按:《廣雅》:「茂、阜,盛也。」阜、茂一聲之轉。

[註 59] 楊守敬、熊會貞《水經注疏》卷 30,江蘇古籍出版社 1989 年版,第 2562 頁。

（7）培：謹按：《春秋左氏傳》：「培塿無松柏。」

　　王利器曰：《拾補》曰：「培，當作『部』，疑與下『培塿』皆近人所改。見《襄廿四年傳》，此作『培塿』，非。觀下文兩『部』字猶不改，可證本皆作『部』字，《御覽》『部』皆改作『培塿』，不可從。」器按：《御覽》引見卷56。《說文》「附」下引《左傳》作「附婁」，《淮南・原道篇》注：「塿讀『培塿無松柏』之塿。」則又作「培塿」，並音近通假。《倭名類聚鈔》卷1引「培塿」與今本同，源順自注云：「上音部，下音塿。」《方言》：「冢，秦、晉之間或謂之培，自關而東謂之丘，小者謂之塿。」郭注：「培，音部。」《書鈔》卷157引《墨子》：「培塿之工，即生松柏。」〔註60〕（P473）

　　吳樹平曰：「培」與「部」音同……《拾補》所下斷語非是。（P383）

　　按：王、吳說是。《世說新語・方正》劉孝標注、《晉書・陸曄傳》、《文選・魏都賦》李善注、《書鈔》卷157、《類聚》卷71、88、《御覽》卷56、953、《事類賦注》卷24引《左傳》都作「培塿」，今《左傳》作「部婁」。《廣雅》：「培塿，冢也。」亦音轉作「附塿」，見《玉篇殘卷》「附」字條引《左傳》。

（8）《春秋左氏傳》曰：「澤之莞蒲，舟鮫守之。」

　　王利器曰：《昭公二十年》文。（P478）

　　吳樹平曰：莞，今本《左傳・昭公二十年》作「萑」。鮫，當作「鮫」，今本《左傳》亦誤。（P388）

　　按：《晏子春秋・外篇》同《左傳》，一本「萑」作「藋」。段玉裁等人已訂「鮫」作「鮫（鰊）」〔註61〕。「萑」正字當作「藋」，俗作「萑」。「藋」形近而誤作「蘿」、「萑」，「萑」又以同音誤作「莞」〔註62〕。

〔註60〕引者按：《書鈔》原文「工」作「上」，《類聚》卷6引作「側」，《白帖》卷1引作「限」，《御覽》卷56引作「沈」。

〔註61〕段玉裁《說文解字注》，上海古籍出版社1981年版，第198頁。莊述祖《五經小學述》卷1，柳榮宗《說文引經考異》卷15，陳鱣《簡莊疏記》卷11，陳詩庭說轉引自喬松年《蘿藦亭札記》卷2，分別收入《續修四庫全書》第173、223、1157、1159冊，上海古籍出版社2002年版，第204、254、258、94頁。皮錫瑞《左傳淺說》卷下，收入《四庫未收書輯刊》第8輯第2冊，北京出版社1997年影印，第41頁。

〔註62〕參見蕭旭《韓詩外傳解詁》，《文史》2017年第4輯，2017年出版，第22頁。

（9）沆，謹按：《傳》曰：「沆者，莽也，言其平望莽莽無涯際也。」沆，
澤之無水，斥鹵之類也。今俗語亦曰沆澤

　　王利器曰：「沆」原作「沈」〔註63〕，《拾補》曰：「當從《說文》作『沆』，
下並同。」今據改正。《說文》：「沆，大水也。一曰：大澤貌。」徐鍇《繫
傳》引《博物志》：「停水，東方曰都，一名沆。」《御覽》卷70引《述征記》：
「齊人謂湖曰沆。」《漢書·刑法志》：「除山川沈斥城池邑居園囿術路三千
六百井。」《漢紀·孝文紀》「沈斥」作「沆斥」，《王制》《正義》引《異義》：
「《左氏說》曰：『賦法積四十五井，除山井坑岸三十六井，定出賦九井。』」
「岸」亦「斥」之誤。《文選·西京賦》：「絕阬踰斥。」《書鈔·酒食部五》
引《齊地記》：「齊有皮邱坑，民煮坑水為鹽。」《水經·膠水注》：「膠水北
歷土山注于海，土山以北悉鹽坑。」「坑」亦當作「坑」，「坑」、「阬」通用
（下略）。（P478～479）

　　按：盧、王說是也。《廣雅》：「湖、塘、沆、斥、澤，池也。」「斥」同
「斥」，「沆」同「沆」、「坑」、「阬」。王利器說乃本於王念孫《廣雅疏證》、
《漢書雜志》〔註64〕。《御覽》卷75引《續述征記》：「齊人謂湖為沆，沆中
有九十九臺。」《御覽》卷70未引，且王利器引文也不準確（承王念孫《漢
書雜志》之誤）。《類聚》卷82引《續述征記》：「烏常沆湖中有九十臺。」注
云：「齊人謂湖為沆。」《御覽》卷999引同。王氏所引《漢書》，《漢紀》卷
8本作「坑塹」，王念孫校作「坑斥」。《御覽》卷75引本書：「沆，莽也，言
其平望沆莽無崖際也。」沆亦沆之誤。《水經注》「鹽坑」，《永樂大典》卷11137
引正作「鹽坑」。王念孫《廣雅疏證》指出「沆、湖一聲之轉」，是也，「沆」
又音轉作「汪」。《玄應音義》卷4、14、15、18引《通俗文》：「停水曰汪。」
《慧琳音義》卷43、58、59、73引同，亦即《博物志》「停水一名沆」也。
今吳語尚稱「池塘」曰「汪塘」。

（10）《傳》曰：『送逸禽之超大沛。」

　　王利器曰：未詳所出。《淮南·覽冥篇》：「過歸雁于碣石，軼鶤雞于姑
餘。」文意相似。（P480）

〔註63〕引者按：底本及元大德本等「沈」作「沆」，獨吳本作「沈」。
〔註64〕王念孫《廣雅疏證》，王念孫《廣雅疏證》，收入徐復主編《廣雅詁林》，江蘇
　　　　古籍出版社1992年版，第756～757頁。下引同。王念孫《漢書雜志》，收入
　　　　《讀書雜志》卷4，中國書店1985年版，本卷第32～33頁。

按：王說非是。《後漢書·崔駰傳》《達旨》：「猶逸禽之赴深林，蝱蚋之趣大沛。」應劭蓋化用崔駰文。

（11）鄭國在前，白渠起後

王利器曰：起，《水經·渭水注》引作「在」，今案《漢書·溝洫志》正作「在」，作「在」是。（P480）

按：王氏誤校。《漢書·溝洫志》，北宋景祐本、南宋嘉定本、南宋建安本、南宋慶元本都作「起」，不作「在」。

《風俗通義》佚文校補

今本《風俗通義》佚失多矣，錢大昕、盧文弨、臧庸堂、朱筠、嚴可均、張澍、顧櫰三、姚東升、徐友蘭、陳漢章、王仁俊、吳樹平、王利器各有輯補〔註65〕。茲據王利器輯本作校補。

《聲音》

（1）雅，形如漆筩，有椎。《禮》云：「訊疾以雅」是也。（《御覽》卷584）

按：宋本《御覽》「筩」作「篙」，「椎」作「推」，當據錄，再出校記訂正。《周禮·春官·笙師》鄭玄注引鄭司農曰：「雅，狀如漆筩而弇口。」《禮記·

〔註65〕錢大昕《風俗通義逸文》，收入《嘉定錢大昕全集（八）》（增訂本），鳳凰出版社2016年版，第359～419頁。盧文弨《風俗通義逸文》，收入《群書拾補》，《續修四庫全書》第1149冊，上海古籍出版社2002年版，第479～511頁。臧庸堂在錢、盧輯佚基礎上補輯10餘條，收入孫志祖《讀書脞錄》卷4《風俗通逸文》，收入《續修四庫全書》第1152冊，第256～257頁。朱筠《風俗通義補逸》，收入《續修四庫全書》第1121冊（影印稿本），第589～595頁。嚴可均《全後漢文》卷36～41，收入《全上古三代秦漢三國六朝文》，中華書局1958年版，第673～698頁。張澍輯注《風俗通姓氏篇》，收入《叢書集成初編》第3283冊，中華書局1985年影印，第1～86頁。顧櫰三《補輯風俗通義佚文》，收入《叢書集成續編》第88冊，上海書店1994年版，第657～678頁。顧氏輯本不標示所引書篇名或卷號，且又時常誤標出處，不是善本。徐友蘭《群書拾補識語·風俗通義逸文》，收入《叢書集成續編》第92冊，第577～582頁。王仁俊《風俗通佚文》、《風俗通氏姓篇佚文》，收入《玉函山房輯佚書續編三種》之《補編》，上海古籍出版社1989版，第410～428頁。吳樹平《風俗通義校釋》，天津古籍出版社1980年版，第395～504頁。王利器《風俗通義校注》，中華書局2010年第2版，第485～623頁。錢大昕的校語，吳樹平大多襲用之而不注明。余未見姚東升、陳漢章輯本。

樂記》鄭玄注：「雅亦樂器名也，狀如漆筩，中有椎。」

（2）擊壤，形如履，長三四寸，下僮以為戲。（《路史·後紀十》）

按：引見《路史·後紀十一》。「長」下脫「尺」字，「下」當作「小」。出處疑非《風俗通》，當是《風土記》，另參見下條。

（3）壤，木為之，前廣後銳，長尺四寸，闊三寸，未戲先側一壤於地，遠三四十步，以手中壤擊之，故曰擊壤。（《羅氏識遺》卷9）

按：《文選·初去郡》李善注引周處《風土記》：「擊壤者，以木作之，前廣後銳，長四（「四」衍文）尺三寸，其形如履，將戲先側一壤於地，遙於三四十步以手中壤擊之，中者為上部。」《廣韻》「壤」字條引《風土記》：「擊壤者，以木作之，前廣後銳，長尺三四寸，其形如履，臘節僮少以為戲也。」〔註66〕《御覽》卷755引《藝經》：「擊壤，古戲也。壤，以木為之，前廣後銳，長尺四，闊三寸，其形如履，將戲先側一壤於地，遙於三四十步以手中壤敲之，中者為上。」疑《羅氏識遺》誤記出處作《風俗通》，《風土記》是周處所撰。

（4）清角，黃帝之琴。號鐘，齊桓公琴。繞梁，楚莊王琴。綠綺，司馬相如琴。焦尾，蔡邕琴。鳳皇，趙飛燕琴。（《天中記》卷42）

按：《初學記》卷16引梁元帝《纂要》：「古琴名有：清角（黃帝之琴）、鳴廉、修況、藍脅、號鐘、自鳴空中（號鐘，齊桓公琴），繞梁（楚莊王琴），綠綺（司馬相如琴），焦尾（蔡邕琴），鳳皇（趙飛燕琴）。」〔註67〕《御覽》卷579引《大周正樂》：「清角，黃帝之琴。鳴廉、脩況、藍脅、自鳴空中、號鍾，齊桓公琴。繞梁，楚莊王琴。綠綺，司馬相如琴。焦尾，蔡邕琴。鳳皇，趙飛鷰琴。」疑《天中記》誤記出處。

（5）梧桐生於嶧陽山岩石之上，采東南孫枝以為琴，聲清雅。（《事類賦》卷25、《御覽》卷956）

按：《事類賦》、《御覽》引「聲」下有「甚」字，《記纂淵海》卷95引同。

〔註66〕《御覽》卷584引脫「臘」字。
〔註67〕《樂府詩集》卷57引「廉」誤作「鹿」，又「修況」誤作「循況」。《淮南子·脩務》：「鼓琴者，期於鳴廉、脩營，而不期於濫脅、號鍾。」《廣雅》說琴有「鳴廉、脩營、藍脅、號鍾、宮中自鳴、焦尾」。況、營一聲之轉。

嚴可均（P680）輯本有「甚」字，卻脱「聲」，出處又誤記作《御覽》卷 959。

（6）十月謂之應鐘何？應者，應也；鐘者，動也；言萬物應陽而動，不
　　藏也。（《意林》、《御覽》卷 27、《合璧事類》前集卷 14）

　　王利器曰：《白虎通・五行篇》：「十月謂之應鐘何？應者，應也；鐘者，
動也；言萬物應陽而動，下藏也。」下藏，《風俗通》作「不藏」，疑「不」字
是，謂時至十月，一陽復生，故不藏也。（P486）

　　按：《意林》未引。王説非是，「不藏」是「下藏」之誤，錢大昕（P374）、
盧文弨（P488）、嚴可均（P679）並失校。《玉燭寶典》卷 10、《史記・律書》
《正義》、《御覽》卷 16 引《白虎通》都作「下藏」。《五行大義》卷 4 引《三
禮義宗》：「應鐘者，言萬物應時而鐘下藏也。」《史記・律書》：「應鍾者，
陽氣之應，不用事也。其於十二子為亥。亥者，該也。言陽氣藏於下，故該
也。」正是作「下藏」之確證。《呂氏春秋・音律》云「應鐘之月，陰陽不
通，閉而為冬」，亦是說陽氣下藏不通也。

（7）十二月律，謂之大呂何？大者，太也；旅，拒也；言陽氣欲出，陰
　　不許也。呂之言拒也，旅拒難之也。（《意林》、《御覽》卷 27）

　　王利器曰：「旅抑」，原作「依即」，錢大昕、盧文弨俱疑「即」當作「抑」。
《白虎通・五行篇》：「十二月律，謂之大呂何？大者，大也；呂者，拒也；言
陽氣欲出，陰不許也。呂之為言拒也，旅抑拒難之也。」字正作「旅抑」，今
據改正。（P486）

　　按：《意林》未引。《御覽》卷 27 引「旅，拒也」作「呂，拒也」，又「陰」
上有「其」字。《玉燭寶典》卷 12 引「旅抑拒難之也」作「旅拒難之也」。《五
行大義》卷 4 引《三禮義宗》：「大呂。大者。太也。呂者。距也。言陽氣欲出。
陰距難也。」「旅拒」亦作「旅距」、「呂鉅」、「呂矩」、「𠎝拒」、「𪀚拒」，旅、
𠎝、𪀚、呂，亦拒也，同義連文〔註68〕。

《四夷》

（1）狄者，辟也，其行邪辟。（《禮記・王制》疏、《爾雅・釋地》疏）

　　按：《說文》：「狄，狄之為言淫辟也。」（《御覽》卷 799 引「辟」作「僻」）

〔註68〕參見蕭旭「旅距」「旅拒」「呂鉅」正詁》，收入《群書校補》，廣陵書社 2011
　　　　年版，第 1393～1396 頁。

《廣雅》：「狄，辟也。」狄、辟聲轉，是聲訓。

（2）種別部分。（《御覽》卷 794）

　　按：宋本《御覽》「部」作「群」。《後漢書・班彪傳》亦有「種別群分」語。錢大昕（P387）、盧文弨（P495）、嚴可均（P684）輯本均誤作「部」，王氏承其誤而未檢正。

（3）諸羌種落熾盛，大為邊害。（《文選・謝靈運傳論》注）

　　按：見《文選・馬汧督誄》李善注引，王氏誤記出處。

（4）貊者，謹案：《春秋傳》：「大貊、小貊。」貊，略也，云無禮法，不知送往勞來，無宗廟粢盛，賦斂輕薄也。（《御覽》卷 780）

　　按：《御覽》卷 780 引四「貊」均作「狛」，「略」作「路」，「云無禮法」作「薄也」，「斂」作「殿」；又《御覽》卷 799 引《風俗通》：「狛者，略也，云無禮法。」「路」是「略」形誤，「殿」是「斂」形誤，當照錄原文，再出校。

（5）胡者，謹案：《漢書》：「山戎之別種也。」又胡者，互也，言其被髮左衽，言語贅幣，事殊互也。殷時曰獯粥，改曰匈奴。（《史記・匈奴傳》《索隱》、《通鑑》卷 6 注）

　　按：王氏誤標出處。「殷時曰獯粥，改曰匈奴」出《索隱》引。「胡者」云云出《御覽》卷 799 引《風俗通》：「胡者，謹按《漢書》：『山戎之別種也。』狛者，略也，云無禮法。又胡者，互也。其被髮左衽，言語贅幣，事殊互也。」「胡者，互也」是聲訓，《釋名・釋形體》：「胡，互也，在咽下垂，能斂互物也。」「曼胡」、「漫胡」轉語作「漫沍」，亦其例。

（6）其先有婦人名沙壹……九子見龍驚走，獨小子不能去，背龍而坐，龍因舐之。其母鳥語，謂背為九，謂坐為隆，因名子曰九隆。（《後漢書・西南夷傳》）

　　王利器曰：九隆神話，又見《華陽國志》卷 4、《御覽》卷 361 引《益部耆舊傳》。（P490）

　　按：沙壹，《御覽》卷 786 引《後漢書》、卷 361 引《益部耆舊傳》、《通典》卷 187 同，《水經注・葉榆河》作「沙臺」，《華陽國志》卷 4、《太平廣記》卷 482 引《獨異志》作「沙壺」，不知孰是。《華陽國志》「背龍」作「陪龍」，

「九隆」作「元隆」，云「猶漢言陪坐也」。《水經注》、《通典》、《御覽》卷361、786均作「九隆」，亦不知孰是。背，讀作陪。

（7）賨人盧、朴、沓、鄂、度、夕、龔七姓。（《文選·蜀都賦》注）

王利器曰：《華陽國志》卷1「羅、朴、昝、鄂、度、夕、龔七姓」，《後漢書·南蠻傳》七姓作「羅、朴、督、鄂、度、夕、龔」。羅、盧一聲之轉。沓、昝、督三字，疑當從「昝」為是。龔、龔二字，或則以為作「龔」者誤也。（P491）

按：《唐鈔文選集注彙存》卷8「沓」作「𣈆」。「𣈆」隸作「晉」，俗「稽」字。《元和姓纂》卷10說後漢巴七姓「沓」作「都」，《廣韻》「夕」字條、《御覽》卷785引《後漢書》同今本作「督」。不知孰是。

（8）閬中有渝水，賨人左右居，銳氣善舞。（《文選·蜀都賦》注）

按：《文選》李善注，國圖藏宋刻本、宋淳熙本、宋明州、四部叢刊影南宋版「善」都作「喜」，《唐鈔文選集注彙存》卷8李善注引同。錢大昕（P388）、盧文弨（P496）、嚴可均（P685）輯本均誤作「善」，王氏承其誤而未檢正。《華陽國志》卷1亦作「銳氣喜舞」〔註69〕，《類聚》卷43、《御覽》卷167、574引《三巴記》同。《後漢書·南蠻傳》說其人「俗喜歌舞」，《唐鈔文選集注彙存》卷8《三都賦序》李善注、《御覽》卷785引同，李賢注：「喜，音虛記反。」《晉書·樂志上》、《通典》卷145說賨人「其俗喜舞」。《史記·司馬相如傳》《集解》引郭璞注說其人「皆剛勇好舞」，好亦喜也。則「喜」必非誤字。

（9）廩君乘土船，下至夷城，石岸曲，水亦曲，廩君望之如穴狀，曰：「我既道穴中，又入此柰何。」石岸為崩，廣三丈餘，陛級之。廩君行至上岸，上岸有平石，廣長五丈，休其上投算，投算處皆有石，因立城其旁。（《書鈔》卷158）

王利器曰：《書鈔》卷160引《蜀錄》同。（P491）

按：《書鈔》卷158引二「投算」分別作「投筭」、「計筭」，「旁」作「傍」。杜光庭《錄異記》卷2、《晉書·李特載記》廩君語作「我新從穴中出，今又入此，柰何」，則此文「道穴中」下當補「出」字，文義方完整。

〔註69〕《華陽國志》據《古今逸史》本，明鈔本「舞」誤「武」。

（10）秦始皇遣蒙恬築長城，徒士犯罪，亡依鮮卑山，後遂繇息；今皆髡頭衣赭，亡徒之明效也。（《書鈔》卷45、《御覽》卷647）

　　按：《御覽》見卷649，王氏誤記卷號。《御覽》「亡依」，《書鈔》作「依止」。《書鈔》「明效」作「明重」。又二書「繇」作「繁」。考《史記‧匈奴列傳》《索隱》引應奉曰：「秦築長城，徒役之士亡出塞外，依鮮卑山，因以為號。」「應奉」當作「應劭」。《御覽》「亡依」是。

《古制》

（1）國家制度，大率十里一鄉。（《續漢書‧百官志五》注）

　　按：《續漢書‧百官志五》注又引《風俗通》「漢家因秦，大率十里一亭」，《書鈔》卷79、《御覽》卷194同，則此文「里」必誤。《漢書‧百官公卿表》：「大率十里一亭，亭有長。十亭一鄉，鄉有三老、有秩、嗇夫、遊徼。」則此文「里」必是「亭」之誤，錢大昕（P368）、盧文弨（P484）亦失校。

（2）漢家因秦，大率十里一亭，亭，留也，今縣有亭長。又語有亭待，蓋行旅宿食所館也。

　　按：「語有亭待」乃據《天中記》卷14輯佚。《御覽》卷194、《營造法式》卷1引「亭待」上有「亭留」二字，作「今語有亭留、亭待」。《書鈔》卷79引作「今語有留亭住持」。

（3）亭亦平也，民有爭訟，吏留平處，勿失其正也。

　　王利器曰：「平處」一作「辨處」，今從《原本玉篇》。平、辨古通。（P493）
　　按：《書鈔》卷79、《營造法式》卷1、《職官分紀》卷42引作「辨處」，《御覽》卷194引作「辯處」。

（4）中人城北四十里有左人亭，鮮虞故邑。（《御覽》卷161）

　　王利器曰：《水經‧滱水注》引應劭曰：「左人城，在唐縣西北四十里。」（P494）
　　按：《御覽》卷161有注：「左人亭即唐縣也。」《路史》卷27引應氏《地理記》：「左人城西北四十〔里〕左人亭，鮮虞故邑。左人即今定（引者按：定指定州）之唐縣。」又卷28引應劭《地理記》：「中人城西北四十有左人城，左人之故邑。左人即今定之唐縣。」《地理記》是《地理風俗記》省稱，則《御

覽》引作《風俗通》，可能是《風俗記》誤記。

（5）光武中興以來，五曹詔書，題鄉亭壁，歲補正，多有闕誤……一勞
而久逸。（《御覽》卷 593）

按：宋刊《御覽》「誤」作「謬」，「補」誤作「輔」，「久」誤作「九」。訂
正其字當出校勘記。

（6）新竹有汗，善朽蠹，凡作簡者，皆於火上炙乾之，陳、楚之間謂之
汗，汗者，去其汗也。吳、越曰殺，殺亦治也。（《書鈔》卷 104 等）

按：《書鈔》卷 104、《事類賦注》卷 24 引作「有汗」。《御覽》卷 606 引
「有汗」作「有汁」，「朽」作「折」，「去其汗」作「去其汁」，又卷 962 引「有
汗」亦作「有汁」。「折」是「朽」形誤。「殺青」亦稱作「汗青」，汗、殺是
動詞，指以火炙乾新竹之汁。汗之言乾也、燥也。故作「有汁」、「去其汁」
為是。

《釋忌》

（1）三子不能獨養，故與乳母。（《御覽》卷 361）

按：《御覽》引「不能」上有「力」字。

（2）俗說：兒墮地便能開目視者，謂之寤生。（《御覽》卷 361、《西溪
叢話》卷上、《困學紀聞》卷 6、《群碎錄》）

按：《御覽》、《西溪叢話》、《困學紀聞》引「便」作「未」。錢大昕（P360）、
盧文弨（P479）、嚴可均（P673）輯本誤作「便」，王氏承其誤而未檢正。

（3）祝、阿不食生魚。俗說：祝、阿凡有賓婚吉凶大會，有異饌，飯食
自極至蒸魚也。（《書鈔》卷 151）

按：《書鈔》見卷 145，王氏誤記卷號。又第 602 頁《辨惑》又輯此條，
重出，當刪一處。

（4）俗說：帷帳不可作衣，令人病癘。（《書鈔》卷 132、《御覽》卷 700）

按：《御覽》引「帷帳」下有「車」字，錢大昕（P362）、盧文弨（P480）、
嚴可均（P674）輯本均刪「車」字，王氏蓋從諸說耳。《書鈔》卷 132 引作「帷
車蓋不以作衣，令人病屬」，蓋是其舊本。《御覽》脫「蓋」字，復臆增「帳」字。

（5）俗說：臥枕戶砌者，鬼陷其頭，令人病顛。（《白帖》卷3、《御覽》
　　　卷739）

　　王利器曰：錢大昕曰：「『陷』疑『蹈』。案《淮南・氾論訓》云：『枕戶橖
而臥者，鬼神蹠其首。』蹠、蹈義同。」器案：《玉篇》：「楚人呼門限曰橖。」
（P564）

　　按：宋本《御覽》「陷」作「陷」，「顛」作「癲」。錢說是，盧文弨說同
（P480）。「陷」亦「蹈」形誤。《淮南子・氾論》又云「枕戶橖而臥，鬼神
履其首」，履亦蹈也，踏也。《白帖》卷3引作「畏縮其頭」，蓋是臆改。

（6）謹案《易》、《月令》，五月純陽，《姤卦》用事，薺麥始死……何得
　　　晏然除覆蓋室寓乎？今天下諸郭皆諱禿，豈復家家五月蓋屋邪？
　　　（《玉燭寶典》卷5）

　　按：《玉燭寶典》「寓」作「寓」，即「宇」字；又「今」作「令」。齊，讀
作薺，與「麥」是二物。《淮南子・地形》：「麥秋生，夏死；薺冬生，中（仲）
夏死。」又《修務》：「薺麥夏死。」

（7）或說：正月，臣存其君，子朝其父，九族州閭，禮賢當周，長子務
　　　于告慶，故未以解浣也。（《玉燭寶典》卷1）

　　按：《玉燭寶典》「賢」作「貢」，「慶」作「虔」。虔，敬也。

（8）汝南陳伯敬，行必矩步，坐必儼然。（《御覽》卷393）

　　王利器曰：錢大昕曰：「案：《後漢書・郭躬傳》云：『汝南陳伯敬者，行
必矩步，坐必端膝。』」（P566）

　　按：錢大昕又曰「『舉』譌」（P379），指《御覽》「矩步」音誤作「舉步」。

《服妖》

（1）啼妝者，薄拭目下若啼痕……折腰步者，足不任體。（《後漢書・梁
　　　冀傳》注、《意林》、《御覽》卷365、488）

　　按：《後漢書・梁冀傳》注、《御覽》卷488引都作「啼處」，《後漢書・五
行志》、《搜神記》卷6同。錢大昕（P413）、盧文弨（P508）、嚴可均（P697）
輯本改作「啼痕」，無版本依據，王氏承其誤耳。道藏本《意林》卷4、《梁冀
傳》注引作「足不在體」（一本《意林》「在」作「任」），《五行志》作「足不

在體下」，《搜神記》作「足不在下體」。「在」是「任」形誤，「下」衍文。

（2）婦女始嫁至，作漆畫屐，五采為繫……多有逃亡不就考者，九族
　　拘繫。（《御覽》卷644、698）

　　按：《御覽》卷644引「考」作「栲」，《後漢書·五行志》作「考」。《御
覽》卷644引作「拘繫」，《後漢書·五行志》同，《御覽》卷698引音誤作「俱
繫」〔註70〕。又《御覽》卷698引無「至」字，《五行志》有。「至」屬下句。
《御覽》卷901引《風俗通》「至乘〔輜〕軿以為騎從」，「至」用法同，猶言
竟然，副詞。

（3）孝靈帝建寧中，京師長者，皆以葦辟方笥為妝，其時有識者竊言：
　　「葦方笥，郡國讞篋也。」後黨錮皆讞廷尉，人名悉葦方笥中，斯
　　為驗矣。（《書鈔》卷135、《御覽》卷711）

　　按：《書鈔》引作「皆以葦薜方笥為糚具」，《御覽》引「薜」作「辟」，
餘同。錢大昕（P414）、盧文弨（P509）、嚴可均（P697）「具」誤作「其」，
因屬下句，王氏承其誤而未檢正。錢、盧、嚴三氏均曰：「辟，疑衍。」《後
漢書·五行志》作「京都長者皆以葦方笥為糚具，下士盡然。時有識者竊言」，
又《靈帝紀》注引《續漢志》作「京都長者皆以葦方笥為裝具，時有識者竊
言」，皆無「薜（辟）」字。又《御覽》引作「人名悉入方葦笥中」，《後漢書·
五行志》、《靈帝紀》注引《續漢志》亦有「入」字，王氏誤脫。

（4）至乘軒以為騎從，價與馬齊。（《御覽》卷901）

　　徐友蘭曰：軒，《御覽》「軿」。本與《志》同，奪「輜」耳。（P581）

　　按：徐說是，惟其語簡略，重校如次：《御覽》引「軒」作「軿」。錢大
昕（P414）、盧文弨（P509）、嚴可均（P697）誤作「軒」，王氏承其誤而未檢
正。《後漢書·五行志》、《後漢紀》卷24作「輜軿」，當據補「輜」字，《御
覽》已脫。

（5）顯號加於頑凶，印綬汙於腐屍；昔辛有睹被髮之祥，知其為戎，
　　今假號雲集，不亦宜乎！（《續漢書·五行志一》注引應劭）

〔註70〕馬王堆漢簡《天下至道談》「八曰上暴」，又《合陰陽》「暴」作「鉤」，並讀為
　　　拘。「枳句」、「枝拘」音轉作「枳椇」。均其音轉之證。

按：《通典》卷 29、《職官分紀》卷 33 引應劭曰「顯號」作「美號」，「腐屍」下有「虧國家之舊，傷虓武之重」二句。

（6）桓帝世謠曰：「直如弦，死道邊；曲如鉤，反封侯。」（《意林》）

按：《文選·傚曹子建樂府白馬篇》李善注引同。《御覽》卷 767、《記纂淵海》卷 24 引「反」作「乃」〔註71〕，錢大昕（P413）、盧文弨（P508）已及《選》注及《御覽》。

（7）京師謠曰：「游平賣印自有評，不避豪強及大姓。」（《通典》卷39、《通考》卷 57）

按：《通典》見卷 29 引，《通考》見卷 59 引，王氏誤記卷號。《後漢書·竇武傳》注引《續漢志》「評」同，《後漢書·五行志》作正字「平」。

（8）京都童謠曰：「……嚼復嚼，今年尚可後年蟯。」（《續漢書·五行志一》注）

按：蟯，《後漢書·五行志》作「鐃」，《後漢書·竇武傳》注引《續漢志》作「磽」。《竇武傳》李賢注：「磽音苦教反。磽，猶惡也。」《五行志》、《續漢志》復解釋云：「嚼復嚼者，京都飲酒相強之辭也。」嚼讀為釂，飲酒盡也。

（9）轉顧望，莫肯先進。（《續漢書·五行志一》注）

按：《五行志》注引「轉」下有「相」字，王氏誤脫。

（10）千里草，何青青，十日蔔，不得生。（《意林》）

按：《意林》卷 4 引「不得」下有「一日」二字，王氏誤脫。如據《後漢書·五行志》刪，當出校記。

（11）夏禹廟中，有梅梁忽一春生枝葉。（《御覽》卷 970、《事類賦》卷26）

按：《事類賦》「春」誤作「表」。《述異記》卷上：「越俗說會稽山夏禹廟中，有梅梁忽一春而生枝葉。」

〔註71〕《記纂淵海》據宋刊本，四庫本在卷 59。

（12）顧念陰陽不和，必有所害。（《續漢書·五行志五》注）

按：《五行志》注引「顧」作「頗」。

（13）雒陽民訛言，虎賁寺東壁中有黃人形容，鬚眉良是，觀者數萬，省內悉出……謹案：季夏土，黃中行用事。（《續漢書·五行志五》注）

按：《五行志》「省內悉出」下有「道路斷絕」四字。「形容」當屬下句，「季夏土黃」句，王氏失其句讀。

（14）殺戮決前，威重于王……如白衣無宜蘭入宮也。（《續漢書·五行志五》注）

按：《五行志》注引「王」作「主」，「蘭」作「闌」。《永樂大典》卷3001引「闌」誤作「間」。闌，讀為闟。《說文》：「闟，妄入宮掖也，讀若闌。」

（15）靈帝光和二年，洛陽上西門外，女子生兒，兩頭異肩，四臂共胸，俱以為不祥，因棄去。朝廷瞀亂，上下無別，二頭之象也。（《開元占經》卷113）

按：《開元占經》引作「四臂共胷，俱前向，以為不祥，隨地棄去，朝廷變亂」云云，王氏引文有脫誤。隨，讀為墮，《永樂大典》卷3001引正作「墮」，《後漢書·五行志》、《後漢書·靈帝紀》注引《續漢志》同。《漢紀》卷30載平帝時事云：「（平帝元始元年）六月，長安女子生兒，兩頭異頸，面相向，四臂共胷，俱前向。」《搜神記》卷6同。

《喪祭》

（1）如今崩殞，則為晏駕矣。（《文選·竟陵王行狀》注、又《恨賦》注）

按：如今崩殞，宋淳熙本《文選·恨賦》注引作「今忽崩隕」（別本未引此文）。「隕」是「隕」形誤。

（2）葬之郭北，北首，求諸幽之道。（《文選·古詩十九首》注、又《詠懷詩》注）

按：《文選》注二引「葬之」作「葬於」。

（3）俗說：亡人魂氣飛揚，故作魌頭以存之，言頭體魌魌然盛大也。或

謂魅頭為觸壙，殊方語也。（《書鈔》卷 92、《御覽》卷 552）

王利器曰：魅即《荀子非相篇》之俱，楊倞注：「俱，方相也。」（P574）

按：《書鈔》、《御覽》引「飛揚」作「浮揚」。錢大昕（P365）、盧文弨（P482）、嚴可均（P675）輯本誤作「飛」，王氏承其誤而未檢正。《說文》「魅」正字作「頮」。

(4)《周禮》：「方相氏，葬日入壙，毆魅象。」或說：秦穆公時……謂曰：「此名為蝹，常在地中食人腦，若殺之，以柏東南枝插其首。」（《封氏聞見記》卷 6、《事類賦》卷 25、《御覽》卷 954）

按：《聞見記》「入壙」，《御覽》、《事類賦注》作「入墟」。蝹，《述異記》卷下、《續博物志》卷 6 同，《史記·秦本紀》《正義》引《晉太康地志》、《封禪書》《索隱》引《列異傳》作「媦」，《搜神記》卷 8、《類聚》卷 90、《御覽》卷 954 作「蝹」，《宋書·符瑞志上》「獦」，《御覽》卷 375 作「蝹述」，《太平廣記》卷 461 作「媼述」。字當以作「蝹」為是。《集韻》：「蝹，蟲名，形若羊若豕，在地中，食屍腦。殺之，以栢葉覆首乃死，陳倉人曾得之。」《聞見記》原書「插」誤作「捶」，《搜神記》卷 8、《類聚》卷 90、《酉陽雜俎》卷 13、《御覽》卷 954 作「插」不誤。

《宮室》

(1) 閈，城外郭內里門也。閈，捍也，言為人藩屏以捍難也。（《御覽》卷 182、《天中記》卷 15）

按：《御覽》只引「閈，城外郭內里門也」八字。《初學記》卷 24：「閈，城外郭內之里門也。（見《風俗通》。閈，扞也，言為人藩屏以扞難也。）」蓋《天中記》所本，「閈，扞也」云云非《風俗通》文。

(2) 府，聚也，公卿牧守府，道德之所藏；府，私府，賦賄之所聚也。（《左傳·隱公七年》疏、《原本玉篇·廣部》、《意林》、《廣韻·九麌》、《一切經音義》卷 9、46、《通鑑注·漢紀七》）

按：王氏據《原本玉篇》「府」條輯錄，有脫文。《左傳》疏引作：「府，聚也。公卿牧守府，道德之所聚也。藏府，私府，財貨之所聚也。」亦有錯亂。考《玄應音義》卷 9 引《三藏（蒼）》：「府，文書、財物藏也。」又引《風俗通》：「府，聚也，公卿牧（收）守文書、財賄之所聚也。」《慧琳音義》卷

46 轉錄《玄應音義》「三藏」作「三蒼」，「牧守」作「收守」，均是也。疑《風俗通》當作：「府，聚也。府，道德之所聚也。藏府，私府，公卿收守文書、賦賄之所聚也。」

（3）屏，卿大夫以帷，士以簾，稍有弟以自鄣蔽也，示臣臨見自整，屏氣處也。（《廣韻·四十靜》、《御覽》卷 185、《急就篇補注》卷 3）

　　王利器曰：錢大昕曰：「弟，古第字。」（P577）
　　按：宋刊《御覽》引本就作「第」字。「自整」屬下句。

（4）欲使閉藏當如此周密也。（《類聚》卷 74 等）

　　按：周密，《御覽》卷 188、《緯略》卷 5、《事物紀原》卷 8 引作「固密」，《類聚》卷 74、《營造法式》卷 2 引作「固周密」。疑作「固密」是，「周」是「固」形誤，復誤衍作「固周」。

（5）城，盛也，從土盛聲。郭，大也。（《意林》、《水經·河水注二》）

　　按：《水經注》引作「從土成聲」，《意林》未引此四字。

（6）今吏郵書傳府督郵職掌此。（《續漢書·輿服志上》注）

　　按：《續漢書》注「傳」作「掾」。讀作「郵書掾、府督郵」。

（7）京師有長壽街、萬歲街、士馬街，若此非一。街者，攜也，離也。四出之路，攜離而別也。（《意林》、《御覽》卷 195、《廣韻·十三佳》）

　　王利器曰：「士馬」下原脫「街」字，今據孫詒穀校補。（P579）
　　按：《意林》未引。錢大昕（P370）、盧文弨（P485）從孫詒穀（志祖）說，嚴可均（P677）說同。宋刊《御覽》卷 195 引作「士馬街」，本就有「街」字，「士」作「土」。《御覽》、《廣韻》所引「街，攜也，離也」，是疊韻聲訓。北大漢簡（三）《周馴》「於是乃挂幼扶老」，《淮南子·泰族》「挂」作「攜」。北大漢簡（五）《攝輿》「此畦」，即「觟觿」〔註72〕。「子鵠」或作「子鶴」。《太平廣記》卷 81 引《梁四公記》「蜀闠」，舊注：「上音攜。」《廣韻》：「窐，

──────────

〔註72〕參見《北京大學藏西漢竹書（五）》整理者說，上海古籍出版社 2014 年版，第 135 頁。

又音攜，亦作瓹。」《集韻》「畦」或作「疇」，「畦」或作「疇」。此街、攜音轉之證。「桂水」音轉作「灘水」、「離水」，此街、離音轉之證。

（8）菀，蘊也，言薪蒸所蘊積也。（《意林》、《初學記》卷24、《御覽》卷196、《錦繡萬花谷》別集卷24）

　王利器曰：《拾補》曰：「『菀』與『苑』同。」器案：《錦繡萬花谷》作「苑」。（P579）

　按：《意林》作「菀，菀蘊也」，衍一「菀」字。《初學記》、《御覽》都作「苑」。

《市井》

（1）雍丘縣夏后公祠有神井，能致霧。（《錦繡萬花谷》後集卷2）

　王利器曰：「夏后公祠」語有誤。（P580）

　按：「夏后公祠」不誤，亦稱作「夏后祠」。《書鈔》卷151引《陳留風俗傳》：「雍丘縣有祠名曰夏后公祠，有神井，能致霧雹。」又卷152引作「雍丘有夏后祠，有神井，能興霧雹。」《類聚》卷2、《初學記》卷2、《御覽》卷14、15引略同。

（2）市者，百步為畝，秦孝公以□百卅步為畝，半為廛也。（《原本玉篇·廣部》）

　王利器曰：《慧琳音義》卷77引《風俗通》云：「秦孝公以二百四十步為畝。」則此條闕文當是「二」字。（P580）

　按：S.19《算經》、S.617《俗務要名林·田農部》並云：「二百卅步為一畝。」

《數紀》

（1）涉始於足，足率長十寸，十寸則尺，一躍三尺，法天地人，再躍則涉。（《文選·四子講德論》注、《急就篇補注》卷3）

　王利器曰：《後漢書·趙典傳》：「于《易》：『一為過，再為涉，三而弗改，滅其頂，凶。』」注：「《易·大過》上六曰：『過涉滅頂，凶。』」「涉」義與此同，《拾補》作「步」，非是。（P582）

　按：錢大昕「涉」未改（P389），嚴可均（P685）、胡克家、桂馥、宋翔鳳

亦改作「步」〔註73〕。作「步」是也。《御覽》卷 394 引《白虎通》佚文：「人踐三尺，法天地人也。再舉足為步，備陰陽也。」《廣韻》「步」字條引同。《白虎通》與此文正同，是作「步」之確證。人一躍三尺，再躍則六尺，秦漢以六尺為步。

《新秦》

（1）主者白出錢百萬以行聘……今得傅九族……但澹澹不耗……（《水經・江水注一》等）

按：《御覽》卷 882「白」作「自」，「傅」作「傳」。《水經注》「但」作「恒」。

《獄法》

（1）此關諸百王不易之道也（《類聚》卷 54 等）

王利器曰：《拾補》曰：「『關諸』二字疑，《書鈔》無。」器案：「此關」二字，《書林事類》作「比開」。（P585）

按：錢大昕曰：「『關諸』二字疑，《書鈔》卷 45 無。」（P380）盧文弨（P491）、嚴可均（P681）均承錢說。孔本《書鈔》卷 45 據《類聚》卷 54、《御覽》卷 638 補「關諸」二字，《路史》卷 16、《合璧事類備要》外集卷 17 亦有。

（2）《漢令》：「蠻、夷、戎、狄，有罪當殊。」殊者，死也。（《史記・蘇秦傳》《集解》）

按：《蘇秦傳》「不死，殊而走」，《集解》駰案：「《風俗通義》稱《漢令》『蠻夷戎狄有罪當殊』。殊者，死也，與『誅』同指。而此云『不死，殊而走』者，蘇秦時雖不即死，然是死創，故云殊。」則「殊者，死也」四字是裴駰按語。

（3）言令人幽閉思愆，改惡為善。（《意林》等）

按：《意林》卷 4、《御覽》卷 643 作「改」，《玉燭寶典》卷 2 形誤作「攻」。

〔註73〕胡克家《文選考異》卷 9，嘉慶十四年刊本，本卷第 8 頁。桂馥《說文解字義證》「越」字條，齊魯書社 1987 年版，第 143 頁。宋翔鳳《小爾雅訓纂》卷 5，收入《續修四庫全書》第 189 冊，上海古籍出版社 2002 年版，第 518 頁。

（4）故囚字為□中人，此其象也。（《意林》等）

按：輯本據《御覽》卷642。《意林》作「故囚字從□中人」，《初學記》卷29作「故囚字為口守人」。

（5）里語曰：「縣官漫漫，冤死者半。」（《意林》等）

王利器曰：《拾補》曰：「冤，意林作『怨』。」器案：《御覽》卷496亦作「怨」。「冤」六朝、唐人別字作「怨」，故「冤」多訛「怨」。（P586）

按：《意林》作「取官漫漫，怨死者半」，《御覽》卷226引作「縣官漫漫，冤死者半」，又卷496引作「縣官漫漫，怨死者半」，《職官分紀》卷14引作「縣官漫漫，冤死者半」。冤、怨古通，非謂字。「宛」是「冤」俗謂字。

《折當》

（1）即而子方從蒼梧還。（《意林》）

按：《意林》「即」作「既」。

（2）濟北李登，為從事史……代我至府……濟北爾乃欲相為也。（《書鈔》卷32、《御覽》卷634）

按：從事史，《書鈔》、《御覽》並作「從事吏」。盧文弨（P493）、嚴可均（P683）輯本誤作「史」字，王氏承其誤而未檢正。錢大昕（P384）輯本不誤。爾乃，《書鈔》作「而乃」。《御覽》「至府」，《書鈔》作「底府」。

（3）陳國張伯喈……婦復牽伯喈曰。（《類聚》卷32等）

王利器曰：喈，一作「階」，一作「偕」。（P587）

按：錢大昕（P384）、盧文弨（P493）、嚴可均（P683）輯本校并云：「一作『婦復遂牽其背』。」《御覽》卷396、491、《記纂淵海》卷20引「遂」作「逐」〔註74〕，諸家誤作「遂」。《御覽》卷396作「喈」，《御覽》卷491作「階」，《類聚》卷32、《類說》卷36、《事文類聚》後集卷18、《永樂大典》卷2811作「偕」，《淵海》作「諧」。

（4）公病困，思念惡暫爭其財，兒判不全。（《書鈔》卷44等）

按：《御覽》卷836引作「判」，《御覽》卷639引作「必」，《通典》卷168

〔註74〕《記纂淵海》據宋刊本，四庫本在卷58。下同。

同。判，猶必也，決也。

（5）遠謂侍：「汝公復罵者，吾必揣之。」侍曰：「共作夫妻，奈何相
　　辱？揣我翁者，搏若母矣。」其後陽復罵，遠遂揣之。（《書鈔》
　　卷 120、《御覽》卷 846）

　　朱季海曰：《說文》：「揣，一曰捶之。」又「捶，以杖擊也。」（P302）

　　按：《書鈔》未引。《御覽》引見卷 640，王氏誤記其出處。朱說是也，桂
馥亦引此文以證《說文》「揣，捶之」之義〔註75〕。揣、捶一聲之轉〔註76〕，
此則桂、朱所未及。

（6）司徒鮑宣決獄云：「騎馬將幡，起於戲耳，無它惡意。」（《書鈔》
　　卷 120、《御覽》卷 846）

　　按：《書鈔》未引。《御覽》「鮑宣」作「鮑昱」，「它」作「他」。盧文弨（P494）、
嚴可均（P684）輯本誤作「宣」字，王氏承其誤而未檢正。錢大昕（P385）輯
本不誤。

（7）道遇雨而披戴，後人求共庇蔭……宣曰：「縑直數百錢耳，何足紛
　　紛，自致縣。」……後人曰：「受恩。」前撮之。縑主稱冤不已……
　　因結責之，具服，俾悉還本主。（《意林》等）

　　按：《御覽》卷 496、639、818 引作「撮」，《通典》卷 168 作「操」。《御
覽》卷 639、《折獄龜鑑》卷 6 引「自致縣官」下有「官」字，「結」作「詰」，
《通典》同，當據訂補。無作「結」字的版本依據。《御覽》卷 496「詰」誤作
「知」，《通典》「求」誤作「來」。

（8）子祐曾以官事考殺公思叔父斌……時太守太傅胡廣，以為招罪人
　　也，陳公思追念叔父，仁勇憤發，手刃仇敵，自歸司敗，便原遣之。
　　（《書鈔》卷 77、《御覽》卷 482）

　　按：《御覽》引「官事」上有「縣」字，又無「招罪人也陳」五字。《書鈔》
節引其文，大不同，王氏所增，不知何據。

〔註75〕桂馥《說文解字義證》，齊魯書社 1987 年版，第 1050 頁。
〔註76〕參見蕭旭《馬王堆帛書〈老子〉甲本校疏（六則）》，收入《出土文獻與傳世典
　　　籍的詮釋》，中西書局 2019 年 11 月出版，第 176～179 頁。

（9）長婦抱持甚急。（《意林》等）

按：道藏本《意林》卷 4 作「把」，學津討原本、指海本、同文書局叢書本、四庫本同，清鈔本、聚珍本、榕園叢書本作「抱」。《御覽》卷 361 作「抱」，又卷 639 作「把」。作「把」是，「把持」謂捉持。兒在吏卒之手，長婦捉持之也。

（10）汝母在坐上，何無儀適？（《御覽》卷 846）

按：《永樂大典》卷 12044 引「儀適」作「宜適」。

（11）不違穿府北垣，徑上聽事，听昌臥具。（《御覽》卷 708）

按：《御覽》引「聽」作「廳」，「听」作「斫」。王氏並誤。錢大昕（P387）、盧文弨（P495）、嚴可均（P684）輯本「廳」誤作「聽」，「斫」字不誤。

《恕度》

（1）吏周光能見鬼……但見屠者弊衣蠡結，踞神坐，持刀割肉……祀祭如此……嫗辭窮情竭，泣涕具陳其故……自以衣裘僮僕車馬迎取其女；女嫁為賣麨子婦，後適安平李文思，文思官至南陽太守。翁仲便養從弟子熙，為高邑令。（《意林》等）

王利器曰：《拾補》曰：「『蠡結』即『螺髻』。」案道藏本《意林》作「襤縷」。（P591）

按：①《意林》卷 4、《御覽》卷 361、《太平廣記》卷 317 引作「周光」，《御覽》卷 883 引作「周先」，字形相近，不知孰是。②《御覽》卷 361 引作「蠡結」，《御覽》卷 883、《廣記》引作「蠡髻」，道藏本《意林》作「縑縷」（不作「襤縷」）。③《御覽》卷 883、《廣記》引作「踞」，《御覽》卷 361 作「倨」。④《意林》、《御覽》卷 361、883、《廣記》「祀祭」均作「祠祭」，當據改。⑤《御覽》卷 361 引「嫗辭窮……陳其故」句，《御覽》卷 883 作「嫗泣涕，言昔以年長無男不自安，實以女易屠者之男，裨錢一萬」，《廣記》「裨」作「畀」，餘同。畀，付與、給予也。「裨」是同音借字。字亦作俾，《慧琳音義》卷 10 引《韻詮》：「俾，與也。」《逸周書·祭公》「付俾於四方」，孔晁注：「付與四方。」清華簡（一）《祭公之顧命》作「苻（付）畀」。《漢書·鄒陽傳》「封之於有卑」，顏師古注引服虔曰：「卑音畀予之畀也。」⑥「自以衣裘」句，《御覽》卷 361 引「車馬」下有「送」字，餘同；《意林》

引作「遂以車馬送還屠家，乃迎其女」，當據補「送還屠家」四字，「迎取其女」四字為句，言送兒還屠家，迎取己女也。《御覽》卷883、《廣記》引作「遣歸其家，迎其女」，文義相同。⑦《意林》作「安平」，《御覽》卷361、《廣記》作「西平」，《御覽》卷883作「隴西」，亦不知孰是。⑧《御覽》卷361「便養」作「更養」，當據改（他書未引此句）。錢大昕（P383）、盧文弨（P492）輯本誤作「便」，王氏承其誤而未檢正。嚴可均（P683）輯本復誤作「使」。

（2）齊、宋之亂，母在賊中。（《御覽》卷411）

按：《御覽》引「母在」下有「縣」字。

《情遇》

（1）百里奚為秦相，堂上作樂，所賃澣婦，自言知音……憶別時，烹伏雌……臨當別時烹乳雞……舂黃藜，搤伏雞。（《書鈔》卷128等）

按：《書鈔》見卷106，王氏誤記卷號。《書鈔》、《御覽》卷572、《樂府詩集》卷60引作「澣」，《事類賦注》卷11引作「浣」。「澣」為「瀚」俗字，「浣」為「瀚」重文。《樂府詩集》作「別時」，《御覽》、《事類賦注》作「別行」。「百里奚」歌見《御覽》、《樂府詩集》、《事類賦注》引。「乳雞」即上文「伏雌」、下文「伏雞」，乳雞不是指小雞。乳、伏，讀為孚，音轉作抱，俗作孵、菢。《禮記·月令》「雉雊雞乳」，乳亦讀為孚。

（2）時儉三歲，弟才繈抱耳，流轉客居廬里中，鑿井，得錢千餘萬，遂溫富……因下堂相對啼泣。（《類聚》卷35等〔註77〕）

按：①《事類賦注》卷10引作「繈抱」，《御覽》卷472引作「襁抱」，又卷836引作「鏈鏢」。②《御覽》卷472引作「廬里中」，《類聚》卷35引作「廬里」，《初學記》卷18、《御覽》卷836、《事類賦注》引作「廬中」，《御覽》卷500、《事文類聚》後集卷17、《合璧事類備要》前集卷54引作「閭里」，《御覽》卷189引作「鄉里」（《白帖》卷3同，未言出處）。廬、閭一聲之轉。③《御覽》卷189、472引作「遂溫富」，《初學記》、《白帖》卷18引作「遂因得富」，《御覽》卷836、《事類賦注》引作「遂巨富」，《白帖》卷3

〔註77〕引者按：《初學記》卷19亦節引此文，王氏未及。

作「遂致富」。疑「巨」形誤作「叵」，即「因」字，復增「得」字。④《御覽》卷 472 引作「相對」，《類聚》、《御覽》卷 500、《事文類聚》、《合璧事類備要》引作「抱其頸」。

（3）轉客長沙……嘉曰：「天下豈獨蜀有一任，夫人何以老更生邪意？」母曰：「咄，我守養汝數十年，無嫌譏，豈以垂沒更失計哉？」（《御覽》卷 259）

按：《御覽》引「轉客」作「客轉」，無「蜀」字，「守養」上有「尚」字。

（4）文章欲報擊之，心中悽愴，手不能舉，大自怪也。（《御覽》卷 516、827）

按：悽愴，《御覽》卷 516 引作「悽悵」，又卷 827 引作「惻愴」，《合璧事類備要》前集卷 27、《記纂淵海》卷 104 引作「愴悽」〔註 78〕。《御覽》卷 827 作「怪」，《合璧事類備要》前集卷 27 引誤作「怯」，《記纂淵海》誤作「恡」。

《輯事》

（1）荊鼈令死，尸隨水上，荊人求之，不得也。鼈令至岷山下，已復生起，見蜀望帝。（《御覽》卷 56）

按：宋刊《御覽》引作「荊鱉令死，亡（尸）隨水上，荊人求之，不得也。鱉令至岷山下邑，起見蜀望帝」。

（2）伯魚之生適有饋孔子魚者，嘉以為瑞，故名鯉，字伯魚。（《御覽》卷 935、《事類賦》卷 29）

按：《御覽》作「嘉」，《事類賦》引作「喜」，《合璧事類備要》續集卷 2、《事文類聚》後集卷 2 同。作「喜」是。

（3）天下之女白，不如越谿之女肌皙。（杜甫《納涼遇雨詩》注）

按：杜詩蘇注引此語出處為《風俗記》，即應劭《地理風俗記》省稱，非《風俗通》。

〔註 78〕《記纂淵海》據宋刊本，四庫本在卷 40。

（4）穎川張欽孟孝。（《御覽》卷386）

　　按：《御覽》引「孟孝」上有「字」字。

（5）蓋利祿之路然也。（《御覽》卷607）

　　按：《御覽》引「利祿」作「祿利」。

（6）張仲春，武帝時人也，善雅歌，與李延年同時，每奏新歌，莫不
　　　稱善，然不知休息，終至於敗亡，以諭人之進退，當有節奏。（《御
　　　覽》卷572）

　　按：宋刊《御覽》引「同時」作「並侍」，「諭」作「論」。「論」是「諭」
形誤。

（7）昭帝時，蒙人焦貢為小黃令……此其風也。（《廣博物志》卷 17）

　　按：此文出《御覽》卷268引《陳留風俗傳》，《廣博物志》誤其出處為《風
俗通》，王氏失考而誤輯。

（8）《明帝起居注》：「上東巡泰山……烏烏啞啞，引弓射……為烏也。」
　　　（《文選・赭白馬賦》注、《初學記》卷30、《御覽》卷736、920）

　　按：《文選》注未引。《白帖》卷29、《事類賦注》卷19、《永樂大典》卷
2345 略引之。《初學記》作「鳥鳥」，《御覽》卷736、《事類賦注》、《永樂大典》
作「烏鳴」，《御覽》卷920作「烏鳥」。「鳥」是「烏」形誤。疑「鳴」當作「鳴」，
蓋一本「烏烏」或作「鳴鳴」，因誤作「烏鳴」也。

（9）東海王興宗議曰：「晏平仲以齊君奢，故浣其朝冠，振其鹿裘。」
　　　（《御覽》卷826）

　　按：宋刊《御覽》引「興宗」作「景興」。《記纂淵海》卷32亦此《風俗
通》此文「晏平仲」云云〔註79〕。

（10）仰飲此水。（《類聚》卷81等）

　　按：《御覽》卷54、996、《事文類聚》後集卷29、《錦繡萬花谷》後集卷
38引作「仰」，《後漢書・郡國志》注、《御覽》卷63引《荊州記》同；《類
聚》卷81、《初學記》卷27引作「悉」。

〔註79〕《記纂淵海》據宋刊本，四庫本在卷60。

《陰教》

（1）行媒始行明矣。（《路史·後紀二》）

　　按：《路史》卷 11 羅苹注引《風俗通》，「始行」作「始此」。

（2）女媧，伏希之妹。（《路史·後紀二》）

　　王利器曰：《廣雅·十三佳》：「媧，女媧，伏羲妹。」說即本此。（P599）

　　按：《路史》卷 11 羅苹注引「希」作「羲」。王氏所引《廣雅》當作《廣韻》，「妹」上引脫「之」字。

（3）欲東家食，西家宿。（《類聚》卷 40 等）

　　按：《御覽》卷 382、《記纂淵海》卷 107 引「宿」作「息」〔註80〕。

《辨惑》

（1）傳曰：「后稷冬墾田，流汗而種。」（《御覽》卷 387）

　　按：宋刊《御覽》引「冬」上有「觸」字。錢大昕（P359）、盧文弨（P479）、嚴可均（P673）輯本誤脫，王氏承其誤而未檢正。

（2）俗說：天地開闢，未有人民，女媧摶黃土作人，務劇力不暇供，乃引絙於泥中，舉以為人。故富貴者黃土人也，貧賤者絙人也。（《御覽》卷 78、360、《事物紀原》卷 1）

　　按：三書引「貧賤」下有「凡庸」二字，王氏誤脫。摶，《御覽》卷 78、《事物紀原》作「摶」，《御覽》卷 360 作「擣」，「摶」是「摶」形誤。《御覽》卷 360 作「引絙於泥中」，《事物紀原》作「引繩絙泥中」，《御覽》卷 78「乃引繩於絙泥中」，「絙泥」不辭，「於絙」當乙作「絙於」。「繩」字亦不可缺，當補。「絙」是動詞，讀作搳，字亦作縆、搳，《說文》：「搳，引急也。」又「縆，一曰急也。」《玉篇殘卷》：「縆，與『搳』字同。搳，急引也。」猶今言拉緊。引繩絙於泥中，猶言拉繩而拉急於泥中也。顧懷三據《御覽》輯作「乃引繩於泥中」（P663），脫「絙」字。

（3）上古之時，草居露宿，冬則山南，夏則山北。（《意林》）

　　按：道藏本《意林》作「霜宿」，指海本、學津討原本、同文書局叢書同，

聚珍本、榕園叢書本、清鈔本、榕園叢書本作「露宿」。

（4）俗說：膊，闊大脯也。案：泰山博縣十月祠泰山，膊闊一尺，長五分。（《書鈔》卷 145）

按：《集韻》「膞」字條引《埤倉》：「膞膊，大脯也。」「膞」同「膊」。《廣韻》：「膞，膞脯。」疑第一個「膊」上脫「膞」字，「大脯」上「闊」涉下文而衍。顧櫰三改「膊，闊大脯也」作「搏大脯也」（P664），無據。

（5）俗說：人飲如犢。人飲酒無量如犢也。（《書鈔》卷 148）

按：《書鈔》卷 143 亦引之，作「俗說：飲如犢，人飲酒無量如犢之多也」。

（6）臘正旦食得菟髓者……令人面免生髓，露見醜惡，今覺得之，嘉不為已疾也……故穿踰盜竊者髓。（《類聚》卷 5 等。《事類賦》卷 23 引，王氏誤作卷 33）

王利器曰：《白帖》「正旦」作「正祖」。（P603）

按：①《御覽》卷 33 引作「正旦」，《類聚》卷 5、《書鈔》卷 155、《初學記》卷 29、《御覽》卷 648 亦引作「正祖」。「正祖」不辭，當是「正旦」形誤。②《御覽》卷 907、《事類賦》卷 23、《本草綱目》卷 51 引「令人面」下無「免」字，《御覽》卷 648 作「面兒」，《書鈔》作「面貌」。「貌」是「貌」俗字。錢大昕（P361）、盧文弨（P480）、嚴可均（P673）輯本「兒」誤作「免」，王氏承其誤而未檢正。③《御覽》卷 648 作「覺」、「嘉」、「踰」三字，《書鈔》分別作「竟」、「佳」、「窬」。「覺」當是「竟」形譌。

（7）蝦蟇一跳八尺，再跳丈六，從春至冬，袒裸相逐。（《類聚》卷 93、《御覽》卷 949、《類說》卷 36、《天中記》卷 55）

王利器曰：《天中記》「至冬」作「至夏」。（P604）

按：《類聚》、《類說》亦作「至夏」。

（8）俗說：赤春從人假貸，皆自乏之時。（《玉燭寶典》卷 1、《御覽》卷 20）

按：二書引「皆自乏」上有「家」字，錢大昕（P363）、盧文弨（P481）、嚴可均（P674）輯本誤脫，王氏承其誤而未檢正。

（9）織取新斷二三寸帛，綴著衣衿，以已織縑告成于諸姑也。後世彌文，易以五綵。（《御覽》卷23）

按：《御覽》卷23「新斷」作「始斷」，「織縑」作「織紝」，「彌文」作「彌久」。錢大昕（P363）、盧文弨（P481）、嚴可均（P674）輯本誤作「始斷」、「織維」，且云：「維，疑『縑』。」錢大昕輯本「彌久」不誤。盧文弨、嚴可均、顧櫰三（P665）輯本誤作「彌文」。顧櫰三、王氏徑改作「縑」字，無有依據。

（10）五月五日，賜五色續命絲，俗說以益人命。（《類聚》卷4、《初學記》卷4、《御覽》卷814、《事類賦》卷10、《紀（記）纂淵海》卷2）

按：《御覽》作「續命絲」，《類聚》、《初學記》作「續命縷」，《事類賦》誤作「縷命絲」。

（11）八月秋穰，可以殺瓠。（《御覽》卷979等）

按：《永樂大典》卷2259引如此。《御覽》引作「燒穰殺瓠」。「秋」當作「燒」。《齊民要術·種瓠》引《淮南萬畢術》：「燒穰殺瓠，物自然也。」又《種穀》：「其自然者，燒黍穰則害瓠。」

（12）時鳩正鳴其上。（《水經·濟水注》等）

按：《玉燭寶典》卷1、《類聚》卷92、《御覽》卷921引作「正」，《水經注》引作「止」。作「止」是，猶言棲息。

（13）禹入裸國，欣起而解裳。俗說：禹治洪水，乃播入裸國，君子入俗，不改其恒，於是欣然而解裳也。原其所以，當言皆裳。裸國，今吳郡是也，被髮文身，裸以為飾，蓋正朔所不及也，猥見大聖之君，悅禹文德，欣然皆著衣裳也。（《御覽》卷696）

按：《御覽》引「吳郡」作「吳即」。解、皆一聲之轉，《易·解》《彖傳》「雷雨作，而百果草木皆甲坼」，《文選·蜀都賦》李善注引鄭玄曰：「『皆』讀如人倦〔解〕之解。」是其例也。然當以「解」為正字，謂脫去也，指禹而言；應劭以「皆」為正字，指裸國而言，非是。《淮南子·原道篇》：「故禹之裸國，解衣而入，衣帶而出，因之也。」《劉子·隨時》：「禹入裸國，忻然而解裳，非欲忘禮，隨俗宜也。」《弘明集》卷12宋·范泰《與王司徒諸公論沙門倨食

書》：「日南絕韗裘之律，不可見大禹解裳之初。」《廣弘明集》卷 13《辨惑篇》：
「禹入裸國欣然解裳，姬伯適越而文身。」《書鈔》卷 129：「禹入裸國，欣然
解衣。」（未言出處）。皆作「解」之證。《呂氏春秋·貴因》：「禹之裸國，裸
入衣出，因也。」《史記·趙世家》：「昔者舜舞有苗，禹袒裸國，非以養欲而
樂志也。」亦都是說解衣裳而入裸國也。

（14）俗說：有美金於此，眾人咸其詆訾，言其不純，賣金者欲其必售，
　　　固取鍛燒以見真，此為眾口鑠金。（《類聚》卷 63、《史記鄒陽傳》
　　　《索隱》、《御覽》卷 811、《事文類聚》別集卷 21、《紀纂淵海》
　　　卷 50）

　　按：《類聚》卷 63 未引此文。《御覽》、《淵海》、《事文類聚》「咸其」作「咸
共」，《索隱》誤作「或共」，王氏誤「共」作「其」。《索隱》、《御覽》、《淵海》
均作「因取」，王氏誤作「固取」。

（15）錢刀。俗說：害中有利，利旁有刀，言人治生，卒多得錢財者，
　　　必有刀劍之禍也。（《事類賦》卷 10、《御覽》卷 836）

　　按：《御覽》「卒多得」，當據《事類賦》校「卒」作「率」。

（16）池中空竭，魚悉露見，但就取之，喻惡之滋，並中傷良謹也。
　　　（《類聚》卷 80 等）

　　按：①《類聚》卷 80、《御覽》卷 869、《事類賦注》卷 8 作「露見」，《類
聚》卷 96、《御覽》卷 935、《太平廣記》卷 466、《記纂淵海》卷 99 引作「露
死」（《淵海》出處誤作《論衡》）。②《御覽》卷 869、《事類賦注》作「取之」，
《類聚》卷 80 作「把之」。③《太平廣記》作「良謹」，《類聚》卷 96 作「量
謹」，《御覽》卷 935、《淵海》作「重謹」。「重」是「量」形誤。量，讀作良。

（17）因無得見兔鼠之無遺失於人屋下庭中。（《書鈔》卷 158）

　　按：《書鈔》「無得見兔」作「無見得免」，「屋下」作「屋上」。

（18）夜糶。俗說：市買者當清旦而行，日中交易所有，夕時便罷，無
　　　人也；今乃夜糶穀，明其癡駿不足也。凡靳不施惠者曰夜糶。（《御
　　　覽》卷 490、739、828）

　　按：《御覽》卷 490、739 作「糶」，卷 828 作「糴」。「糶」是「糴」分別

字，指交易米穀。包山楚簡簡 103「以貸郜關以糴糧」，「糴」亦用作「糴」。「凡靳」句只見卷 828，「施惠」作「敏惠」，讀作「敏慧」，「不敏慧」與上句「癡騃不足」對應。錢大昕（P365）、盧文弨（P482）、嚴可均（P675）輯本誤作「施惠」，王氏承其誤而未檢正。靳，固也，引申為吝惜。

（19）陳平諫楚千金，贈二疏五十斤，並黃金也。（《意林》、《御覽》卷
　　　633）

　　　王利器曰：錢大昕曰：「『諫』即『間』字，古通用。」《鍾山札記》卷 3 說同。（P609）

　　　按：盧文弨（P483）、嚴可均（P675）均採錢說。宋刊《御覽》作「間」，各本《意林》同，不知錢氏所據何本而云然？又《意林》、《御覽》「二疏」下有「金」字，盧文弨、嚴可均輯本脫，王氏承其誤而未檢正，錢大昕輯本不脫（P366）。

（20）《孝經說》：「古太平，蓂莢生階，其味酸，王者取以調味，後以醯
　　　醢代之。」（《意林》、《御覽》卷 866、872）

　　　按：《意林》未引。《御覽》引見卷 873，王氏誤其卷號作卷 872。《記纂淵海》卷 4 亦引之。《御覽》卷 866「王者」誤作「工者」。

（21）更出脯鮓，椒薑鹽豉。（《書鈔》卷 142、《御覽》卷 849）

　　　按：《御覽》作「鮓」，《書鈔》作「鱔」。「鱔」疑「鮺」形誤，「鮺」同「鮓」。

（22）大餓不在車飯。謂正得一車飯，不復活也。或曰：輔車上飯，小
　　　小不足濟也。案：吳郡名酒杯為蠡，言大餓人得一蠡飯，無所益
　　　也。寧相六，不守熟。案：蒸飯更泥謂之餾，音與六相似也。（《書
　　　鈔》卷 144、《御覽》卷 486、850）

　　　王利器曰：錢大昕曰：「『蠡』字見《方言》、《廣雅》，曹憲音又音反。」《拾補》云：「『更泥』，疑當從《說文》作『氣流』。」（P610）

　　　按：①錢氏引曹憲音作「又章反」，王轉錄誤矣。又《拾補》云云，盧氏亦是採用錢說，不知何故分引作二人說？②《御覽》卷 850 引「或曰：輔車上飯，小小不足濟也」，卷 486 未引此句，《書鈔》脫誤作「輔上飯，卜不齊」。③《風俗通》說「餾音與六相似」，此秦漢人音轉也。「六」與「陸」音同（陸從坴得聲，坴從六得聲）。《山海經·南山經》：「祗山有魚焉，其狀如

牛……其音如留牛，其名曰鯥。」《國語·越語下》：「五穀睦孰。」《舊音》「睦」作「稑」，馬王堆帛書《十六經·觀》作「溜」。又《證類本草》卷11中藥名「商陸」一名「章柳」，柳、留均從卯得聲。

④「更泥」未詳，待考。

（23）瘦馬不能度繩。俗說：馬羸不能度繩索，言其極也。或云：不能度菜畦塍也。謹案：齊有繩水，裁廣三四步，言馬之疲，乃不能度此水耳。（《類聚》卷93、《御覽》卷897）

王利器曰：「繩水」疑當作「澠水」。（P610）

按：《類聚》、《御覽》引「瘦馬」並作「疲馬」，王氏誤耳。《御覽》作「繩水」，宋刊《類聚》作「澠水」，王氏失校。「不能度」句《類聚》作「不能度種菜畦塍也」，《御覽》無「種菜」二字。如據《類聚》，則當補「種」字；如據《御覽》，則當刪「菜」字。古音「繩」、「勝」音轉，故有「畦塍」之說。

（24）芻稾肥美。（《御覽》卷897）

按：宋刊《御覽》作「芻藁豐美」。

（25）賣牛者勿握角，令不售。案：恐觸人，故人不敢取也。（《意林》、《事類賦》卷22、《御覽》卷899）

按：《意林》未引。《御覽》、《事類賦》引均無「敢」字。盧文弨（P484）、嚴可均（P676）輯本誤衍「敢」字，王氏承其誤而未檢正。錢大昕輯本不誤（P368）。

（26）如以鏡照日光，則影見壁，月初光見西方，月望後光見東北，一照也。（《御覽》卷6）

按：宋刊《御覽》無前二「光」字。

（27）凡人揉桑作車，又以榆為轂。（《書鈔》卷141）

按：《書鈔》「揉」作「柔」。

（28）今宴飲大會，皆先黍臛。（《書鈔》卷140、《御覽》卷850）

按：《書鈔》見卷144，王氏誤其卷號。

《嘉號》

（1）風者，天地之號令，譴告人君，風而靡者也。（《書鈔》卷 151）

按：《書鈔》無「地」字。

（2）狂風曰颭。（《初學記》卷 1、《御覽》卷 9、《事文類聚》前集卷
2、《合璧事類》前集卷 2）

按：《事文類聚》前集見卷 3，王氏誤其卷號。《記纂淵海》卷 2 亦引之。
各書「狂風」均作「猛風」，王氏誤耳。颭之言烈也、厲也，字亦作颭。

（3）鎌刀自葵，積錍蕘之效。（《御覽》卷 764）

王利器曰：《拾補》云：「『自』疑『刈』。」（P614）

按：錢大昕（P379）、嚴可均（P681）說同盧氏（P490）。宋刊《御覽》及
《王氏農書》卷 14 引作「自揆」。

（4）刻葦傷盜為槍。（《御覽》卷 354）

按：錢大昕（P379）、盧文弨（P490）、嚴可均（P681）、吳樹平（P399）、
朱季海（P308）諸家無說。考《玄應音義》卷 4、19 並引《通俗文》：「剡木
傷盜曰槍。」《慧琳音義》卷 44、56 轉錄同。《御覽》卷 337、《廣韻》「槍」
字條並引《通俗文》：「剡葦傷盜謂之槍。」則「刻」是「剡」形誤，出處是
《通俗文》。《御覽》卷 337 明著「服虔《通俗文》」，注明作者，則必非《風
俗通》。剡，削也，削木或葦使之尖銳謂之槍也。

（5）合繩為糾。（《史記·賈生傳》《索隱》）

按：《史記·賈生傳》《索隱》引《通俗文》：「合繩曰糾。」《御覽》卷 766
引同。王氏誤輯作《風俗通》。

（6）仗者，刀戟之總名也。（《慧苑音義》卷下）

王利器曰：《慧苑音義》卷中兩引俱作「《風俗記》」，此從卷下所引，卷下
亦兩引也。（P615）

按：《慧苑音義》卷上「器仗」條引作《風俗記》，又「鎧仗」條引作《風
土記》，又卷下「兵仗」條引作《風俗通》。《慧琳音義》卷 21「器仗」、「鎧
仗」條，又卷 23「兵仗」條轉錄同。《風俗記》是應劭《地理風俗記》省稱，
《風土記》周處所作，非《風俗通》佚文。

（7）匕首，其頭類匕，故曰匕首，短而便用也。（《史記・鄒陽傳》《索隱》、《通鑑釋文》卷1、5、12、26）

王利器曰：《文選・鄒陽・獄中上書》注、《史記》黃善夫本引作「《通俗文》」。（P615）

按：《史記・吳太伯世家》《索隱》、《類聚》卷60、《廣韻》「匕」字條、《御覽》卷346、《通鑑釋文》卷22引均作《通俗文》。

（8）矛長八尺謂之矟。（《書林事類韻會》卷92）

按：《白帖》卷16引《風俗通》：「矛長八尺謂之矟。」考《類聚》卷60引《通俗文》：「矛丈八者謂之矟。」《廣韻》「矟」字條、《御覽》卷354、《通鑑釋文》卷13、14、15、17、28、29引同。《釋名》：「矛長丈八尺曰矟，馬上所持，言其矟矟便殺也。」《玄應音義》卷2、4、11並引《埤蒼》：「矟長一丈八尺也。」《白帖》「《風俗通》」當作「《通俗文》」，「長」下脫「丈」字。

（9）耳珠曰璫。（《書鈔》卷135、《御覽》卷718）

王利器曰：任大椿曰：「《書鈔》、《御覽》引此皆作『《風俗通》』，乃『《通俗文》』之誤。」（P615）

按：任大椿說是，錢大昕（P380）、盧文弨（P490）、嚴可均（P681）亦說「疑出服虔《通俗文》」。《文選・贈何劭王濟》、《洛神賦》李善注二引服虔《通俗文》「耳珠曰璫」，明著作者，則必非《風俗通》。

（10）織毛褥謂之氍毹。（《廣韻・十虞》等）

吳樹平曰：周祖謨《廣韻校本》校勘記云：「『《風俗通》』乃『《通俗文》』之誤。《玄應音義》、《御覽》、《北戶錄》注均引此文作《通俗文》。見任大椿《小學鉤沉》卷7。」（P399～400）

按：《廣韻》字作「氍毹」。錢大昕（P380）、盧文弨（P490）、嚴可均（P681）均說「疑出服虔《通俗文》」，是也，《廣韻》誤。《玄應音義》卷14引《通俗文》：「織毛褥曰氍毹。」《慧琳音義》卷59轉錄同。海山仙館叢書本《玄應音義》卷2引「氍毹」條引《通俗》云：「織毛蓐也。」《慧琳音義》卷26轉錄同。《通俗》當指《通俗文》，而非《風俗通》，高麗本《玄應音義》引《通俗文》「織毛蓐曰氍毹」。《御覽》卷708、《緯略》卷4引《通俗文》：「織毛褥謂之氍毹。」「毹」當是「毹」形誤。「氍毹」、「氍毹」一聲之轉。

（11）丸毛謂之鞠。（《御覽》卷 754）

王利器曰：錢大昕曰：「疑出服虔《通俗文》。」（P616）

按：盧文弨（P490）、嚴可均（P681）說同錢氏，臧庸從盧說〔註81〕。宋刊《御覽》「鞠」作「鞠」。「丸毛」當是「毛丸」倒文。《文選·名都篇》李注引郭璞《三蒼解詁》云：「鞠，毛丸，可蹋戲。」《玄應音義》卷 22 引《三蒼》：「毱，毛丸，可戲笑者也。」《廣韻》：「毱，皮毛丸也。」

（12）笈，學士所以負書箱，如冠籍箱也。（《御覽》卷 711）

王利器曰：錢大昕曰：「題云『《風俗記》』。」（P616）

吳樹平曰：《御覽》引作「《風俗記》云」，「記」乃「通」之誤。（P400）

按：吳說專輒。《玄應音義》卷 3 引《風土記》：「笈，謂學士所以負書箱，如冠箱而卑者也。」《慧琳音義》卷 10 轉錄同。《風俗記》是應劭《地理風俗記》省稱（《御覽》引《陳留風俗記》則作全稱），《風土記》周處所作，均非《風俗通》。「籍」涉「箱」形誤而衍。

（13）兩角曰菱，四角曰芰，總謂之水栗。（《增修校正押韻釋疑·十六蒸》、《五寶》）

按：《離騷草木疏》卷 1、《紺珠集》卷 6、《咸淳毗陵志》卷 13、《類說》卷 42 引均出《武陵記》，疑《增韻》誤記出處。

（14）橙皮可為醬齏。（《御覽》卷 971）

按：《記纂淵海》卷 92、《全芳備祖》後集卷 4 亦引之。

《徽稱》

（1）秦時，六國未平，將帥皆家關中，故稱關內侯。（《御覽》卷 198）

按：《史記·呂太后本紀》《集解》亦引之。

（2）巴吾縣者，宋雜陳、楚地，故梁國寧陵種龍鄉也，今其都尉印文曰種龍。（《錦繡萬花谷》後集卷 36）

按：《萬花谷》「都」下原無「尉」字，係王氏誤增。《初學記》卷 26、《說郛》卷 62 引其文出《陳留風俗傳》。《萬花谷》當是誤記出處。

〔註81〕臧庸輯本《通俗文》，遼雅齋叢書本，第 13 頁。

（2）乘者，單夫之高爵。（《書鈔》卷 48）

　　王利器曰：此蓋指公乘。（P618）

　　按：《書鈔》「單夫」作「單夬」，不詳何義，疑有誤。

（3）大夫衣湊帶，不為正衛。（《書鈔》卷 48）

　　按：《書鈔》「湊」作「溙」。

（4）古制本無奴婢，奴婢皆是犯事者，或原之。奴者，劣；婢者，卑陋；
　　臧者，被臧罪，沒入為官奴婢；獲者，逃亡獲得，為奴婢者也。
　　（《類聚》卷 36 等）

　　按：《類聚》見卷 35，王氏誤記卷號。「奴者，劣」出《意林》卷 4，道藏本、指海本、學津討、同文書局叢書本、四庫本原本如此，榕園叢書本、清鈔本、聚珍本「劣」上有「頑」字。疑本無「頑」字，下句衍「陋」字，本作「婢者，卑」。《說文》：「婢，女之卑者也。」

（5）聖者，聲也，通也，言其聞聲知情，通於天地，條暢萬物，故曰聖
　　也。（《類聚》卷 20、唐寫本《唐韻·卅七勁》、《廣韻·四十五勁》）

　　王利器曰：《白虎通·聖人篇》「聖人者何？聖者，通也，道也，聲也，道無所不通，明無所不照，聞聲知情，與天地合德，日月合明，四時合序，鬼神合吉凶」云云。（P618）

　　按：王氏所謂《唐韻》，指蔣斧印本《唐韻殘卷》，引《風俗通》殘存「聖者，聲也（殘缺）聞聲知情，故曰聖」。《類聚》作「條暢」，《御覽》卷 401 引作「調暢」，調、條古音同。唐·湛然《止觀輔行傳弘決》卷 1 引《風俗通》：「聖者，聲也。以其聞聲知情，通天地，暢萬物故也。」《玉篇》、《廣韻》「聖」字條、《可洪音義》卷 3 並引《風俗通》：「聖者，聲也。聞聲知情，故曰聖也。」

（6）賢者，堅也，堅中廉外。（《御覽》卷 402）

　　按：《御覽》無「者」字。《詩·卷阿》孔疏引《說文》：「賢，堅也。以其人能堅正，然後可為人臣，故字從臤。」《韓子·十過》：「其為人也，堅中而廉外，少欲而多信。」

（7）儒者，區也，言其區別古今。（《後漢書·杜林傳》注）

　　按：《意林》卷 4 引《風俗通》：「儒者，區也，別古今賢愚。」疑李賢注

引脫「賢愚」二字。

（8）夫者，膚也，言其知能膚敏弘毅也，故曰丈夫。（《意林》）

按：《意林》「弘毅」作「弘教」。

（9）生子鄙陋，不似父母，曰不肖。（《意林》、《文選·報任少卿書》注）

按：《意林》引「曰不肖」下尚有「今人謙辭，亦曰不肖」八字，不知王氏何故刪除？

《心政》及其它

（1）天地遵化。（《書鈔》卷10、《御覽》卷77）

王利器曰：《書鈔》「遵」作「尊」。（P621）

按：《書鈔》引作「天地尊化」，《御覽》引《風俗通》：「顓者，專也。頊者，信也，愨也。言其承文，易之以質，使天下遵化，皆貴貞愨也。」今本《風俗通·皇霸》有其文，「遵化」作「蒙化」。則《書鈔》「天地」當作「天下」，是《皇霸篇》文，非佚文也。

（2）《易說》：「……三皇結繩，五帝畫像，三王肉刑，五霸黠巧，此言步驟稍有優劣也。」（《御覽》卷77、《天中記》卷11）

王利器曰：《拾補》曰：「『黠巧』二字疑。」（P622）

按：宋刊《御覽》引「《易說》」作「《易》稱」，「黠巧」作「黜巧」。他本作「黠巧」，《橘山四六》卷16、《喻林》卷18、《天中記》引同。「黠巧」不誤。《公羊傳·襄廿九年》何休注引孔子曰：「三皇設言民不違，五帝畫象世順機，三王肉刑揆漸加，應世黠巧姦偽多。」

（3）顏色厚，所顧盼若以親密也。（《文選·嵇叔夜·贈秀才入軍詩》注）

按：《文選》注，宋淳熙八年尤刻本作「盼」字，國圖藏宋刻本、四部叢刊影南宋本作「眄」，宋明州本作「眄」。此字當作「眄」為正。

（4）於是旅穀彌望，野繭被山。（《類聚》卷85、《御覽》卷837）

吳樹平曰：《類聚》「彌野」，《御覽》卷837作「彌望」。（P400）

按：《類聚》亦作「彌望」，吳氏誤校。旅，讀為秜，字亦音轉作穭、

稉，指不種而自生的野稻。《說文》：「秜，稻今年落，來年自生，謂之秜。」《繫傳》：「即今云穭生稻也。」字或借「離」、「薙」、「荔」為之〔註82〕。《後漢書·光武帝紀》：「至是野穀旅生，麻尗尤盛，野蠶成繭，被於山阜，人收其利焉。」李賢注：「旅，寄也。不因播種而生，故曰旅。今字書作『穭』，音呂，古字通。」又《五行志》：「建武野穀旅生，麻菽尤盛。」〔註83〕引申之，野外自生植物亦曰旅，《樂府詩集》卷25《紫騮馬歌辭》：「中庭生旅穀，井上生旅葵。」野外葵亦謂之旅也。

（5）丁壯小犢，跳梁弄角，飲水數石，生芻十束，當風路夜，至死不曲。（《御覽》卷899）

王利器曰：《拾補》曰：「『路』、『露』通。」器案：此疑是《易林》文，而《御覽》誤引，或應劭引用其文，而《御覽》佚其通之之文也。今本《易林·家人之震》云「黃牛驊犢，東行折角」云云，《艮之屯》云「蹇牛折角，不能載角」云云，文俱與此相似。（P622）

按：宋刊本、仿宋本、四庫本《御覽》「路夜」作「露夜」，盧文弨所據乃誤本。

（6）舟漂汎似散蓮花。（《書鈔》卷137）

按：疑《書鈔》誤記出處，當是出《風土記》。《御覽》卷770、《事類賦注》卷16引周處《風土記》：「浩漂者，言舡之在水，如蓮花散落浮於川也。」粟香室叢書本《陽羨風土記》：「漂帆（汎）如散蓮花。漂帆（汎）者，言船之在水，如蓮花散落浮於川也。」

2021年2月23日～3月31日初稿，4月1日～4月4日二稿。

〔註82〕 參見蕭旭《〈越絕書〉古吳越語例釋》，收入《群書校補（續）》，花木蘭文化出版社2014年版，第2014～2015頁。

〔註83〕 《御覽》卷90引《東觀漢記》同，《類聚》卷85引《東觀漢記》「旅」誤作「旋」。

《白虎通》校補

　　東漢班固撰《白虎通》，又稱作《白虎通義》、《白虎通德論》。有清以降，學者校理研究此書的著作大致有如下者：盧文弨《白虎通》校正本並附《闕文》、《校勘補遺》〔註1〕，王紹蘭《白虎通雜記》〔註2〕，洪頤煊《白虎通叢錄》〔註3〕，陳立《白虎通疏證》〔註4〕，孫星華《白虎通義校勘記》〔註5〕，孫詒讓《白虎通義札迻》、《白虎通校補輯補》〔註6〕，劉師培《白虎通義斠補》附《闕文補訂》、《佚文考》、《白虎通義定本》、《白虎通義源流考》、《白虎通德論補釋》〔註7〕。

〔註1〕盧文弨《白虎通》校正本並附《闕文》、《校勘補遺》，《抱經堂叢書》盧氏刊本；又收入《叢書集成初編》第238～239冊影印，商務印書館民國25年初版。其中《闕文》是莊述祖輯，盧文弨訂。

〔註2〕王紹蘭《白虎通雜記》，收入《讀書雜記》，《叢書集成續編》第18冊，新文豐出版公司1988年印行，第122～123頁。

〔註3〕洪頤煊《白虎通叢錄》，收入《讀書叢錄》卷16，《續修四庫全書》第1157冊，上海古籍出版社2002年版，第703～705頁。

〔註4〕陳立《白虎通疏證》，光緒元年淮南書局刊本，收入《續修四庫全書》第1142冊，上海古籍出版社2002年版，第205～382頁；又中華書局1994年吳則虞點校本。

〔註5〕孫星華（一名詠裳）《白虎通義校勘記》，收入《叢書集成續編》第16冊，上海書店1994年版，第457～502頁；又收入《叢書集成續編》第6冊，新文豐出版公司1988年版，第367～417頁。二者均是影印《關中叢書》本。本文標示上海書店版頁碼。

〔註6〕孫詒讓《白虎通德論札迻》，收入《札迻》卷10，中華書局1989年版，第324～332頁。孫詒讓《白虎通校補輯補》，收入《籀廎遺著輯存》，中華書局2010年版，第48～149頁。本文分別稱作《札迻》、《輯補》。孫氏所稱元本指大德本，孫氏未見國家圖書館所藏之元刻本。

〔註7〕劉師培《白虎通義斠補》附《闕文補訂》、《佚文考》、《白虎通義定本》（僅存

　　余所見《白虎通》版本有：上海圖書館藏元大德九年無錫州學刻本《白虎通德論》十卷（省稱作元大德本）〔註8〕，《四部叢刊》影印江安傅氏雙鑑樓藏元大德覆宋監本（省稱作四部本），國家圖書館藏元刻本《白虎通》二卷（省稱作元刻本），明程榮《漢魏叢書》本《白虎通德論》二卷（省稱作程本），明吳琯《古今逸史》本《白虎通德論》二卷（省稱作吳本），日本內閣藏江戶刊本明郎壁金《訂定白虎通德論》四卷（省稱作郎本），清盧文弨《抱經堂叢書》本《白虎通》四卷（省稱作盧本），《四庫全書》本《白虎通義》（省稱作四庫本），清徐乃昌《隨庵叢書》本《白虎通德論》，清光緒間崇文書局輯刻《子書百家》本《白虎通德論》，民國宋聯奎《關中叢書》本《白虎通》。

　　茲依吳則虞點校陳立《疏證》本為底本作校補。任銘善指出：「陳氏治《白虎通》略於校讎，徒取盧氏之本，而往往捨精取麤，未為善擇。」〔註9〕據我粗略考察，有大量各本不誤而陳立《疏證》本獨誤的情況，按篇分類舉證如下：

　　（1）《社稷》「土生萬物，天下之所王也」（P91），各本「王」作「主」。

　　（2）《禮樂》「斯涉句胎」（P104），各本「句」作「刳」。

　　（3）《封公侯》「人有三等，君、父、師」（P131），各本「等」作「尊」；劉師培《補釋》曰：「『等』為『尊』字之訛。」（P795）劉氏據誤本說之，而未檢元刻諸本。

　　（4）《五行》「水者，陽也」，吳則虞說據文義改「陽」作「陰」（P169），其實各本都作「陰」不誤。《五行》「其神祝融，屬續也」（P177），各本「祝融」下復有「祝融者」三字。

　　（5）《三軍》「國必三軍何」（P199），各本「必」作「有」，《御覽》卷298引同。《三軍》「三軍者何法？天、地、人也」（P199），各本「天」前有「法」字」，《御覽》卷298引同。

前三卷）、《白虎通義源流考》、《白虎通德論補釋》，收入《劉申叔遺書》，江蘇古籍出版社1997年版，第1060～1134頁；又分別收入中華書局本陳立《白虎通疏證》附錄三——八，第610～812頁。本文標示附錄頁碼。

〔註8〕陳立《白虎通疏證》中華書局1994年點校本《出版說明》「大德九年」誤作「大德五年」。

〔註9〕任銘善《籀廎〈白虎通德論〉校文題記》，收入《無受室文存》，浙江大學出版社2005年版，第213頁。

（6）《諫諍》「聖人之制，無塞賢之路」（P228），各本「聖人」作「聖王」。《諫諍》「《論語》曰」（P239），各本「論語」上有「故」字。《諫諍》「畢力賞罰，以定厥功」（P240），各本「畢」作「必」。《諫諍》「以為父子一體，榮恥相及」（P241），各本「一體」下有「而分」二字。

（7）《鄉射》「勝負俱降，以宗禮讓」（P246），各本「宗」作「崇」，《御覽》卷746引同。《鄉射》「夫射者，發近而制遠也」（P246），各本「夫射」作「夫勝」，《御覽》卷746引同。《鄉射》「所以扶助微陽而抑其強」（P246），各本「陽」作「弱」。《鄉射》「欲陳孝弟之德以示天下也」（P248），各本「弟」作「悌」。《鄉射》「不但言老，言三何？欲其明於天地人之道而老也。五更者，欲其明於五行之道而更事也」（P250），各本二「欲」下均有「言」字。

（8）《辟雍》「帝顓頊師綠圖」（P255），各本「帝顓頊」上有「《傳》曰：黃帝師力牧」七字。《辟雍》「以不教民戰，謂棄之」（P263），各本「謂」上有「是」字。《辟雍》「九宮法九州」（P266），各本「宮」作「室」。

（9）《耕桑》「卿大夫七推」（P276），各本「卿大夫」下有「士」字。

（10）《巡狩》「為天下巡行守牧民也」（P289），各本「巡」作「循」，《通典》卷54引同。《巡狩》「恐遠近不同化，幽隱不得所者」（P289），各本「不得」上有「有」字，《通典》卷54、《類聚》卷39、《初學記》卷13、《御覽》卷537引同（《類聚》出處誤作《風俗通》）。

（11）《考黜》「皆隨其德，可行而次」（P302），各本「次」作「賜」。《考黜》「九賜習其賜者何」（P312），各本「九賜」上有「諸侯有」三字。《考黜》「惡人貪狠重土」（P314），各本「貪狠」作「貪狼」。《考黜》「君子不備責童子焉」（P314），各本「焉」作「也」。

（12）《王者不臣》「當其為師，則弗臣也」（P319），各本「弗」作「不」。《王者不臣》「升階自西階」（P321），各本「升階」作「升降」。

（13）《蓍龜》「天子下至士，皆有蓍龜者，重事決疑，亦不自專」（P327），各本「亦」作「示」；劉師培《補釋》說「亦」當作「示」（P801），劉氏據誤本說之，而未檢元刻諸本。

（14）《聖人》「德降所興」，吳則虞說據《含文嘉》改「降」作「澤」（P340），其實各本都作「澤」不誤。

（15）《瑞贄》「珪以為信何」（P350），各本「信」下有「者」字。

（16）《三正》「文家先其文，質者先其質」（P361），各本「文家」作「文

者」，本書《三軍》同。《三正》「陽氣始施黃泉，動微而未著也」（P363），各本「動微」上有「萬物」二字。《三正》「事莫不先有質性，後乃有文章也」（P368），各本「後乃」作「乃後」。

（17）《三教》「民有質樸，不教而成」（P371），各本「而」作「不」；劉師培《補釋》說「而」當作「不」（P803），劉氏據誤本說之，而未檢元刻諸本。《三教》「忠形於悃忱故失野」（P372），各本「忱」作「誠」。

（18）《三綱六紀》「父之昆弟，不俱謂世父」（P379），各本「謂」下有「之」字。

（19）《性情》「性情者，何謂也」（P381），各本篇名及此首句「性情」均作「情性」。《性情》「仁義禮智信也」（P382），各本「信」下有「是」字。《性情》「或曰：舌者心之候，耳者腎之候」（P386），各本「舌」作「口」。

（20）《壽命》「冉伯牛危言正行，而遭惡疾，孔子曰：『命矣夫！斯人也而有斯疾也，斯人也而有斯疾也！』」（P392）各本「危行正言」作「危言正行」，又「斯人也」句不重出。《壽命》「儡儡然如喪家之狗」（P393），各本無「然」字。

（21）《宗族》「四者，謂父之姓為一族也」云云（P398），各本「四者」前有「父族」二字。

（22）《姓名》「以紀其族」（P401），各本「紀」作「記」，《御覽》卷362、《玉海》卷50引同。《姓名》「湯生於夏時」（P410），各本「時」作「世」。《姓名》「任天地之數五」（P413），各本「任」作「經」。

（23）《天地》「地者，易也。萬物懷任，交易變化也」（P420），各本「萬物懷任」上有「言養」二字。《天地》「然後判清濁」（P421），各本「判」上有「剖」字。

（24）《衣裳》「衣者，隱也；裳者，彰也」（P433），各本「彰」作「鄣」。《衣裳》「續繪為結於前」（P435），各本「繪」作「繒」。

（25）《五刑》「禮不下庶人者」（P443），各本「下」作「及」。

（26）《五經》「禮樂廢壞」（P444），各本「樂」作「義」。《五經》「俯則觀法於地」（P447），各本「觀」作「察」。《五經》「潔靜精微」（P448），各本「靜」作「凈」。

（27）《嫁娶》「女二十肌膚充盈」（P453），各本「盈」作「盛」，《通典》卷59、《禮記·曲禮》疏、《御覽》卷541、《路史》卷5羅苹注引同。《嫁娶》

「國同以德，德同以色」（P471），各本「國同」作「國等」。《嫁娶》「質家為天尊左，文家法地尊右」（P471），各本「為天」作「法天」。《嫁娶》「義不可求人為賤也」（P471），各本「為」上有「以」字。《嫁娶》「曰備洒埽」（P474），各本「洒埽」作「掃灑」（元刻本「灑」作「洒」）。《嫁娶》「王者嫁女，必使同姓主之何」（P478），各本「同姓」下有「諸侯」二字。《嫁娶》「天子嫁女于諸侯，心使諸侯同姓者主之」（P479），各本「心」作「必」。

（28）《紼冕》「陽氣受化翃張」（P499），各本「陽氣」作「施氣」，《御覽》卷685引同。

（29）《喪服》「三年之喪不以閏月數何？以言其期也」（P509），各本「言其」作「其言」。《喪服》「周公、伯禽則有為為之也」（P521），各本「周」作「魯」，「魯公伯禽」是一人。《喪服》「志乃全身」（P524），各本「乃」作「在」。

（30）《崩薨》「禮始于皇帝，至舜堯而備」（P535），各本「皇帝」作「黃帝」，「舜堯」作「堯舜」。《崩薨》「堯皆僭痛之」（P535），各本「僭」作「憯」。《崩薨》「臣子悲哀慟怛，無不欲觀君父之棺柩，盡悲哀者也」（P537），各本「無不」作「莫不」。《崩薨》「童子諸侯不朝而奔來喪者何」（P538），各本「奔來」作「來奔」。《崩薨》「一日之時，屬纊於口上，以俟絕氣」，又下文「以俟絕氣」（P546），各本「俟」作「候」。《崩薨》「三日之時，魂氣不返，終不可奈何」（P546），各本「返」作「還」。《崩薨》「主人宜在阼階」（P550），各本無「階」字。

陳立徵引文獻，既不出卷號或篇名，又復多所竄改，吳則虞氏於原文引用錯漏處有所校正。但吳氏點校本錯譌甚多，劉青松已經舉證數十例〔註10〕，多可信從。茲再舉首篇《爵》顯著者數例：

（1）陳立《疏證》曰：「《御覽》引應劭《漢官儀》云：『號曰皇帝，道舉措審諦，父天母地，為天下主。』」（P2）按：《御覽》卷76引應劭《漢官儀》曰：「皇者，大帝（也），言其煌煌盛美。帝者，德象天地，言其能行天道，舉措審諦，父天母地，為天下主。」又卷77引應劭《風俗通》：「《尚書大傳》：『帝者，任德設刑，以則像之，言其能行大道，舉措審諦也。』」陳氏引「言

〔註10〕劉青松《〈白虎通疏證〉白文句讀失誤例析》，《勵耘學刊（語言卷）》2013年第1輯，第67～78頁。劉青松《〈白虎通疏證〉點校本白文校勘失誤例析》，《河北大學學報》2014年第3期，第69～73頁。

其能行天道」脫成一「道」字，屬下句，殊不成句。

（2）陳立《疏證》曰：「《說文・彳部》『徂』字下，引『勛』乃『徂』。蓋孔壁之古文。」（P4）當標點作：「《說文・彳部》『徂』字下引『勛乃徂』，蓋孔壁之古文。」今《說文》「爼」字下引「勛乃爼」，陳氏引文亦不準確。

（3）陳立《疏證》曰：「《釋名》云：『公，廣也。惟廣故能通。』」（P8）「惟廣故能通」五字非《釋名》之文，是陳立語，當放在引號外面。

（4）陳立《疏證》曰：「《修務訓》：『何以為公論，謂通論也。』」（P8）「謂通論也」四字是陳立語，當放在引號外面。其餘錯謬處極多，不能盡作校正。

下列數種著作余未見：嚴元照《校盧刊本〈白虎通〉》，吳騫《白虎通校稿》，張金吾《白虎通注》，汪遠孫《手校白虎通》，黃廷鑑《白虎通德論校注》，李文田《手批白虎通》，許克勤《手校白虎通疏證》，王國維《校白虎通德論》，吳梅《校白虎通德論》，潘景鄭《白虎通校本》〔註11〕。

本文引用類書版本如下：《古逸叢書》景日鈔本《玉燭寶典》，孔廣陶校刻本《北堂書鈔》（省稱作《書鈔》），古香齋本《初學記》，南宋刻本《藝文類聚》（省稱作《類聚》），南宋刻本《白氏六帖事類集》（省稱作《白帖》），景宋本《太平御覽》（省稱作《御覽》），南宋刻本《事類賦注》，四庫本《記纂淵海》（如據宋殘本則標示宋刊）。

卷一《爵》

（1）何以知帝亦稱天子也，以法天下也

吳則虞曰：上「也」字原脫，據盧校本、《白虎通義定本》補。（P4）

按：元大德本、元刻本、程本、吳本俱有上「也」字。

（2）五十里有兩爵者，所以加勉進人也。小國下爵，猶有尊卑亦以勸人也

按：本書《諡》云「所以進勸成德」。「勉進」、「進勸」均複詞。進亦勉也，勸也。

〔註11〕此上均據嚴靈峰《周秦漢魏諸子知見書目》卷5，中華書局1993年版，第432～443頁。

卷二《號》

（1）故《尚書》曰：帝曰「諮四岳」，王曰「裕汝眾」。

陳立曰：「帝曰」之文見《堯典》，「王曰」文未詳何篇。案《盤庚》有「裕汝眾」之語。格、裕形近，或相涉而訛。又格、裕同韻，或聲近而誤也。（P47）

按：盧文弨曰：「裕，今作格。」段玉裁曰：「『裕』者『格』字之誤。」陳喬樅說同〔註12〕。朱駿聲曰：「《廣雅》：『裕，容也。』《書·盤庚》『裕汝眾』，今本作『格』。《吳語》：『裕其眾庶。』」〔註13〕劉師培《斠補》曰：「程本、郎本挩『帝曰』二字。」（P619）元大德本、四部本、元刻本、程本、吳本、郎本、四庫本均無「帝曰」及「王」字，「裕」作「裕」（四庫本作「格」），作「故《尚書》曰『諮四岳』，曰『裕汝眾』」。「裕」是「格」形譌，當一字為句。朱駿聲牽附《吳語》「裕其眾庶」，改《盤庚》「格」作「裕」，非是。《書·盤庚上》：「王若曰：『格！汝眾。予告汝訓。』」又《湯誓》：「王曰：『格！爾眾庶。悉聽朕言。』」又《舜典》：「帝曰：『格！汝舜。詢事考言。』」又《大禹謨》：「帝曰：『格！汝禹。朕宅帝位，三十有三載。』」《潛夫論·五德志》：「堯乃禪位，曰：『格！爾舜。天之曆數在爾躬。』」均足證「格」字是。格者，來也，至也，呼其前近之詞，含有命令語氣。《書·益稷》：「帝曰：『來！禹。汝亦昌言。』」又《呂刑》：「王曰：『吁！來！有邦有土。告爾祥刑。』」文例皆同，足證「格」即「來」也。本字作假，《說文》：「假，至也。」《爾雅》：「格，至也。」字亦音轉作假、徦。《方言》卷1：「假、徦，至也。邠唐冀兗之閒曰假，或曰徦。」

（2）臣下謂之一人何？亦所以尊王者也。以天下之大、四海之內，所共尊者一人耳

陳立曰：舊無「下」字，盧據《王制》《正義》補。（P47）

按：指補「臣下」之「下」，非「天下」之「下」，陳說殊不分明。又《禮記·曲禮下》《正義》引此文作「臣下」，盧氏誤作《王制》《正義》，陳氏未作檢正。

〔註12〕段玉裁《古文尚書撰異》卷6，收入阮元《清經解》卷573，上海書店1988年版，第4冊第58頁。陳喬樅《今文尚書經說考》卷6，收入《續修四庫全書》第49冊，上海古籍出版社2002年版，第332頁。
〔註13〕朱駿聲《說文通訓定聲》「裕」字條，武漢市古籍書店1983年版，第372頁。

（3）故《尚書》曰：「不施予一人。」

陳立曰：所引《尚書》者，不知何篇。盧云：「疑即《盤庚》『不惕予一人』之駁文，以『惕』有他計切一音，故亦可轉為『施』也。」案惕從易聲，轉平聲則入支韻。施從也得聲，古麻、支韻多相轉，故得轉惕為施也。（P47）

按：段玉裁指出：「古文《尚書》作『惕』，今文《尚書》作『施』。『施』與『惕』同在歌、支一類。」〔註14〕孫詒讓《斠補》從段說（P58）。洪頤煊曰：「《詩‧皇矣》『施于孫子』，鄭箋：『施，猶易也，延也。』施讀為弛，《爾雅‧釋詁》：『弛，易也。』郭璞注：『相延易。』《盤庚》『惕』當作『易』，與此『施』字義合。」（P703）劉師培《斠補》曰：「『施』、『易』二字古多互通……此疑『德不逿君』之誼，與作『惕』誼殊。」（P619～620）劉師培《定本》、《補釋》說略同（P760、790）。段說是，洪、劉說非是。施，讀作惕，畏懼也。《墨子‧尚賢上》「莫不敬懼而施」，俞樾曰：「施，當讀為惕。」〔註15〕

（4）臥之訑訑，起之吁吁

陳立曰：《莊子‧盜跖篇》：「神農之代，臥則居居，起則于于。」（P51）

按：劉師培《定本》改「吁吁」作「訏訏」（P760）。《莊子‧應帝王》：「其臥徐徐，其覺于于。」《釋文》：「徐徐，如字，崔本作『祛祛』。于于，如字。司馬云：『徐徐，安穩貌。于于，無所知貌。』簡文云：『徐徐、于于，寐之狀也。』」《淮南子‧覽冥篇》：「臥倨倨，興眄眄（盱盱）。」〔註16〕《論衡‧齊世》：「臥者居居，坐者于于。」又《自然》：「坐者于于，行者居居。」此作「訑訑」，與崔譔本《莊子》作「祛祛」相合。徐、居、倨、祛、訑並一聲之轉。

（5）祝者，屬也；融者，續也。言能屬續三皇之道而行之，故謂祝融也

陳立曰：祝、屬、注三字義通。融為續者，古文「續」作「賡」，賡從庚得聲，故庚亦訓續。庚亦得訓明，以融亦訓明也。又融亦訓長，與續義相近，故《路史》注引《鉤命決》云「祝融氏樂有祝續」也。（P52）

〔註14〕段玉裁《古文尚書撰異》卷6，收入阮元《清經解》卷573，上海書店1988年版，第4冊第59頁。

〔註15〕俞樾《墨子平議》，收入《諸子平議》卷9，上海書店1988年版，第169頁。

〔註16〕王念孫據校「眄眄」為「盱盱」，是也。王念孫《淮南子雜志》，收入《讀書雜志》卷13，中國書店1985年版，本卷第29頁。

按：《路史》注見卷 8，《禮記‧樂記》孔疏亦引《五行鈎命決》：「祝融樂為祝續。」本書《五行》亦云：「祝融者，屬續。」檢《玉燭寶典》卷 4 引《春秋元命苞》：「其帝祝融。祝融者，屬續也。」又引宋均注：「不言其帝炎而言祝融者，義取屬續也。」說與班氏相合。「祝者，屬也」、「融者，續也」都是聲訓。「祝，屬也」無煩舉證。「融，續也」者，陳說「古文續作賡，賡從庚得聲」是也，餘說頗為迂曲。朱駿聲曰：「融，叚借為庸。《白虎通》云云，庸從庚，故為續。」〔註17〕朱說是也，馬王堆帛書《五星占》、《天文氣象雜占》有「祝庸」，即「祝融」。東北風曰「融風」（《呂氏春秋‧有始》、《淮南子‧墜形篇》高誘注），馬王堆帛書《刑德占》作「康風」，康亦從庚得聲。《爾雅‧釋天》邢昺疏引孫炎曰：「肜者，相尋不絕之意。」《公羊傳‧宣公八年》何休注：「肜者，肜肜不絕。」《玉篇殘卷》「肜」字條引《白虎通》：「昨日祭之，恐禮有不備，故復祭也。肜猶言肜肜，若從天下也。」「肜肜」即「融融」，俗變作「肜肜」，訓作不絕，亦是讀作「賡」。

卷二 《謚》

（1）謚之為言引也，引列行之迹也。所以進勸成德，使上務節也

陳立曰：《御覽》卷 562 引「務」下有「禮」字。《通典》引《五經通義》云：「謚者，死後之稱，累生時之行而謚之。善行有善謚，惡行有惡謚，所以為勸善戒惡也。謚之言列，陳列其行，身雖死，名常存也。」……《御覽》引《禮〔記〕外傳》云：「謚者，行之迹也。累積平生所行事善惡而定其名也。」以謚為引者，引取伸長之義，言其伸明詳列生前之行，而為之謚也。《釋名》：「謚，曳也。物在後為曳，名之於人亦然。」（P67～68）

按：劉師培《斠補》曰：「《原本玉篇‧言部》引作『謚之言烈』，《慧琳音義》引作『謚之言列也』。是『言引』當作『言列』。」（P623）劉師培《定本》說同（P765）。《通典》卷 104 引《五經通義》作「謚之言列，陳列所行。善行有善謚，惡行有惡謚，以為勸戒也」，未引「身雖死，名常存也」句；《類聚》卷 40、《御覽》卷 562 引作「謚者，死後之稱。累生時之行而謚之。生有善行，死有善謚，所以勸善戒惡也。謚之言列，〔列〕其所行〔註18〕，身雖死，名常存。」陳氏引文不準確。本書「謚之為言引也」，《玉篇殘卷》「謚」

〔註17〕朱駿聲《說文通訓定聲》，武漢市古籍書店 1983 年版，第 41 頁。
〔註18〕「列」字當重，據《永樂大典》卷 13345 引補。

字條引作「諡之言烈」，又引《釋名》：「諡，申也，申理述見於後也。」《玄應音義》卷 13、《慧琳音義》卷 57 引作「諡之言列也」，又引《釋名》：「諡，申也。物在後為申，言名之於人也。」「諡」是正字。《御覽》卷 562 引作「諡之為言引也，引列行之迹也，所以進勸威德，使上務禮節」，劉師培《定本》指出「威」是「成」形誤（P766），《類聚》卷 40 引《說題辭》作「所以追勸成德」，「成」字不誤。劉師培說本書「諡之為言引也」之「引」當作「列」是也，《五經通義》「諡之言列」亦是其證，《御覽》卷 562 引已誤；《玉篇殘卷》作「烈」，是「列」增旁字。「諡」從益得聲，影母字。影母轉喻母則為「曳」，轉疑母則為「列」。「諡之言列」與《釋名》「諡，曳也」都是聲訓。曳、列亦是一聲之轉，《荀子·哀公》「兩驂列，兩服入廐」，《家語·顏回》「列」作「曳」。「撇曳」轉語作「撇烈」、「撇捯」、「潝洌」。均其音轉之證。《玉篇殘卷》等引《釋名》作「諡，申也」，「申」當是「曳」形誤。王仁俊、丁山、胡楚生據《玄音》、《慧琳》引文說「曳」當改作「申」，任繼昉引《玉篇殘卷》以證諸說〔註19〕，非是。「申」、「列」不得為異文。「諡」之語源，另有三說，與本書及《五經通義》不同。陳氏已引《禮記外傳》「累積平生所行事善惡而定其名也」及《五經通義》「累生時之行而諡之」。《書·堯典》序孔疏引《周書·諡法》：「諡者，累也。累其行而號也，隨其行以名之。」《說文》：「誄，諡也。」《釋名》：「誄，累也。累列其事而稱之也。」是諡亦言累也。此一說也。《詩·文王》《釋文》：「諡音示，慎也，悉也。生存之行，終始悉錄之，以為諡也。」《書鈔》卷 94、《御覽》卷 562 引《大戴禮·諡禮》：「諡，慎也，〔悉也〕。以人行之始終悉慎錄之，以為名也。」「諡，悉也」亦是聲訓。此二說也。《書鈔》卷 94 引《大戴禮·諡禮》：「將葬作諡者，行之迹也。」「諡，迹也」亦是聲訓。此三說也。

卷三《禮樂》

（1）朝離者，萬物微離地而生

陳立曰：朝離，或作「侏離」、「朱離」。（P110）

按：孫詒讓《輯補》曰：「朝，元本、葛本、何本作『侏』。」（P66）劉師培《斠補》曰：「『朝離』各本作『侏離』，《明堂位》疏正引作『朝』。」

〔註19〕任繼昉《釋名匯校》，齊魯書社 2006 年版，第 347 頁。

（P632）四部本、元刻本、程本、吳本、郎本亦作「侏離」。本篇上文引《樂元語》「東夷之樂曰離」，《禮記・明堂位》孔疏引「離」作「朝離」。盧校本據孔疏引改此文作「朝離」。《御覽》卷 567 引《五經通義》：「東夷之樂曰侏離……東方所謂侏離者何？陽〔氣〕始通，萬物之屬離地而生，故謂之侏離。」〔註 20〕然則元本作「侏離」不煩改也。《詩・鼓鍾》毛傳：「東夷之樂曰昧……西夷之樂曰朱離。」《禮記・文王世子》疏引《鉤命決》同，《周禮・旄人》疏引《孝經緯》「朱離」作「株離」，蔣斧印本《唐韻殘卷》「儛」條引《孝經〔緯〕》作「儸」。雖是西夷之樂名，與本書有異，但亦足證「侏離」不煩改也。《禮記・明堂位》孔疏云：「《白虎通》云『朝離』，則『株離』也。」朱駿聲曰：「朝離，按猶『兜離』、『侏離』也。」〔註 21〕朝、朱（侏）、兜並一聲之轉。「嘲哳」轉語作「袜嗒」〔註 22〕，是其比也。

（2）故《尚書大傳》曰：「搏拊鼓，裝以秉。」

陳立曰：裝以糠，舊作「裝以秉」，依盧改。《周禮・太師》疏云：「《白虎通》引《大傳》：『拊革，裝之以糠。』今《書傳》無者，在亡佚中。」又《禮・樂記》注正作「裝以糠」。（P117）

按：各本作「振以秉」，陳氏誤校，盧校本不誤。劉師培《斠補》從盧說（P633）。陳壽祺輯本《尚書大傳》引孔廣林說，亦校作「裝以糠」〔註 23〕。諸家校「秉」作「康（糠）」，是也。秉、康形近相譌〔註 24〕。余謂「振」字不誤，振讀為牣，滿也，作動詞用，即塞滿、充實義。《書・益稷》孔傳：「搏拊，以韋為之，實之以糠，所以節樂。」《禮記・明堂位》鄭玄注：「拊搏，以韋為之，充之以糠，形如小鼓。」《御覽》卷 584 引《大周正樂》：「撫相，以韋為之，實以糠，撫之以節〔樂〕也。」

（3）角者，躍也，陽氣動躍

陳立曰：《律志》云：「角，觸也。物觸地而出，戴芒角也。」《風俗通》

〔註 20〕《類聚》卷 41 引首句，形近而誤作「抹離」。
〔註 21〕朱駿聲《說文通訓定聲》，武漢市古籍書店 1983 年版，第 252 頁。
〔註 22〕參見蕭旭《生經校補》。
〔註 23〕陳壽祺輯本《尚書大傳》，中華書局 1985 年版，第 35 頁。
〔註 24〕相譌之例參見蔡偉《利用俗字校勘古書舉例》，《中國文字學報》第 9 輯，2018 年版，第 117 頁。

引《鐘律書》同。諸書皆取角觸為義，與此微異，皆取疊韻為訓，故各述所聞也。（P120）

　　按：《廣雅》：「角，觸也。」亦是聲訓。此文上「躍」字疑當作「觸」，讀作「角者，觸也，陽氣動躍」。本書《五行》「木之為言觸也，陽氣動躍」（《御覽》卷952引《春秋元命苞》脫「陽」字，餘同），與此文例相同。角音於五行屬木（見《風俗通·聲音》），故本書「角」、「木」均訓「觸也」，不當異訓。

（4）羽者，紆也，陰氣在上，陽氣在下

　　陳立曰：《律志》云：「羽者，宇也，物聚藏宇覆之也。」《鐘律書》同。《爾雅》《釋文》引「紆」作「舒」。盧云：「『紆』當作『紓』。『紓』與『舒』同。」（P120）

　　按：盧說見《校勘補遺》，孫星華（P474）、劉青松從盧說〔註25〕，非是。王麗俊將「紆」解作「彎曲」、「回轉」〔註26〕，亦誤。①《漢紀》卷14亦作「羽者，宇也，物聚〔藏〕而覆宇之也」。紆，讀作宇。《國語·晉語四》韋昭注：「宇，覆也。」故劉歆《鐘律書》、《律曆志》以複詞「宇覆」釋之。「羽，宇也」是聲訓，本書《紼冕》「謂之冔者，十二月之時，陽氣受化詡張，而後得牙，故謂之冔。」以「冔」、「詡」為聲訓。《儀禮·有司》鄭玄注：「膴，讀如殷冔之冔。」《禮記·少儀》鄭玄注：「膴讀如冔。」《漢書·張敞傳》顏注引孟康曰：「憮，音詡。」《釋名》：「宇，羽也，如鳥羽翼自覆蔽也。」《詩·韓奕》「川澤訏訏」，《玉篇殘卷》「詡」字條引「訏訏」作「詡詡」，《白帖》卷2、《御覽》卷37引作「潃潃」。《論衡·骨相篇》說孔子「反羽」，牟融《理惑論》作「反頨」，本書《聖人》及《論衡·講瑞篇》、《劉子·命相》作「反宇」。《史記·孔子世家》說孔子「圩頂」，《路史》卷19作「頨頂」。均其音轉之證。②《爾雅·釋樂》《釋文》引作「羽，舒也」者，非引本篇，乃引本書《五行》：「羽之為言舒，言萬物始孳。」《晉書·樂志》：「羽之為言舒也，言陽氣將復，萬物孳育而舒生也。」《玉燭寶典》卷10：「羽者，舒也，言物始孳。」此又一說也。

〔註25〕劉青松《〈白虎通〉義理聲訓研究》，商務印書館2018年版，第111、223頁。
〔註26〕王麗俊《〈白虎通義〉聲訓研究》，華中師範大學2004年碩士學位論文，第41頁。

（5）柷，乾音也

　　吳則虞曰：據陳《疏》文，「柷」下當有「敔」字。（P121）

　　按：各本「柷」下都有「敔」字，陳立《疏證》本正文偶脫。

（6）匏之為言施也，牙也，在十二月，萬物始施而牙

　　陳立曰：《禮・郊特牲》《釋文》：「匏竹，笢笛也。」則匏之中又有笢。《淮南・時則訓》注：「笢讀為池澤之池。」池有施音，輾轉相訓，得釋為施也……匏、瓠名異實同，瓠又叚為壺，壺、牙同韻，故匏又釋為牙也。「牙也」二字舊脫，又「而牙」誤「而勞」，盧據《初學記》補正。（P123）

　　按：孫詒讓《輯補》曰：「匏，《初學記》引作『笙』。『為』字元本、葛本、何本並奪。」（P68）劉師培《斠補》曰：「《初學記》卷 16、《御覽》卷 581 引作『笙之言施也，牙也，萬物始施而牙』，《書鈔》卷 110 引作『笙之道施』，『匏』亦『笙』訛。」（P635）各本均無「為」字。《白帖》卷 18、《記纂淵海》卷 78 引同《初學記》（《淵海》脫「始」字）。「匏」誤作「笙」，劉說非是。陳說迂曲。朱駿聲曰：「《白虎通》『匏之為言施也，牙也。』《說文》匏從包、夸聲。據二書則『匏』字當在豫部，古言匏、瓠不分，故聲亦同也。」〔註27〕「匏」從夸得聲則魚部字（包亦聲，實雙聲符），與「牙」同部。「施」歌部字，歌、魚通轉。

（7）有七政之節焉，有六合之和焉

　　按：孫詒讓《輯補》曰：「政，元本、葛本、《遺篇》本並作『正』。」（P68）各本「政」都作「正」，《御覽》卷 581 引同；《初學記》卷 16、《記纂淵海》卷 78 引作「政」。

（8）鼓，震音，煩氣也。萬物憤懣震動而出

　　按：各本「出」作「生」。盧文弨曰：「舊作『生』，訛。」陳立《疏證》本徑改而不出校記，疏矣。

（9）簫者，中之氣，萬物生於無聲，見於無形，勞也，肅也，故謂之簫

　　陳立曰：《釋名》：「簫，肅也。其聲肅肅然清也。」《公羊》疏引宋均《說》云：「簫之言肅。」肅、勞義近。簫訓肅訓戮（引者按：當作「勞」，下同），

皆疊韻為訓也。舊「叕（勠）也」誤「僇也」，「肅也」誤「簫也」。（P124）

按：「宋均《說》」當作「宋均注《樂說》」，指《樂緯》注。校改作「勠也，肅也」，皆承盧文弨說。盧氏又說：「勠，並力也。」孫星華從盧說（P474）。校「簫也」作「肅也」固是，但校「僇」作「勠」訓並力則誤。「僇」當作「漻」，下文「然後萬物叕也，故謂之簫也」，「叕」亦誤。《說文》：「漻，清深也。」疑當乙作「肅也，漻也」，即《釋名》「肅肅然清」也。「簫者，肅也」是聲訓，「簫者，漻也」亦是聲訓，吳澤順、劉青松於「簫者，僇也」均無說，是不知其亦是音訓也〔註28〕。《詩·江有汜》「其嘯也歌」，《說文》「歗」字條引「嘯」作「歗」，安大簡（一）作「歗」。《莊子·田子方》引老子曰「至陰肅肅，至陽赫赫」，《淮南子·覽冥篇》「肅肅」作「颼颼」。《老子指歸·江海章》：「眾陽赫赫，而天王之；陰氣漻漻，而地王之。」杜光庭《道德真經廣聖義》卷 44 引「漻漻」作「肅肅」。《世說新語·賞譽篇》劉孝標注引《李氏家傳》「颼颼如行松柏之下」，《御覽》卷 495 引袁山松《後漢書》「颼颼」作「肅肅」。

（10）瑟者，嗇也，閑也。所以懲忿窒欲，正人之德也。故曰：瑟有君父之節，臣子之法

陳立曰：小字本「閑也」作「閉也」，亦通。（P124～125）

按：元大德本等作「閑」，《御覽》卷 576、《記纂淵海》卷 78 引同；元刻本作「閉」，《事文類聚》續集卷 22、《天中記》卷 43 引同；《書鈔》卷 109 引作「一」。作「閉」是也，「嗇也，閉也」都是聲訓。嗇讀作澀、濇，不滑利，不通暢，與「閉塞」義相因。又「故曰瑟」三字句，屬上文為義。

（11）琴者，禁也，所以禁止淫邪，正人心也

陳立曰：《初學記》、《爾雅》疏「淫邪」作「於邪」，下有「以」字。（P125）

按：陳氏全本盧文弨說。《書鈔》卷 109、《御覽》卷 577、《廣韻》「琴」字條引無「者」、「所」二字，餘同今本。《初學記》卷 16、《通典》卷 144、《爾雅》疏、《事文類聚》續集卷 22 引作「琴者，禁也。禁止於邪，以正人心也」（《通典》無「者」字），「於」是「淫」形誤。《文選·琴賦》李善注引作「琴者，禁也。禁人邪惡，歸於正道，故謂之琴」，蓋臆改。

〔註28〕吳澤順《清以前漢語音訓材料整理與研究》，商務印書館 2016 年版，第 479 頁。劉青松《〈白虎通〉義理聲訓研究》，商務印書館 2018 年版，第 224 頁。

（12）磬者，夷則之氣也，象萬物之成也，其聲磬，故曰：磬有貴賤焉，
有親疏焉，有長幼焉

陳立曰：《說文》：「硜，古文磬字。」此之「其聲磬」者，其聲硜也。「成」
舊作「盛」，盧依《御覽》改。（P125～126）

吳則虞曰：「其」下「聲」原作「氣」，據陳《疏》改。（P125）

按：孫詒讓《輯補》曰：「《初學記》亦作『成』。」（P69）《書鈔》卷 108
引「夷則之氣」上有「應」字。《御覽》卷 576、《記纂淵海》卷 78 引作「其
氣」，《書鈔》卷 108 引作「其聲」。「故曰磬」句，屬上文為義，《書鈔》引作
「其聲磬，故曰磬也」，正作此讀。「有貴賤焉」三句自成其句。上文云「笙
者，太蔟之氣，象萬物之生，故曰笙」，文例同。《書鈔》、《初學記》卷 16、
《白帖》卷 18、《御覽》卷 25、576、《記纂淵海》、《事文類聚》續集卷 23 引
「盛」都作「成」，下文「然後萬物成」，亦作「成」。

（13）大瑟謂之灑，長八尺一寸，廣一尺八寸，二十七弦

陳立曰：此舊脫，《御覽》卷 576 引有之，當是此篇佚文。（P128）

按：《御覽》此條下接引《爾雅》「徒鼓瑟謂之步」。考《爾雅·釋樂》：「大
瑟謂之灑……徒鼓瑟謂之步。」郭璞注「大瑟謂之灑」云：「長八尺一寸，廣
一尺八寸，二十七絃。」《御覽》所引，當是《爾雅》及郭注，而誤係於上條
《白虎通》下，非佚文也。

卷四《封公侯》

（1）善惡比而易知，故擇賢而封之

陳立曰：「知」舊誤在「故」字下，盧改正。（P133）

按：《天中記》卷 30 引作「易知」不誤。

（2）使大夫往來牧視諸侯，故謂之牧

按：各本無「視」字。盧文弨曰：「『視』字舊脫，據《曲禮下》《正義》
補。」陳氏補字，卻不作校記，未允。「視」字不必補。蔣禮鴻引《方言》卷
12「牧，察也」，謂「牧有視察之義」〔註29〕，是也。《方言》卷 12：「牧，司

〔註29〕 蔣禮鴻《義府續貂》，收入《蔣禮鴻集》卷 2，浙江教育出版社 2001 年版，第
137 頁。

也。」又「監、牧，察也。」即監察之誼。《史記‧商君列傳》「令民為什伍，而相牧司連坐」，「牧司」同義連文（一本「牧」誤作「收」）〔註30〕。《潛夫論‧敘錄》：「遭衰姦牧，得不用刑？」「姦牧」當乙作「牧姦」。劉青松說此文「以牧養之牧訓州牧之牧」〔註31〕，非是。

（3）《樂記》曰：「武王克殷反商，下車封夏后氏之後于杞，投殷人之後于宋，封王子比干之墓，釋箕子之囚。」

按：各本無「投」字，獨盧文弨校本有，蓋據《禮記‧樂記》補之，當作校記說明。

（4）不忍使親屬無短足之居

陳立曰：盧云：「短足，疑是『託足』之誤。」《漢書》賈山《至言》曰：「使其後世曾不得邪徑而託足焉。」（P143）

按：《至言》云云，亦是盧文弨所引。孫星華從盧說（P475）。「短」、「託」形聲俱遠，無緣致誤。洪頤煊曰：「『短』當是『侸』字之譌。《說文》：『侸，立也。從人豆聲，讀若樹。』《一切經音義》卷17：『駐，古文作住、尌、侸、逗四形。』」（P703～704）洪說是，但「短」亦從豆得聲，不必看作誤字。音轉亦作毀（毀當是雙聲符字），古文「投」。《呂氏春秋‧古樂》「三人操牛尾，投足以歌八闋」，高誘注：「投足，猶蹋足。」又音轉作踹，《老子》第2章「長短之相形」，帛書甲、乙本及北大漢簡本同，郭店楚簡甲本簡16「短」作「耑」。又第9章「揣而銳之」，帛書乙本「揣」作「掜」，北大漢簡本作「短」。均其音轉之證，餘例尚多。「踹足」即是「投足」，猶言頓足、踏足，今俗語猶然。《淮南子‧人間篇》「追者至，踹足而怒曰。」許慎注：「踹足，蹋足。」明末刻本「踹」下注音「短」，《漢魏叢書》本注：「踹音短。」《御覽》卷636引《淮南》作「蹋足」，蓋據許注改。「蹋足」亦猶言頓足、踏足。踹、投、侸（逗）、住（駐）並是一聲之轉。《老子》第50章「兕無所投其角」，《韓子‧解老》「投」同，帛書甲本、北大漢簡本作「椯」，敦煌各本、遂州碑本作「駐」。成玄英疏：「諸本言『駐』。駐，立也。」

〔註30〕參見王引之說，轉引自王念孫《史記雜志》，收入《讀書雜志》卷2，中國書店1985年版，本卷第85頁。

〔註31〕劉青松《〈白虎通〉義理聲訓研究》，商務印書館2018年版，第226頁。

卷四《京師》

（1）使善易以聞，為惡易以聞，明當懼慎，損於善惡

陳立曰：「損」疑「省」之譌。（P158）

按：劉師培《斠補》曰：「『善惡』之『善』字疑衍，或係他字之訛。」（P641）劉說非是，「善惡」承上文「善易以聞，惡易以聞」而言，必非衍文或誤字。《廣雅》：「慎，恐也。」又「慎，憤也。」憤亦恐也，懼也。《漢書‧王莽傳》「光素畏慎」，《晏子春秋‧雜上》「恐慎而不能言」，與此文都是同義複詞。損，疑讀為捃，取也。

（2）法日月之經千里

按：劉師培《斠補》曰：「程本、郎本『徑』作『經』。」（P641）元大德本等作「徑」，《初學記》卷24、《白帖》卷3、《御覽》卷155引同。

卷四《五行》

（1）言行者，欲言為天行氣之義也

陳立曰：欲言，《月令》疏作「言欲」。盧云：「書內作『欲言』處甚多，今俱從舊本不改。《御覽》卷17作『猶言』，『欲』與『猶』本可通用。」（P166）

按：宋刊《御覽》卷17引仍作「欲言」，盧氏所見非善本。

（2）水之為言准也

陳立曰：舊本誤「准」作「淮」，梁本又誤改作「濡」，今依盧氏校改。（P167）

按：「梁本」當據盧氏原文作「何本」。程本亦誤改作「濡」。孫詒讓《輯補》曰：「《五行大義》卷1引作『水，準也』，《輔行記》三之四引作『水者，唯也』。」（P73～74）劉師培《斠補》曰：「《莊子‧秋水篇》《釋文》引作『水，準也』，《爾雅‧釋言》疏引作『水之為言準也』，《釋水》疏引作『水之為言准也』，《禮記‧月令》疏引作『水訓準』，則『淮』當作『準』，固無疑義。《輔行記》第三之四引作『水者，唯也』，『唯』亦『准』訛。」（P642）獨元刻本作「准」不誤，《爾雅‧釋水》《釋文》亦引作「水，準也」，《御覽》卷17亦引作「水之為言准也」。

（3）火在南方，南方者，陽在上，萬物垂枝。火之為言委隨也，言萬物

　　布施。火之為言化也，陽氣用事，萬物變化也

　　陳立曰：《初學記》引《元命苞》曰：「火之為言委隨也，故其字『人』散，散者為為火也。」火、委隨，火、化，皆疊韻為訓。（P168）

　　按：①《初學記》卷 25 引《元命苞》作「火之為言委隨也，故其立字人散子（二）者為火」，《御覽》卷 868 引作「火之為言委隨也，故其字人散二者為火也」，陳氏引文不準確。委隨，本訓下垂，隨讀為墮，故言「萬物垂枝」。音轉作「委蛇」、「蜲蛇」、「委移」等，引申為蜿延之義，故言「萬物布施」〔註32〕。劉師培《補釋》說「『火之為言委隨也，言萬物佈施』二語疑他節錯簡，證以上下各節，此節不應獨增二語」（P796），劉說非是，「火之為言委隨也」是對上文「萬物垂枝」的補充說明，復又申之曰「言萬物布施」，斷非錯簡。②《釋名》：「火，化也，消化物也。亦言毀也，物入中皆毀壞也。」《御覽》卷 868 引「言毀」作「言燬」。「火，毀（燬）也」、「火，化也」亦是聲訓，與「火之為言委隨也」義異。蘇輿曰：「『委隨』即『毀』之合音。」〔註33〕丁丁山曰：「『委隨』即『燬』之切音。」〔註34〕語音是語言之外殼，其語義才是核心，蘇、丁說均未得班固之指。

（4）《元命苞》曰：「土無位而道在，故大一不興化，人主不任部職。」

　　陳立曰：「土無位」舊作「土之為位」，又脫「一」字，盧據《御覽》補正。《御覽》引《元命苞》：「土無位而道在，故太乙不興化，人主不任部。」「與」舊作「預」，《御覽》作「興」，盧定作「與」，讀為預。（P169）

　　吳則虞曰：「興」原作「與」，據《御覽》引《元命苞》改。（P169）

　　按：吳氏改字大誤，是全不曾看盧校也。各本「苞」作「包」。《御覽》卷 36 引《元命苞》作「太一」，不作「太乙」。「土之為位」當作「土之無位」，「無」誤作「為」，「之」字不必刪。盧氏說「興」當作「與」，補「一」字，是也。《玉燭寶典》卷 6 引《元命苞》：「土無位而道在，大一不與化，人主不任部也。」

〔註32〕參見蕭旭《〈說文〉「委，委隨也」義疏》，收入《群書校補》，廣陵書社 2011 年版，第 1414～1419 頁。

〔註33〕蘇輿說轉引自王先謙《釋名疏證補》，中華書局 2008 年版，第 10 頁。

〔註34〕丁丁山《釋名釋（卷第一）》，《北京大學研究所國學門月刊》1927 年第 7、8 期合刊，第 765 頁。

（5）木味所以酸何？東方萬物之生也，酸者以達生也，猶五味得酸乃
　　達也

　　陳立曰：《淮南子・時則訓》「其味酸」，注：「酸之言鑽也，萬物鑽地而
生。」《呂覽》注：「酸者，鑽也，萬物應陽，鑽地而出。」《大義》云：「木
所以酸者，象東方萬物之生。酸者，鑽也。言萬物鑽地而出，五味得酸而達
也。」（P171）

　　按：《呂覽》注見《孟春紀》高誘注。《五行大義》見卷 3，原書「出」
下有「生」字，「而達」作「乃達」。達、徹一聲之轉，猶言穿射、穿通而出。
《淮南子・修務篇》：「蹠沙石，蹠達膝〔暴〕。」高誘注：「蹠，足。達，穿。」
《戰國策・楚策一》正作「穿」字。馬王堆帛書《老子》甲本：「善行者無徹
迹」，北大漢簡本「徹」同，帛書乙本作「達」。北大漢簡（四）《反淫》：「乘
其閬天之車，駝（馳）騁八徹之道。」王挺斌指出「徹」、「達」音義關係十
分密切〔註35〕。《呂氏春秋・古樂篇》「六曰達帝功」，《漢書・司馬相如傳》
顏師古注、《文選・上林賦》李善注引張揖說「達」作「徹」。《國語・晉語三》
「臭達於外」，《書・盤庚中》孔疏、《左傳・僖公十年》孔疏引「達」並作「徹」。
《大戴禮記・本命》「三月徹昀」，《說苑・辨物》「徹」作「達」。《荀子・賦
篇》「頭銛達而尾趙繚者邪？」《漢書・賈誼傳》顏師古注引晉灼曰：「世俗謂
利為銛徹。」「銛達」即「銛徹」。《淮南子・原道篇》「徹於心術之論」，《文
子・九守》「徹」作「達」。《抱朴子內篇・雜應》云老君「額有三理上下徹」，
《御覽》卷 363 引《神仙傳》說老子「額有參午達理」。「達視」音轉作「徹
視」，「達節」音轉作「徹節」，「聰達」音轉作「聰徹」。皆其音轉之例。《釋
名》：「笙，生也，象物貫地而生也。」「達生」即是「鑽地而生」、「貫地而生」
也。《禮記・月令》：「句者畢出，萌者盡達。」又《樂記》：「然後草木茂，區
萌達。」《說文》：「辰，震也。三月陽氣動，靁電振，民農時也，物皆生，從
乙、匕，象芒達。」《方言》卷 2：「莐、杪，小也。凡草生而初達謂之莐，木
細枝謂之杪。」又卷 13：「忽，達芒也。」郭璞注：「謂草杪芒射出。」《文
選・東京賦》：「達餘萌於莫春，昭誠心以遠喻。」《古文苑》卷 8 閭邱沖《三
月三日應詔》：「餘萌達壤，嘉木敷榮。」「達」均同本書此誼。《玉燭寶典》
卷 1 引此文二「達」字分別作「趣」、「趍」，又「以」上有「所」字。「趍」
是俗「趣」字。《寶典》蓋未得「達」字之詁而妄改，劉師培《斠補》列其異

〔註35〕 王挺斌《北大簡〈妄稽〉與〈反淫〉研讀札記》，簡帛網 2016 年 6 月 29 日。

文，而未作按斷（P643）。

（6）西方者金也，萬物成熟始復諾，故其臭腥

陳立曰：「萬物成熟始復諾」句有訛脫。（P173）

按：盧文弨於「始復諾」下亦曰：「文似有訛。」劉師培《斠補》曰：「《玉燭寶典》卷7引『復諾』作『傷落』。」（P644）劉師培《補釋》曰：「『諾』疑『落』字之訛。『落』即『零落』之落。」（P797）當據《寶典》校正作「傷落」，各本均形誤作「復諾」。本篇下文云「西方者，遷方也，萬物遷落也」，亦是「落」誤作「諾」的鐵證。

（7）西方者，遷方也，萬物遷落也

陳立曰：《律志》：「西，遷也，陰氣遷落物。」（P173）

按：《玉燭寶典》卷7引《春秋元命苞》：「名為西方。西方者，遷〔方也〕。方者，旁也。」宋均注：「物已成熟，可遷移。方者，言物雖遷，不離其旁側也。」「西，遷也」是聲訓，《說文》「遷」古文作「㧗」。

（8）春之為言偆，偆動也

陳立曰：《繁露・陽尊陰卑篇》：「春之為言猶偆偆然。偆者，喜樂之象也。」（P175）

按：《繁露》原文作「偆偆者，喜樂之貌也」，陳氏引文有脫誤。

（9）其音角者，氣動躍也

陳立曰：《爾雅釋文》引劉歆注云：「角，觸也。物觸地而出，戴芒角也。」《漢曆志》同。諸書無訓角為躍者，惟此及《禮樂篇》爾。角與躍古不同韻，似當改為「氣動觸也」是。（P175）

按：陳說「角與躍古不同韻」是也，但改作「氣動觸也」則誤。此有脫文，元大德本、四部本、元刻本、程本、吳本、郎本作「其音角，角者，氣動耀也」，盧氏改「耀」作「躍」，仍有脫誤，當作「其音角，角者，〔觸也，陽〕氣動耀（躍）也」。上文云「木之為言觸也，陽氣動躍」，文例相同。《禮樂篇》有錯字，當作「角者，躍（觸）也，陽氣動躍」。

（10）秋之為言愁也

陳立曰：《御覽》引《書傳》云：「秋者，愁也，愁者，萬物愁而入也。」

（P178）

　　按：《御覽》卷 24 引《尚書大傳》「萬物愁」作「物方愁」，《玉燭寶典》
卷 7 引同。陳氏引文不準確。

（11）其神蓐收，蓐收者，縮也

　　陳立曰：蓐收為縮者，收有斂聚之義，與縮意近也。（P179）

　　按：陳氏未解「蓐」字所取義。「蓐收」也作「辱收」，《左傳・昭公二十
九年》「金正曰蓐收」，《釋文》：「蓐音辱，本又作辱。」舊有三說：《左傳》杜
預注：「蓐收，秋物摧蓐而可收也。」《御覽》卷 17 注作「初秋摧折而可收也」。
《禮記・月令》疏：「蓐收者，言秋時萬物摧辱而收斂。」此一說也，此說蓋
讀蓐為衂，猶言摧折、傷敗。王觀國《學林》卷 1：「方秋時，草已陳而收斂，
金之性也，故謂之蓐收。」此二說也。朱駿聲曰：「蓐，叚借為縮。」〔註36〕
此三說也。

（12）壬者，陰始壬

　　按：各本「始壬」作「始任」，《玉燭寶典》卷 10 引《元命苞》同。陳立
《疏證》本亦不誤，獨中華書局點校本誤，亟當校正。《寶典》又引宋均注：
「壬始任育。」「任」同「妊」。

（13）羽之為言舒，言萬物始孳

　　陳立曰：「孳」疑誤。《風俗通》引劉歆云：「羽者，宇也，物始（引者
按：原書「始」作「聚」）藏，宇覆之也。」《漢書・律志》：「羽，宇也。」
（P181）

　　按：陳說非是。劉歆以「宇覆」釋之，與此文以「舒展」釋之，取義不
同。「孳」字不誤，《玉燭寶典》卷 10 引《元命苞》：「羽者，舒也，言〔萬〕
物始孳。」《晉書・樂志》：「羽之為言舒也，言陽氣將復，萬物孳育而舒生
也。」均不誤之確證。

（14）其精玄武，掩起離體泉，龜蛟珠蛤

　　陳立曰：龜蛟珠蛤，當為「眾龜蛇蚌蛤」，皆甲蟲也。（P181）

　　按：陳氏蓋校「泉」為「眾」，其校語脫「泉」字。「珠蛤」不煩改作。

〔註36〕朱駿聲《說文通訓定聲》，武漢市古籍書店 1983 年版，第 378 頁。

（15）鐘者，動也。言陽氣於黃泉之下動，養萬物也

陳立曰：舊本「陽氣」下有「動」字，盧氏據《史記正義》刪。《大義》引《義宗》云：「鐘，應也。言陽氣潛動於黃泉之下，應養萬物，萌牙欲出。」（P182）

按：孫詒讓《札迻》曰：「王涇《大唐郊祀錄》卷 2 引『陽氣』下有『潛藏動』三字，則今本蓋挩『潛藏』二字，『動』字非衍文，下『動』字屬『養萬物也』為句。盧讀『言陽氣於黃泉之下動』句，非。」（P327）孫詒讓《輯補》則僅出異文，未說此有脫字（P76）。孫讀是，但不必補「潛藏」二字，當讀作「言陽氣動於黃泉之下，動養萬物也」。《玉燭寶典》卷 11 引本書作：「鍾者，動〔也〕，種也。言陽氣動於黃泉之下，種養萬物。」王涇以意增足「潛藏」二字，《三禮義宗》則增足一「潛」字。《通典》卷 143 云「鍾者，動也，聚也。陽氣潛動於黃泉，聚養萬物」，亦是增足「潛」字。《史記·律書》《正義》脫「動」字。《三禮義宗》云云，正是不當刪「動」字之證。《後漢書·陳寵傳》李賢注引《三禮義宗》：「言十一月陽氣始施，萬物動於黃泉之下。」《五行大義》卷 4 引《易通卦驗》：「冬至之日，陽氣動於黃泉之下。」均是其證。

（16）射者，終也。言萬物隨陽而終，當復隨陰而起，無有終已也

陳立曰：《五行大義》引《三禮義宗》云：「射，厭也，厭惡之義。九月物皆成實，無可厭惡。」《漢書·律志》：「射，厭也。言陽氣究物，而使陰氣畢剝落之，終而復始，無厭已也。」《淮南·天文訓》：「無射者，無厭也。」又云「音比無射」，注：「無射，陰氣上升，陽氣下降，萬物隨陽而藏，無有射出息（引者按：「息」當作「見」）也。」（P187）

按：《五行大義》見卷 4。洪頤煊曰：「上下文所釋，皆取同聲字。『終』當是『繹』字之譌。《禮記·射義》：『射之為言繹也。』《爾雅·釋詁》：『射，厭也。』《釋文》：『射，本作斁。』《詩·清廟》『無射於人斯』，《禮記·大傳》鄭注引作『無斁』。斁、繹、射三字皆同聲。」（P704）洪說非是，此非聲訓。上文云：「夷，傷也；則，法也。言萬物始傷，被刑法也。」亦非聲訓，不得說「上下文所釋，皆取同聲字」。《史記·律書》《正義》、《御覽》卷 16 引均作「終」，《五行大義》卷 4 引《三禮義宗》、《通典》卷 143 同。「隨陽而終」正承「射者，終也」而言，不當改字甚明矣。射訓作終者，讀為斁，字亦作繹。《說文》：「斁，終也。」《廣雅》：「繹，終也。」

（17）木非土不生，火非土不榮，金非土不成，水非土不高

　　陳立曰：小字本「榮」作「焚」，是也。《五行大義》卷1引本書及《五行傳》及《白虎通》云：「木非土不生，根核茂榮。火非土不融，得木著形。金非土不成，入范成名。水非土不停，隄防禁盈。」（P190）

　　按：陳說「榮」作「焚」是也，本於盧氏《校勘補遺》，孫星華亦從盧說（P478）。所引《五行大義》見卷1，「融」作「榮」。「高」當作「亭」，同「停」。《記纂淵海》卷1、司馬光《潛虛發微論·氣論》引亦誤作「高」。「根核茂榮」云云本書所無，或是注語，或是《五行傳》之文。

（18）土扶微助衰，曆成其道

　　按：元大德本、四部本「曆」作「歷」，司馬光《潛虛·發微論·氣論》引同；《五行大義》卷1引作「應」。作「歷」是，猶言依次。

（19）故五行更王，亦須土也

　　按：《五行大義》卷1引本書及《五行傳》「王」誤作「互」。

（20）王四季，居中央，不名時

　　按：《五行大義》卷1引本書及《五行傳》作「土王四季，而居中央，不以名成時」，當據補正。

（21）五行何以知同時起丑訖義相生

　　陳立曰：此文有譌，當云：「五行何以知同時而起，託義相生」。《大義》卷2云：「故知五行得時而起，託義相生。」（P191）

　　按：陳說近是，所引《大義》「得時」當作「同時」。《五行大義》卷1引本書及《五行傳》作「故知同時俱起，但託義相生」。「丑訖」是「但託」形誤。

（22）《傳》曰：「五行並起，各以名別。」

　　按：各本「起」下有「赴」字，盧校本刪之，卻失校記。「赴」涉「起」形誤而衍，《五行大義》卷1、2引俱無「赴」字。

（23）子順父、臣順君、妻順夫何法？法地順天也

　　陳立曰：《易·坤·文言》傳：「地道也，妻道也，臣道也。」《御覽》引《說題辭》：「地之為言婉也，承天行其義也。」（P195）

按：《御覽》見卷36。「地、婉」不是聲訓，「婉」當據《事類賦注》卷6引作「媲」，歌、脂旁轉疊韻。媲，匹配也，即《文言》傳所謂「妻道也」。

（24）法水潤下、達於土也

按：各本「土」作「上」。陳立《疏證》本不誤，獨中華點校本誤作「土」，亟當校正。

（25）不以父命廢王父命何法

按：元大德本等「王父」作「主」，元刻本作「王」。盧校本改作「王父」，蓋據《漢書·外戚傳》改，陳立《疏證》本從之，卻又無校說。

（26）法四時各有分，而所生者道也

按：各本「道」作「通」，獨陳立《疏證》本誤作「道」。又「所生者通也」下各本有「若言東，東方天下皆生也」（元刻本上「東」誤作「春」），獨陳立《疏證》本脫。均亟當校正。

（27）君一娶九女何法？法九州，象天之施也

陳立曰：小字本「象」作「丞」，是也。「丞」與「承」古通用。《御覽》引《異義》云：「地有九州，足以承天。」故天子娶九女，法之也。（P197～198）

按：陳說「丞」與「承」古通，本於盧氏《校勘補遺》，孫星華亦從盧說（P478）。本書《嫁娶》：「天子諸侯一娶九女何？重國、廣繼嗣也。適也（九）者何？法地有九州，承天之施，無所不生也。」〔註37〕

（28）法三年一閏，天道終也

陳立曰：《後漢書·張純傳》：「三年一閏，天氣小備。五歲再閏，天道大備。」（P198）

按：本書《巡狩》：「三歲一閏，天道小備；五歲再閏，天道大備。」《書鈔》卷90引《五經通義》：「王者諸侯所以三年一閏，天道小備……五歲再閏，天道大備。」終、周一聲之轉，成也，周備也。

〔註37〕大德本「適九」誤作「適也」，據《御覽》卷541引校正。

卷五《三軍》

（1）所以戒非常，伐無道，尊宗廟，重社稷，安不忘危也

　　按：《御覽》卷 298 引無「所」字，「戒」作「誡」。

（2）《傳》曰：「一人必死，十人不能當；百人必死，千人不能當；千人必死，萬人不能當；萬人必死，橫行天下。」

　　陳立曰：《說苑·指武》云：「故一人必死，十人弗能待也；十人必死，百人弗能待也；百人必死，千人不能待也；千人必死，萬人弗能待也；萬人必死，橫行乎天下，令行禁止，王者之師也。」疑「待」皆「得」之訛。（P200）

　　按：陳說疑「待」皆「得」之訛，非是。待，猶言抵禦、抵當，無煩舉證。

（3）天道一時生，一時養

　　按：《御覽》卷 327 引作「天道一時生物養」，蓋誤。

卷五《誅伐》

（1）謂佞道已行，亂國政也。佞道未行章明，遠之而已

　　按：「章明」屬下句。

（2）《春秋傳》曰：「其言入何？篡詞也。」

　　按：劉師培《斠補》曰：「程本、郎本此下並衍『稍稍煞之』四字。」（P652）各本「詞」作「辭」，「篡辭也」下都有「稍稍煞之」四字。獨盧校本刪之。

（3）入國掩人不備，行不假途，人銜枚，馬繮勒，晝伏夜行，為襲也

　　按：孫詒讓《輯補》曰：「繮，《御覽》卷 315 引作『繮』。」（P84）劉師培《斠補》說同（P652）。《御覽》作「繮」，是「纏」俗譌字。作「纏勒」是，猶言纏縛馬籠頭，與「銜枚」對文。《御覽》卷 357 引陸賈《楚漢春秋》「人銜枚，馬束口」文例同。

卷五《諫諍》

（1）左輔主修政，刺不法。右弼主糾，糾周言失傾。前疑主糾度定德經。後承主匡正常，考變失

陳立曰：盧云：「『周』當『害』字之誤。」「考變失」之「失」舊作「夫」，屬下讀，疑當改為「失」。（P227～228）

按：孫星華從盧說（P480）。孫詒讓《輯補》曰：「夫，元本、葛本並作『天』，《遺篇》本作『以』。」（P85）劉師培《補釋》曰：「『周』當作『害』，是也。惟『糾』當衍其一。」（P799）陳說非是。各本「主糾」下「糾」字不重，劉氏據陳氏誤本說之，而失檢諸本。元大德本、四部本、吳本、四庫本、隨庵叢書本作「天」，元刻本、程本、郎本、盧本、子書百家本、關中叢書本誤作「夫」。上下文同一文例，當讀作「左輔主修政，刺不法。右弼主糾周，言失傾。前疑主糾度，定德經。後承主匡正，常（「常」疑衍文）考變天」。《五行大義》卷5引太公曰：「太師者，心腹之臣，所使□□（引者按：缺二字），是人之英，故曰前疑，常立於前，決疑事也。太史者，耳目之臣，所使視聽，是人之後（俊）〔註38〕，故曰後承，常立於後，承主之過，取驗於天。太傅者，爪牙之臣，所使守衛，是人之傑，故曰左輔，輔人主缺事，立於左，拒君之難。太保者，羽翼之臣，所使察伺，是人之警，故曰右弼，常立於右，弼人主之邪。」「周」疑「伺」形誤。謂右弼主糾伺人主之邪過，言其失傾也。《大義》說「後承承主之過，取驗於天」，又說「不知天變，星曆之運，天官動靜，鐘律之音，山川怪異，不善災害，太史陳天文以爭之」，足證此文大德本「考變天」之「天」字不誤，無庸疑也。

（2）《王度記》曰：「反之以珙。其待放者，亦與之物，明有分土無分民也。」

陳立曰：此文疑錯，當云「反之以環，其不得反者」云云也。（P231）

按：孫星華曰：「傅、楊本『分』並譌『介』。盧本『分主』作『分土』。」（P480）孫詒讓《輯補》曰：「兩『分』字，元本、葛本、何本、《遺篇》本並作『介』，誤。土，元本、《遺篇》本並作『主』，誤。」（P86）各本「待放」上有「不」字。獨陳立《疏證》本脫之。「不待放」不誤，與「待放」是對文。末句，元大德本、四部本、元刻本、程本、吳本、郎本、四庫本作「明有介主無介民也」，盧校本改作「分土、分民」，陳立《疏證》本從之，卻無校記。本書《五行篇》「有分土無分民何法？法四時各有分而所生者通也」，《漢書·地理志》「古有分土，亡分民」，蓋盧校所據。

〔註38〕引者按：「後」當作「俊」。

（3）士不得諫者，士賤，不得豫政事，故不得諫也。謀及之，得因盡其
忠耳

按：孫詒讓《輯補》曰：「因，元本、葛本、何本、《遺篇》本並誤『固』。」
（P87）各本「因」都誤作「固」。盧校本改作「因」，陳立《疏證》本從之，
卻無校記。《御覽》卷457引作「因」不誤。

（4）《禮·保傅》曰：「大夫進諫，士傳民語。」

陳立曰：《御覽》卷457引作「士民傳語」。（P233）

按：宋刊《御覽》卷457引仍作「士傳民語」，陳氏誤校。

（5）夫婦一體，榮恥共之

陳立曰：舊本無「一體」二字，《御覽》「夫婦」作「夫妻」。（P233）

按：《御覽》卷457引「恥」作「辱」，亦當出校。

（6）故一與之齊，終身不改

按：各本無「之」字。盧校本增，陳立《疏證》本從之，卻無校記。《禮
記·郊特牲》：「壹與之齊，終身不改。」此盧校所據。

（7）父子一體而分，無相離之法

按：《御覽》卷457引無「而分」二字，「法」作「性」。

（8）諫者，間也，更也，是非相間，革更其行也

陳立曰：舊本「間也」下有「因也」二字，《初學記》及《御覽》俱無，
下亦無釋，依盧刪去。（P235）

按：《初學記》見卷18，《御覽》見卷457。盧刪「因也」二字，是也，《慧
琳音義》卷6引亦無。「諫，間也」是常見聲訓，「諫，更也」亦是聲訓。「因
也」則無義可說。吳澤順說「因、更」是音訓〔註39〕，非是，無此文例。

（9）闕諫者，禮也，視君顏色不悅，且郤，悅則復前，以禮進退

按：郤，吳本、郎本、四庫本同，元大德本、四部本、隨庵叢書本作「卻」
（《初學記》卷18、《御覽》卷457引同），元刻本作「却」，程本、盧本、關中

〔註39〕吳澤順《清以前漢語音訓材料整理與研究》，商務印書館2016年版，第480
頁。

叢書本、子書百家本作「卻」。「却」、「卻」是「卻」俗字。「郤」是「卻」形
誤，亟當校正。「卻」與「前」對文。

（10）指諫者，信也。指者，質也。質相其事而諫

　　　陳立曰：指、質同音。《後漢書》注：「指諫者，質指其事而諫也。」舊作
「指質相其事也」，盧據《初學記》補「者質也」三字，據《御覽》補「而諫」
二字。《御覽》「相」作「指」。（P236）

　　　按：《後漢書》注見《杜欒劉李劉謝列傳論》注，並指出「見《大戴禮》」。
今《大戴》無其文。盧氏補字是也，但盧校尚未盡，且《御覽》未引此文。當
指出「相」是「指」形誤，《初學記》卷18亦誤。北宋釋契嵩《鐔津文集》卷
19用此文作「指諫者，謂質指其事而諫」，與李賢引同。

（11）故《曲禮》曰：「為人臣不顯諫。」

　　　陳立曰：《繁露·竹林篇》：「故忠臣不顯諫，欲其由君出也。」（P237）

　　　按：孫詒讓《輯補》曰：「諫，元本、葛本、何本、《遺篇》本並誤『者』。」
（P88）四部本、元刻本、程本、吳本、郎本亦誤作「顯者」。盧校本、四庫
本不誤，《禮記·曲禮下》：「為人臣之禮不顯諫。」

（12）故《孝經》曰：「將順其美，匡救其惡，故上下能相親也。」

　　　按：各本「上下」下有「治」，盧校本刪之，陳立《疏證》本從之，卻無
校記。今本《孝經》無「治」字。

卷五《鄉射》

（1）天子所以射熊何？示服猛，遠巧佞也。熊為獸猛。巧者，非但當服
　　　猛也。示當服天下巧佞之臣也

　　　陳立曰：舊無「遠」字，《御覽》作「遠巧物也」，「物」字訛。下「巧佞」
作「巧妙」，恐亦誤。「示當服」疑是「亦當服」，並依盧氏說者也。（P244）

　　　按：當「熊為獸猛巧者」六字為句。元大德本、四部本、元刻本、程本二
「巧佞」作「巧佞」，宋刊《御覽》卷746引同，「佞」是「佞」俗譌字。盧氏
所見《御覽》是誤本。又《御覽》「非但當服猛」下衍「巧」字。

（2）射正何為乎？曰：射義非一也

　　　按：孫詒讓《輯補》曰：「正，元本、葛本、《遺篇》本並作『主』。」

（P90）射正，吳本、郎本、盧本、子書百家本、關中叢書本同；元大德本、四部本、元刻本、隨庵叢書本誤作「射主」（《御覽》卷746引誤同），程本誤作「射王」。

（3）天子臨辟雍，親袒割牲

按：元大德本、四部本、元刻本、程本、吳本「袒」誤作「祖」。郎本、盧本不誤，《書鈔》卷83引《孝經鉤命決》亦不誤。

（4）謁者奉几杖

按：孫詒讓《輯補》曰：「謁者，元本、葛本、何本、《遺篇》本並誤作『竭忠』。」（P91）四部本、元刻本、程本、吳本、郎本亦誤作「竭忠」。盧氏徑正，卻無校記。《書鈔》卷83引《孝經鉤命決》作「謁者」不誤，《後漢書·禮儀志》李賢注、《永樂大典》卷11615引《孝經援神契》同。

（5）《禮記·祭義》云：「祀於明堂，所以教諸侯之孝也。享三老、五更於太學者，所以教諸侯之弟也。」

陳立曰：《文選》注、《初學記》、《類聚》引此並云：「禮三老於明堂，所以教諸侯之孝也。禮五更於太學，所以教諸侯之弟也。」似得其實。《祭義》「享」作「食」。（P249～250）

按：各本「弟」作「悌」。陳立所引諸書不準確。《文選·閑居賦》李善注引作「禮三老於明堂，所以教諸侯孝也；禮五更於太學，所以教諸侯弟也」，《初學記》卷13、《類聚》卷38引「弟」作「悌」。又《初學記》下「禮」作「祭」，「五更」誤作「五帝」。「禮」當是「祀」形誤，今本《祭義》上字作「祀」。

卷六《致仕》

（1）是以退老去，避賢者路，所以長廉遠恥也

陳立曰：舊無「老」字、「遠」字，盧據《曲禮》疏補。（P251）

按：各本無「路」字，獨陳立《疏證》本誤增。《曲禮》疏引作「避賢也」，亦無「路」字。

卷六《辟雍》

（1）學之為言覺也，以覺悟所不知也

按：各本無「以覺」二字，《永樂大典》卷662引同。盧文弨校本增之，卻無校記。劉師培《斠補》曰：「《論語·學而篇》邢疏引作『學者，覺也，覺悟所未知也』。」（P656）《論語·學而篇》皇侃《義疏》引作「學，覺也，悟也」，《御覽》卷607引作「學之言覺也，覺悟所不知也」，《釋氏要覽》卷中引作「學，覺也，覺悟所不知也」。《論語·陽貨》邢昺疏：「學者，覺也，所以覺寤未知也。」亦屬暗引本書。

（2）帝顓頊師綠圖

陳立曰：「綠圖」兩字，本作「繆圖」。（P255）

按：各本「帝顓頊」上有「《傳》曰：黃帝師力牧」七字。獨陳立《疏證》本脫之，亟當補正。又元大德本等作「綠圖」，是也。盧氏《校勘補遺》云：「小字本作『繆圖』。」元刻本亦誤作「繆圖」。

（3）父所以不自教子何？為渫瀆也

陳立曰：傅本、吳本、胡本「渫」作「世」，譌。何本作「恐」，亦非。（P258）

按：陳氏全本盧校。孫詒讓《輯補》曰：「元本、葛本亦作『世』。疑當作『泄』，『泄』通『媟』。奪左水旁耳。」（P93～94）四部本、元刻本亦作「世」，《永樂大典》卷662引同。程本、郎本亦作「恐」。「世」字不誤。「世」與「泄」同，泄讀為媟，亦作渫，狎慢也。瀆，讀作嬻。程本等未得其讀，妄改作「恐」耳。

（4）辟之為言積也，積天下之道德。雍之為言壅也，天下之儀則。故謂之辟雍也

陳立曰：「儀則」舊本作「殘賊」，非，依盧改。（P259）

按：盧文弨曰：「儀則，舊本作『殘賊』，非，雍有雍和之義。」盧說是也。「壅也」下各本有「壅」字，獨陳立《疏證》本脫之，亟當補正。《後漢書·祭祀志》注引正作「壅天下之儀則」。

卷六《災變》

（1）《援神契》曰：「行有點缺，氣逆干天，情感變出，以戒人也。」

　　陳立曰：小字本、元本「干」作「于」。盧云：「『情』疑『精』之誤。」
（P268）

　　按：孫詒讓《札迻》曰：「點，元本作『玷』。『玷』即『點』之俗體。」
（P328）孫詒讓《輯補》

　　曰：「點，元本、《遺篇》本作『玷』。干，元本、葛本、何本、《遺篇》本
亦作『于』。」（P96）元刻本、程本、吳本、郎本、盧本、四庫本作「點」，四
部本亦作「玷」。《後漢書·郎顗傳》：

　　「夫災眚之來，緣類而應。行有玷缺，則氣逆于天，精感變出，以戒人君。」
盧說是。「干」當作「于」，「人」下補「君」字。

（2）《春秋潛潭巴》曰：「災之言傷也，隨事而誅；異之言怪也，先發感
　　　動之也。」

　　按：孫詒讓《輯補》曰：「『發』字，元本、葛本、何本、《遺篇》本並無。」
（P96）四部本、元刻本、程本、吳本、郎本亦無「發」字。盧校本有，卻無
校記。《御覽》卷874引本書有「發」字，又卷885引《春秋潛潭巴》同。誅，
責罰也。劉青松說：「『誅』不可解，或是『至』字之誤。《公羊傳·隱公六年》
注：『災者，有害於人物，隨事而至者。』」〔註40〕劉說非是，《公羊》注「隨
事而至」者，承上文省「害」字。

（3）日食必救之何？陰侵陽也

　　按：元大德本、四部本、元刻本、程本、吳本、郎本「日食」下有「者」
字，「救」作「殺」。陳立《疏證》本從盧校本，卻無校記。盧氏蓋據《後漢
書·禮儀志》注引校改。

卷六《封禪》

（1）王者易姓而起，必升封泰山何？報告之義也

　　陳立曰：「報」舊作「教」，盧依《初學記》、《類聚》改。（P278）

　　按：盧文弨曰：「『報』舊本作『教』，《御覽》亦同。今案《大戴禮記》

注、《禮器》正義、《初學記》、《類聚》皆作『報』，故定從『報』字。」盧氏所引《御覽》見卷 536，《初學記》見卷 13，《類聚》見卷 39。《御覽》卷 812、《記纂淵海》卷 77、《路史》卷 6 羅苹注引亦作「報」。

（2）故增泰山之高以報天，附梁甫之基以報地

按：孫詒讓《輯補》曰：「『報天』之報，元本、葛本、何本、《遺篇》本並作『放』。」（P99）四部本、元刻本、吳本、郎本、四庫本、子書百家本、隨庵叢書本、關中叢書本亦作「放天」，《御覽》卷 536 引同；程本作「倣天」。盧校本改作「報天」，卻無校記。《詩·時邁》疏、《禮記·王制》疏、《禮記·禮器》疏、《史記·孝武本紀》正義、《初學記》卷 13、《御覽》卷 39、《玉海》卷 98、《記纂淵海》卷 77 引均作「報天」。

（3）功成事就

陳立曰：「就」舊作「遂」，亦依《初學記》、《御覽》改。（P279）

按：盧文弨曰：「『就』舊作『遂』。案《大戴》注、《初學記》、《通典》、《御覽》皆作『就』。」遂亦成也，就也。不煩改字。

（4）賢不肖位不相逾，則平路生於庭。平路者，樹名也，官位得其人則生，失其人則死

陳立曰：《宋書·符瑞志》：「平露如蓋，以察四方之政，其國不平，則隨方而傾。」「路」、「露」通……《御覽》引此即作「露」。《類聚》作「不得其人即死矣」。（P286）

按：《御覽》見卷 873，《類聚》卷 98、《玉海》卷 197 引均作「露」。

卷六《巡狩》

（1）《尚書》曰：「歸格于祖禰。」

陳立曰：孫志祖云：「《尚書》作『藝祖』。」疑「藝」即「禰」之通。《釋文》：「藝，魚世反，馬、王云禰也。」偽孔《傳》訓藝為文，非。（P293）

按：陳引孫說，乃從盧文弨校本轉引，「通」下脫「轉」字。「疑……非」二十五字均孫志祖語，當放在引號內。各本「格」作「假」，本書《三軍》及《禮記·王制》同。《書·舜典》作「歸格于藝祖」，《說苑·脩文》作「歸格于祖禰」，陳氏蓋據之改。「格」、「假」古音同，不煩改字也。孫說「藝」、「禰」

通轉，是也。孫志祖又指出：「蓺、禰聲相近。」〔註41〕錢大昕亦指出：「《尚書》作『藝祖』，馬融云：『藝，禰也。』蓋用史公說。藝、禰音亦相近。」〔註42〕《韓子·有度》：「遠在千里外，不敢易其辭；勢在郎中，不敢蔽善飾非。」吳北江讀勢為邇〔註43〕，胡敕瑞亦說「勢」與「邇」音近義通，劉樂賢有補證〔註44〕。是其比也。

（2）西方為華山者何？華之為言穫也，言萬物成熟，可得穫也

陳立曰：《初學記》引此作「西嶽華山，少陰用事，萬物生華，故曰華山」，蓋所見本殊也。（P299～300）

按：《初學記》見卷5，「西嶽」作「西方」。《御覽》卷39、《記纂淵海》卷6引同《初學記》。《合璧事類備要》前集卷5引「西方少陰用事，萬物生華，故曰華山」在「華之為言穫也，言萬物成熟，可得穫也」句上，則《初學記》等所引者，乃今本脫文，非所見本殊也。

卷七《考黜》

（1）言成章，行成規，袞龍之衣服，表顯其德

吳則虞曰：武英殿本「袞龍」作「卷龍」。（P307）

按：各本都作「卷龍」。《釋名》：「有袞冕。袞，卷也。畫卷龍於衣也。」

（2）喜怒有節，誅伐刑刺，賜以鈇鉞，使得專殺

按：各本均無「刺」字。上文云：「距惡當斷刑，故賜之鈇鉞。鈇鉞所以斷大刑。刑罰既中，則能征不義。」此文「刑」下疑脫「罰」字。

（3）孝道之美，百行之本也，故賜之玉瓚，得專為暢也

按：各本「賜之」作「賜以」，「暢」作「賜」。陳氏校下「賜」作「暢」，

〔註41〕孫志祖《讀書脞錄》卷1，收入《續修四庫全書》第1152冊，上海古籍出版社2002年版，第218頁。

〔註42〕錢大昕《二十二史考異》卷1，收入《叢書集成新編》第105冊，新文豐出版公司1985年版，第248頁。

〔註43〕北江《〈韓非子〉疑義考》，《雅言》1941年第1卷，第16頁。

〔註44〕胡敕瑞《試釋清華簡及金文中的「剹」——兼釋「朋埶」之「埶」》，收入《源遠流長：漢字國際學術研討會暨第三屆漢字文化研討會論文集》，北京大學出版社2017年版，第97～110頁。劉樂賢《〈韓非子〉「勢在郎中」補釋》，《出土文獻與傳世典籍的詮釋》，中西書局2019年版，第344～345頁。

是也，但當出校記。下文引《王制》「賜圭瓚然後為鬯，未賜者，資鬯于天子」，是其確證。

（4）受命之王，致太平之主，美群臣上下之功，故盡封之

　　按：《類聚》卷51、《御覽》卷198、《天中記》卷30引無「主」字，則「致太平之美」句。

（5）及中興征伐，大功皆封，所以褒大功也

　　陳立曰：「褒」舊作「著」，無「也」字，據《御覽》卷198改正。（P311）

　　按：陳氏全本盧校。著，明也，顯也，彰也。「著大功」自通，不必改字。《類聚》卷51引「及」同，《御覽》卷198引誤作「乃」。

（6）五十里男，一削為三十里男，再削為三十里附庸，三削地盡

　　按：元大德本等「地盡」作「爵盡」，元刻本誤作「為盡」。

（7）先削地後絀爵者何

　　按：各本「絀」作「黜」。下文「君絀以爵」同。

（8）惡人貪狼重土，故先削其所重者以懼之也

　　按：各本「貪狼」作「貪狼」。獨四庫本、陳立《疏證》本誤，亟當校正。洪頤煊曰：「《淮南·要略》『秦國之俗貪狼』，高誘注：『狼，荒也。』《史記·律書》：『狼者，言萬物可度量斷萬物，故曰狼。』《孟子·滕文公上》：『樂歲粒米狼戾。』《禮記·大學》『一人貪戾』，鄭注：『戾之言利也。』貪狼即貪戾也。」（P704）洪說是也。「貪狼」是漢人成語。《廣雅》：「狼，很也。」又「狼、很，戾也。」

卷七《王者不臣》

（1）授受之師

　　按：孫詒讓《輯補》曰：「授受，元本、葛本、何本、《遺篇》本並作『受授』。」（P108）各本都作「受授」，盧校本乙之。下文「不臣授受之師者」同。

（2）始封之君，不臣諸父昆弟何？不忍以己一日之功德加于諸父昆弟也

　　按：各本無上「昆」字，下「昆」作「兄」。盧校本上「弟」前補「兄」字。

（3）《春秋》單父不言名

　　按：孫詒讓《輯補》曰：「『單』上，元本、葛本、何本、《遺篇》本並有『曰』字。」（P108）各本都有「曰」字。盧校本脫之，陳氏承其誤。

（4）故《韓詩內傳》曰：「師臣者帝，友臣者王，臣臣者伯，魯臣者亡。」

　　陳立曰：盧云：「『魯』當與『虜』通。《詩考》同。」《荀子·堯問篇》引中蘧之言云：「諸侯自為得師者王，得友者霸，得疑者存，自為謀而莫己若者亡。」（P326）

　　按：盧說是，沈欽韓從其說〔註45〕。桂馥亦曰：「『魯』即『虜』，言視臣如臧獲奴虜耳。」〔註46〕《治要》卷45引崔寔《政論》「虜遇臣下」，正作本字。陳氏引《荀子》尚隔。《鶡冠子·博選》：「故帝者與師處，王者與友處，亡主與徒處。」《戰國策·燕策一》：「帝者與師處，王者與友處，霸者與臣處，亡國與役處。」

卷七《蓍龜》

（1）乾草枯骨，眾多非一，獨以蓍龜何？此天地之間壽考之物，故問之也

　　按：孫詒讓《輯補》曰：「蓍，元本、葛本、何本、《遺篇》本皆誤『灼』。」（P109）元刻本、盧校本作「蓍」不誤，《初學記》卷20、《御覽》卷726引同。其餘各本等誤作「灼」。

（2）龜以荊火灼之何？《禮·雜記》曰：「龜，陰之老也。蓍，陽之老也……」必以荊者，取其究音也。《禮·三正記》曰：「灼龜以荊。」

　　陳立曰：以荊為究音者，盧云「未詳」。案荊疑即名究音，如終葵為椎之類。文當為「荊者何？究音也」。（P333）

　　按：孫詒讓《輯補》曰：「音，《遺篇》本作『陰』。」（P110）陳說無據。「必以荊」與上下文「龜以荊火灼之」、「灼龜以荊」相應，「以荊」必當不誤。究，窮也。音，讀為陰，指老陰之龜。荊為楚扑，取其窮究老陰之龜之義也。

〔註45〕沈欽韓《漢書疏證》卷24，收入《續修四庫全書》第266冊，上海古籍出版社2002年版，第651頁。
〔註46〕桂馥《說文解字義證》「虜」字條，齊魯書社1987年版，第594頁。

（3）著龜敗則埋之何？重之，不欲人褻尊者也

　　陳立曰：《禮·曲禮上》云「龜筴敝則埋之」，注：「此不欲人褻之也。」（P333）

　　按：孫詒讓《輯補》曰：「褻，《遺篇》本作『襲』，誤。」（P110）各本「褻」都作「襲」。盧校本改作「褻」，徑改未出校記。陳氏蓋從盧本而誤其字作「褻」。「襲」字不誤，孫說非是。襲讀作埶，字亦作媟。《說文》：「埶，日狎習相慢也。」即狎慢義。「襲」從龖省聲，本作「襲」（見《說文》），與「埶」聲疊韻相轉。《史記·魯世家》「齊欲襲魯君」，《齊世家》、《穀梁傳·定公十年》、《新語·辨惑》「襲」作「執」。《楚世家》：「楚王怒曰：『召我，我將好往襲辱之。』遂行，至盂，遂執辱宋公，已而歸之。」」「襲辱」即下句「執辱」。《漢書·項羽紀》「轝服」，《陳咸傳》「執服」，《朱博傳》「熱服」，均一詞異寫。《玄應音義》卷9：「儠，古文熱，或作轝。」「轝」亦從龖省聲。南宋建安本《漢書·敘傳》載班彪《王命論》「思有褊褐之褻」，南宋慶元本同，北宋景祐本、南宋嘉定本誤作「褻」；《後漢紀》卷5、《文選·王命論》、《宋書·符瑞志》、《類聚》卷10、《初學記》卷9「褻」並作「襲」，李善注引《說文》「襲，重衣也」，今《說文》作「裘，重衣也」。

卷七《聖人》

（1）黃帝顏，得天匡陽，上法中宿，取象文昌

　　陳立曰：《御覽》引《元命苞》云：「黃帝龍顏，得天庭陽，上法中宿，取象文昌，戴天履地，乘數制剛。」《大義》引《文燿鉤》云：「黃帝龍顏，得天庭，法中宿，取象文昌。」（P337）

　　吳則虞曰：《元命苞》「履地」作「履陰」。（P337）

　　按：盧文弨曰：「『龍』字舊脫。《御覽》『匡』作『庭』。」《御覽》見卷79，「乘數」作「秉數」，吳校未盡。《五行大義》見卷5。「匡」當是「廷」形誤，《永樂大典》卷2973引亦誤作「匡」。「廷」即「庭」，此盧氏未及者。

（2）帝嚳駢齒，上法月參，康度成紀，取理陰陽

　　陳立曰：《御覽》引《元命苞》「駢齒」作「駢幹」，「康度」作「集時」，蓋互訛也。《御覽》引此，「駢齒」作「駢乾」，「康度」作「集咸」，「取理」作「成理」。《路史》「康度（度）」又作「秉庹（度）」。（P338）

按：陳氏校語多誤。《御覽》卷 368 引此文仍作「駢齒」，「康度」作「秉度」，「取理」作「以理」，又「月」誤作『曰』。《御覽》卷 79 引《元命苞》「駢齒」作「併幹」，「康度」作「集威」，「取理」作「以理」，《五行大義》卷 5 引《文燿鈎》同；《御覽》卷 371 引《元命苞》「駢齒」作「駢幹」，「康度」作「集」（脫「威」），「取理」作「以理」。《路史》卷 18 羅苹注引《河圖矩起》及此文「康度」作「秉度」，「取理」作「以理」。《路史》卷 17 亦有「集威成紀，以理陰陽」語。「康度」、「集威」疑是「秉度」之誤。理，順也。

（3）周公背傞，是謂強俊，成就周道，輔于幼主

陳立曰：「強俊」當作「強後」，與下「主」韻叶。（P340）

吳則虞曰：《含文嘉》「背傞」作「背天」，「強俊」作「俊強」，「成就」作「成龍」。（P340）

按：吳則虞說不知何據，《古微書》卷 17 引《禮含文嘉》「強俊」作「俊強」，「幼主」作「幼王」，其餘同此文。劉師培《斠補》曰：「今考《御覽》卷 371 正引作『後』，陳說是也。盧本改『主』為『王』，誤。」（P677）陳、劉說是，「傞」亦叶韻。強後，謂後背強直。盧文弨改「主」作「王」，又引梁處素曰：「疑當作『俊強』，方與『幼王』合韻。」孫星華從盧說（P488），其說蓋本《含文嘉》，非是。各本「于」作「於」，《御覽》卷 371 引作「相」。「於」是「相」形誤。

（4）德澤所興，藏元通流

吳則虞曰：「澤」原作「降」，據《含文嘉》改。（P340）

按：各本均作「澤」，獨陳立《疏證》本誤作「降」耳。元大德本、四部本、程本、吳本「興」作「與」，《永樂大典》卷 2973 引同。

卷七《八風》

（1）陽立於五，極於九

陳立曰：「立」舊作「生」，梁處素據《保章氏》疏引《考異郵》文改。（P341）

按：陳說全本於盧氏校語。盧氏《校勘補遺》又云：「小字本、元本『立』字俱不作『生』。」元大德本、四部本、元刻本作「立」不誤，《書鈔》卷 151 引《考異郵》同，《御覽》卷 364 引《春秋元命苞》亦有「陽立於五」語。程

本、吳本、郎本、四庫本作「生」，是誤自明人也。

（2）明庶風至，則修封疆、理田疇

按：《御覽》卷20引作「明庶風，春分至，王者修封疆，理田疇」。元大德本、四部本「理」誤作「埋」，元刻本、程本、吳本、郎本不誤。

（3）涼風至，報土功，祀四鄉

陳立曰：《通卦驗》文同。《天文訓》：「涼風至，則報地德，祀四郊。」（P345）

按：《通卦驗》見《御覽》卷9、《事類賦注》卷2引。各本「土功」作「地德」，與《淮南子・天文篇》合。不知陳氏何故據《通卦驗》改作「土功」？

卷八《瑞贄》

（1）《尚書》「揖五瑞」

陳立曰：《堯典》文也。《史記・五帝紀》、《漢書・郊祀志》並作「輯五瑞」，揖、輯通也。（P348）

按：各本「揖」均作「輯」，《堯典》同，《史記・五帝紀》、《漢書・郊祀志》並作「揖」。陳氏倒植其文。

（2）珪者，兌上，象物始生見於上也

按：各本「始」作「皆」，唐・李籍《九章算術音義》引同。盧文弨校本改作「始」，陳立《疏證》本從之，卻無校記。《類聚》卷83引作「始」，蓋盧氏所據。

（3）珪之為言圭也

陳立曰：「圭」舊作「潔」，盧依《類聚》改。「圭」即具有潔義。《周禮・蜡氏》注云：「圭，潔也。」《考工記・匠人》注：「圭之為言珪，潔也。」〔註47〕（P350）

按：《類聚》卷83引作「珪之為言珪也」，字不作「圭」。劉師培《斠補》曰：「今考《慧琳音義》卷83、89並引作『潔』，則舊本不訛。」（P679）劉說是也，《廣雅》：「圭，潔也。」珪（圭）、潔是聲訓，音轉亦作蠲。

〔註47〕引者按：「珪」下當讀斷，吳則虞失其讀。「潔」本作「絜」。

（4）位在東，陽見義於上也

按：各本「東」下有「方」字，當據補正。又各本「位在」誤倒作「在位」，盧氏乙之，卻無校記。

（5）不象陽何？陽始物微，未可見

按：元大德本等上「陽」誤作「陰」，獨元刻本、盧校本不誤。據下文「不象陰何？陰始起，物尚凝，未可象也」，此文「陽始」下疑脫「起」字，讀作「陽始〔起〕，物微，未可見」。上文有「北陰極而陽始起」語。本書《三正》「陽氣始施黃泉，萬物動微而未著也」，義同。元刻本「微」誤作「徵」。

（6）琮以起土功發眾何？琮之為言宗也，象萬物之宗聚也

陳立曰：舊「發眾」作「發聚〔眾〕」（引者按：陳氏引盧說，脫「眾」），「宗也」作「聖也」，「宗聚」下有「聖」字，並依盧校改正。（P353）

按：劉師培《斠補》曰：「《慧琳音義》卷30引作『琮言聚也』，卷51引作『琮之言聚也，象萬物之琮聚』。是上『聖』字當作『聚』，下『聖』字乃衍文。盧本從朱校改上『聖』字為『宗』，非也。」（P680）段玉裁校「聖」作「堅」，讀作「琮之為言堅也，象萬物之宗堅也」。朱珔說同段氏，當是襲段說〔註48〕。段、劉說是也，「堅」從聚省聲，是聚土義的分別字。此當逕校上「聖」字作「聚」，下文「宗聚聖」，「聖」涉「聚」誤衍。琮、聚雙聲，乃聲訓，取聚集、聚會為義，故下文云「……象聚會也，故謂之琮」。《廣雅》：「宗，聚也。」亦是聲訓。《說文繫傳》：「琮之言宗也，八方所宗。」小徐以「宗」為聲訓，取尊崇為義，與本書說不同。

（7）合符信者，謂天子執瑁以朝，諸侯執圭以覲天子

按：各本「以朝」下有「諸侯」二字。陳氏誤以其重複而刪之，亟當補正。

（8）璧所以留者，以財幣盡，輒更造

按：元刻本、郎本、盧本、子書百家本、關中叢書本作「幣」不誤，元大德本、四部本、程本、吳本、四庫本、隨庵叢書本誤作「弊」。

〔註48〕段玉裁《說文解字注》，上海古籍出版社1981年版，第690頁。朱珔《說文假借義證》，黃山書社1997年版，第744頁。

（9）贄者，質也，質己之誠，致己之悃幅也

按：盧文弨曰：「《初學記》作『致己質誠也』。」《初學記》見卷 14，指「質己之誠，致己之悃幅也」作「致己質誠也」，《類聚》卷 39 引同。《御覽》卷 539 只引「質己之誠」，蓋節引。

（10）大夫以雁為贄者，取其飛成行，止成列也

陳立曰：《曲禮》疏引作「飛成行列也」。（P356）

按：孫詒讓《輯補》曰：「『止成』二字及『也』字，元本、《遺篇》本並無。」（P114）劉師培《斠補》曰：「今考《書鈔》卷 81 亦無『止成』二字。蓋『飛成行，止成列』乃《嫁娶篇》文。《類聚》卷 39 引作『飛成行，止成列』，亦彼篇也。《文選·詠湖中鴈詩》注引作『雁飛則（下衍『乃』字）成行』，《曲禮下》疏引作『雁取飛則行列也』，似舊本弗訛。」（P681）各本都作「取其飛成行列」，《書鈔》卷 81、《御覽》卷 539 引同。盧校本增「止成」、「也」三字，卻無校記。《初學記》卷 14 引此文有「止成」二字，蓋盧氏所據。宋刊《類聚》卷 39 引則作「立成列」，劉氏所見乃俗本。本書《嫁娶》：「贄用鴈者，取其隨時南北，不失其節，明不奪女子之時也。又取飛成行，止成列也。」彼言嫁娶之禮，與此言大夫見君之禮略同。

（11）取其不可誘之以食，懾之以威

按：盧文弨曰：「《御覽》『懾』作『脅』，《正義》作『撓』。」孫詒讓《輯補》曰：「《初學記》卷 14『懾』亦作『脅』。」（P114）劉師培《斠補》曰：「《初學記》卷 14、《類聚》卷 39 並引『懾』亦作『脅』。」（P681）《御覽》見卷 539，《正義》指《禮記·曲禮下》《正義》。《書鈔》卷 81 引「懾」亦作「脅」。

（12）《禮·士相見經》曰：「上大夫相見以羔，左頭如麛執之。」明古以麛鹿，今以羔也

按：盧校本如此，而無校記。各本作「左顧右贄執麛」。盧氏蓋據《儀禮·士相見》校正。鄭玄注：「今文頭為脰。」脰，頸項也。武威漢簡簡 9 誤作「左短」。

（13）士賤，伏節死義，一介之道也

陳立曰：「伏」舊作「仗」，非。（P358）

按：陳說本於盧氏。孫詒讓《札迻》曰：「元本正作『伏』。」（P329）孫詒讓《輯補》曰：「『伏』字元本不誤，《補遺》亦未載。《遺篇》本亦不誤。」（P115）劉師培《斠補》曰：「程本亦作『伏』，郎本眉校云：『仗或作伏。』」（P682）四部本、元刻本、程本、吳本、隨庵叢書本均作「伏」不誤，郎本、四庫本、關中叢書本、子書百家本誤作「仗」。「伏節死義」即上文「守節死義」也。

（14）婦人之贄以棗栗腵脩者

按：元刻本、盧校本「贄」，元大德本等誤作「制」。

（15）又取其朝早起，栗戰自正也

陳立曰：盧云：「『朝』字『栗』字衍，《正義》無。」（P359）

按：各本「戰」下有「慄」字，當補。盧說是，《曲禮》疏作「取其早起，戰栗自正也」。

卷八《三正》

（1）陽氣始施黃泉，動微而未著也

陳立曰：《御覽》卷39引作「陽氣始施黃泉而未上也」。（P363）

按：《御覽》見卷29，陳氏誤其卷號，盧氏不誤。各本「動微」上有「萬物」二字。劉師培《斠補》曰：「《初學記》卷4引『動』上有『始』字。《事文類聚》前集卷6亦引作『陽氣始施，萬物始動』。今挩『始』字。」（P682）《合璧事類備要》前集卷15、《韻府群玉》卷2亦作「陽氣始施，萬物始動」。

（2）十三月之時，萬物始達，孚甲而出，皆黑

按：孫詒讓《輯補》曰：「甲，元本、《遺篇》本作『由』。」（P116）元刻本、程本、吳本、郎本、盧本、四庫本、關中叢書本、子書百家本作「孚甲」，《論語·為政》皇侃《義疏》、《御覽》卷29、《翻譯名義集》卷2、《合璧事類備要》前集卷10引同；元大德本、四部本、隨庵叢書本作「孚由」。作「孚甲」是也，當「萬物始達孚甲而出」八字作一句讀。達、徹一聲之轉，猶言穿通，謂萬物始穿通其孚甲而生出也。《史記·律書》：「甲者，言萬物剖符甲而出也。」〔註49〕《玉燭寶典》卷1引作「剖孚甲」。《釋名》：「甲，孚

〔註49〕《御覽》卷19引「剖」誤作「割」。

〔甲〕也，萬物解孚甲而生也。」文例正同，「達孚甲」即是「剖符甲」、「解孚甲」也。《名義集》引「達」形誤作「建」。《後漢書・章帝紀》：「方春生養，萬物莩甲。」下文李賢注引《禮記》：「十三月，萬物莩甲而出，其色皆黑。」「莩甲」上省動詞。

（3）三正之相承，若順連環也

陳立曰：《御覽》引《書大傳》：「三王之統，若循連環。」（P364）

按：孫詒讓《輯補》曰：「古『順』、『循』通。」（P116）《御覽》卷29引《尚書大傳》作「天有三統，土有三正……是故三統，三正也，若循連環」，又引作「三正之相承，若連環也」。《文選・廣絕交論》、《西征賦》、《遊仙詩》、《臨終詩》李善注四引《尚書大傳》「三王之統，若循連環」，《御覽》卷76引《周書》亦同。「三王」疑「三正」之誤。

（4）聲味不可變，哀戚不可改，百王不易之道也

按：元大德本、四部本、隨庵叢書本「百王」作「百世」。二作均通，「百王不易」、「百世不易」漢人並有其語。本書《紼冕》云「為百王不易也」。

卷八《三教》

（1）承衰救弊

按：承，讀作拯，下文「承弊」同。

（2）《樂稽耀嘉》曰：「顏回尚三教變，虞夏何如？」

陳立曰：盧云：「『尚』當『問』字之誤。『變』字絕句。」（P370）

按：孫詒讓《輯補》曰：「耀，元本、《遺篇》本作『燿』。尚，元本作『向』。」（P118）元、明各刊本「耀」作「熠」，孫校未是。盧校本、關中叢書本、子書百家本改作「耀」，是也。《御覽》卷811引《樂說（「說」衍文）稽熠嘉》，字亦誤作「熠」。尚，程本、吳本、郎本同，四部本、元刻本亦作「向」。又元刻本「變」作「亦」。不知孰是。

（3）三教一體而分，不可單行，故王者行之有先後

按：孫詒讓《札迻》曰：「元本『故』作『顧』。」（P329）元大德本、四部本、元刻本「故」都作「顧」。顧，轉折之辭，猶言但也。

（4）故竹器不成用，木器不成斲，瓦器不成沬

　　陳立曰：《荀子‧禮論篇》：「木器不成斲，陶器不成物，薄器不成內。」（P373）

　　吳則虞曰：《禮記‧檀弓上》無三「器」字，「沬」作「味」。（P372）

　　按：《禮記‧檀弓上》：「是故竹不成用，瓦不成味，木不成斲。」《家語‧曲禮子夏問》：「是故竹不成用，而瓦不成滕。」《荀子》「物」乃「味」借字，「內」當作「用」。《家語》「滕」、本書「沬」當作「味」。明器不可實用，備物而已，故云「瓦器不成味」也。

（5）塗車芻靈，自古有之

　　按：盧校本、關中叢書本、子書百家本作「芻」，《禮記‧檀弓下》同；元刻本、程本、吳本、郎本、四庫本作「蒭」，《御覽》卷552引《禮記》同；元大德本、四部本、隨庵叢書本作「羞」。作「羞」誤，盧校是也，卻失校記。《釋名》：「塗車，以泥塗為車也。芻靈，束草為人馬，靈名之也。」

卷八《三綱六紀》

（1）綱者，張也；紀者，理也。大者為綱，小者為紀，所以張理上下，
　　　整齊人道也

　　陳立曰：「張理」舊作「彊理」，誤，盧據《儀禮經傳通解》改正。（P374）

　　按：孫詒讓《輯補》曰：「張，元本『強』，《遺篇》本作『彊』。《論語》疏、《大學衍義》引亦並作『張』，與《通解》合。」（P119）劉師培《斠補》曰：「盧校是也，《論語‧為政》疏亦引作『張理』。」（P684）《大學衍義》見卷6。四部本、元刻本誤作「強理」，程本、吳本、郎本復誤作「彊理」。《玉篇殘卷》「紀」字條引作「張理」，是六朝人所見不誤也。

（2）君臣法天，取象日月屈信歸功天也。父子法地，取象五行轉相生
　　　也。夫婦法人，取象人合陰陽有施化端也

　　陳立曰：「人合」舊作「六合」，譌。（P375）

　　按：陳說本於盧氏。孫詒讓《輯補》曰：「《論語》疏引無『法人』二字，『六合』正作『人合』，無『化端也』三字。」（P119）劉師培《斠補》曰：「盧校是也，《為政》疏正引作『人合』。」（P685）作「人」字是，但當讀「合陰陽」連文，指男女交接。屈信，讀作「屈伸」。

（3）臣者，繵堅也，厲志自堅固也

　　陳立曰：盧本刪「繵」字。案《廣雅》：「臣，繕也。」繕、繵皆與臣同韻，故得訓也。然「繵堅」二字不當連，疑「繵」下脫「也」字。《儀禮通解》引此作「臣，牽也。象屈服之形」，與《說文》同也。（P376）

　　按：各本「厲」作「屬」。盧校本據《禮記·曲禮上》孔疏引作「臣，堅也，厲志自堅固也」，校「屬」作「厲」。陳說「繵」下脫「也」字，是也，其說實本於王念孫《廣雅疏證》「臣，繕也」條。王氏曰：「《白虎通義》云：『臣者，繵也，堅也。厲志自堅固也。』『繵』與『繕』通。」〔註50〕孫詒讓《輯補》指出《玉篇》「臣」條引作「臣者，繵也，厲志自堅固也」，「繵」下正有「也」。雪克校《輯補》引蔣禮鴻曰：「『厲志』是也。屬乃繫屬，屬志猶言歸心、繫心。『臣』字古有訓作牽者，牽、屬亦一義。」（P120）

卷八《性情》

（1）故《鉤命決》曰：「情生於陰，欲以時念也；性生於陽，以就理也。陽氣者仁，陰氣者貪，故情有利欲，性有仁也。」

　　陳立曰：「就」字舊脫，盧據《古微書》補。（P381）

　　按：《古微書》見卷30。盧說未必是，且尚有未校者。《詩·烝民》孔疏引《孝經援神契》：「性生於陽以理執，情生於陰以繫念。」《御覽》卷886、《古微書》卷27引作「情生于陰以計念，性生于陽以理契」。《雲笈七籤》卷92引《保聖纂要》：「情生於陰以起造，性生於陽以治理。陽仁，陰貪。故情有利欲，性有仁和。」據上引文，則當校作：「情生於陰，欲（衍文）以時（繫）念也；性生於陽，以理〔契〕也。陽氣者仁，陰氣者貪。故情有利欲，性有仁〔和〕也。」《御覽》「繫」作「計」者，同音借字。S.2832「能全草繫之心」，S.2503「一切都緣草計心」，「草計」即是「草繫」。P.2692「衣食計身命」，P.2100「計」作「繫」。孔疏「契」作「執」者，疑「執」是「執」形誤，道藏本《鶡冠子·泰鴻》「行以理執，紀以終始」，舊注：「執，或作執。」執、契聲轉，「楔」或作「櫱」，是其比也。又《董子·王道通三》「陽氣仁而陰氣戾」，《論衡·本性》引董仲舒說「陰氣鄙，陽氣仁」，亦與此文「陽氣者仁，陰氣者貪」相合。戾讀為利，亦貪也。

〔註50〕王念孫《廣雅疏證》，收入徐復主編《廣雅詁林》，江蘇古籍出版社1992年版，第410頁。

（2）仁者，不忍也，施生愛人也

陳立曰：《釋名·釋言語》：「仁，忍也。好生惡殺，善含忍也。」《古微書·
元命苞》云：「仁者情志好生愛人。」「施」一作「好」。（P382）

按：《古微書》見卷6，《御覽》卷360引《元命苞》同。《釋名》「善」
下當據《慧琳音義》卷22、《廣韻》「仁」字條引補「惡」字。唐·圓測《仁
王經疏》卷上云「仁者，忍也。善惡含忍」，當本《釋名》。《御覽》卷419引
《釋名》作「仁，忍也。性惡殺好善，含忍之也」，蓋臆改。陳說「施」一作
「好」本於盧氏。劉師培《斠補》指出《慧琳音義》卷22、《玉篇·人部》、
《論語·為政》疏引作「好」；又指出《慧琳音義》引「不忍」作「是忍」
（P687）。「不忍」當作「是忍」，邢昺疏引亦誤。仁、忍是聲訓，《釋名》是
其證。孫詒讓《輯補》說「是忍」譌（P121），非是。

（3）智者，知也，獨見前聞，不惑於事，見微者也

按：各本「知著」作一「者」字，《西山讀書記》卷2引同。盧校本改作
「知著」，蓋據《論語·為政》邢昺疏引而改，卻無校記。殊不必改。

（4）肝之為言干也

陳立曰：《廣雅》：「肝，幹也。」《釋名》云：「肝，幹也。」又云：「干，
幹也。」《大義》引作「扜」。（P383）

按：孫詒讓《輯補》曰：「《玉篇》『肝』字注、《五行大義》卷3引『干』
皆作『扜』。」（P122）劉師培《斠補》亦指出《玉篇》引作「干」（P687）。
《釋名》：「肝，幹也。五行屬木，故其體狀有枝幹也。凡物以大（木）為幹
也。」〔註51〕《釋名》、《廣雅》以枝幹說之，本書下文云「肝，木之精也……
故肝象木〔形〕，色青而有枝葉」〔註52〕，則說亦同。作「扜」非是。元刻
本「干」誤作「肝」。

（5）心之為言任也，任於恩也

陳立曰：《廣雅》：「心，任也。」《繁露·深察名號篇》云：「故心之為名
栣也。」《大義》引作「任於思也」。（P383）

〔註51〕《御覽》卷376引「大」作「木」。
〔註52〕「形」字據《慧琳音義》卷2引補，劉師培《斠補》已及（P688）。

按：《五行大義》見卷 3。劉師培《補釋》曰：「《大義》所引是。上『任』字蓋假為『恁』。《說文》：『恁，思也。』《廣雅》同。下『任』字乃『用』義也。」（P803）劉說從《大義》改「恩」作「思」是也，《廣博物志》卷 25 引亦作「思」。《孟子・告子上》：「心之官則思。」心、任疊韻聲訓。但二「任」都當訓用，不當異義。

（6）脾之為言辨也，所以積精稟氣也

陳立曰：《釋名》云：「脾，裨也。裨助胃氣，主化穀也。」《廣雅》：「脾，卑也。」盧據《御覽》卷 376 改「辨」作「併」。按《大義》正引作「脾之為言辨也，所以積精稟氣」。按脾訓併訓辨皆一音之轉，脾、裨疊韻為訓也。《大義》又引《元命苞》云：「脾者，并也。」（P383）

按：《五行大義》卷 3 引《元命苞》作「脾者，弁也」，陳氏誤「弁」作「并」。劉師培《斠補》曰：「盧本據《御覽》卷 376 所改『辨』為『併』。今考《慧琳音義》卷 47 引作『辯』，卷 68 引作『辦』，卷 77 引作『辨』。則『辨』非訛字。又《玉篇》引作『裨』，裨、辨亦一聲之轉。《音義》卷 77 引『精』作『釋』，誤。」（P688）劉說是也，「弁」、「辦」均同「辨」，足證今本不誤。《玉篇》「脾」字條引作「脾之為言裨也」，蓋據《釋名》、《廣雅》改之，非本書之舊也。王冰《黃帝內經素問補註釋文》卷 39、《永樂大典》卷 15956 引作「脾之為言并也，謂四氣并之也」，《御覽》卷 376 引作「脾之為言併也，所以併積氣」，蓋「弁」形誤作「并」，又易作「併」，因之隨文釋作「四氣并之」、「所以併積氣」也。

（7）仁者不忍，故以膽斷焉

按：劉師培《斠補》曰：「《慧琳音義》卷 11 引『不』上有『苦』字。『苦』乃『若』之訛，故《御覽》卷 376 引作『仁者若不忍』。今挍『若』字。」（P690）「不忍」上當據《慧琳音義》補「苦」字，宋刊《御覽》卷 376 引亦是「苦」，劉氏未見善本。《慧琳音義》卷 68 引作「仁者若不忍者」，「若」是「苦」形誤。仁者忍，苦不忍耳。《能改齋漫錄》卷 4 引作「仁不忍」，已經脫誤。

（8）魂猶伝伝也，行不休也

按：盧文弨曰：「舊作『魂猶伝伝也，行不休於外也』，今據《御覽》卷

886 改。」孫詒讓《札迻》曰：「案此尚有挩譌，《廣韻》引此作『魂者，沄也，猶沄沄，行不休也』（《左傳昭七年》孔疏引《孝經說》云：『魂，芸也。芸芸，動也。』芸、沄字通）。《韻補》卷 1 引同，當據補正。《春秋繁露·山川頌》云：「混混沄沄。」《呂氏春秋·圜道篇》云：「雲西行云云然。」高注云：「運也。」云、沄字亦通。」（P331）孫氏《輯補》說略同（P124）。元大德本、四部本、元刻本都衍「於外」二字，盧氏刪之是也，《類聚》卷 79 引亦無。孫說是也，伝伝，運動之盛貌。也作「湣湣」、「鼤鼤」，轉語則作「混混」、「渾渾」。

（9）精者，靜也，太陰施化之氣也。象水之化，須待任生也

陳立曰：「水」舊作「大」，譌。又無「須待」二字，盧據《御覽》正。（P390）

按：「水」舊作「火」，非「大」。又《御覽》卷 886 引「任生」作「任坐」，則誤。

卷八《壽命》

（1）壽命者，上命也

按：各本「壽命」上有「習」字，盧校本刪之，卻無校記。

（2）夫子過鄭，與弟子相失，獨立郭門外

按：「過」當據《史記·孔子世家》、《家語·困誓》、《論衡·骨相》校作「適」。

（3）孔子喟然而笑曰

按：「喟然」非「笑」狀詞。《史記·孔子世家》、《論衡·骨相》作「孔子欣然笑曰」，《家語·困誓》作「孔子欣然而歎曰」。欣然，笑兒，「歎」當作「笑」。「歎」或作「嘆」，「笑」俗作「咲」，形近致誤。

卷八《宗族》

（1）《禮》曰：「惟氏三族之不虞。」《尚書》曰：「以親九族。」

按：各本「九族」下有「義同也」三字，指《禮》「三族」即《書》之「九族」。獨陳立《疏證》本脫之，亟當補正。

（2）或言九者，據有交接之恩也。若邢侯之姨，譚公惟私也

　　　按：程本、吳本、郎本、四庫本作「姨」，《詩·碩人》同；元大德本、四部本、元刻本作「姊」。「姊」疑「娣」形誤，姨、娣一聲之轉，謂女弟也。

卷九《姓名》

（1）故紀世別類，使生相愛，死相哀

　　　陳立曰：紀世別類，舊作「故禮別類」，依小字本改。（P401）

　　　按：盧文弨曰：「舊本作『故禮別類』，今據《御覽》卷362改。」盧氏《校勘補遺》又云：「小字本、元本『世』字皆不誤。」程本、吳本、郎本誤作「故禮別類」。元大德本、四部本、元刻本、隨庵叢書本作「故世別類」，「世」字不誤，但脫一「紀」字。

（2）所以有氏者何？所以貴功德，賤伎力。或氏其官，或氏其事，聞其氏即可知其德，其所以勉人為善也

　　　陳立曰：賤，《御覽》作「下其德」。「德」字據《通解》補。（P403）

　　　按：陳說全本於盧校。當點作：「賤，《御覽》作『下』。其德，『德』字據《通解》補。」《御覽》見卷362，《通解》見卷5。《御覽》引無「其德」二字。又《通解》「聞」作「問」。

（3）天道一時，物有其變

　　　按：各本無「其」字。盧校本有，蓋據《御覽》卷362引補，卻失校記。

（4）人所以相拜者何？所以表情見意，屈節卑體，尊事人者也

　　　按：孫詒讓《輯補》曰：「『事人』之『人』字，元本、《遺篇》本作『之』。」雪克案：「『人』是。」（P127）雪克說誤也，各本都作「尊事之」，《書鈔》卷85引同。陳立《疏證》本承盧校本之誤，亟當校正。《翻譯名義集》卷4引無此字。

（5）所以先拜手，後稽首何

　　　按：孫詒讓《輯補》曰：「手，元本、《遺篇》本作『首』。」雪克案：「手、首字通。」（P127）各本都作「拜首」。盧氏改作「拜手」，卻失校記。

（6）能順四時長幼之序，故以伯仲號之

　　　按：《御覽》卷363引「順」作「從」。

（7）婦人質少變

　　按：孫詒讓《輯補》曰：「質，元本、《遺篇》本作『值』。」（P128）各本都作「值」。盧校本誤作「質」，陳立《疏證》本承其誤，亟當校正。

卷九《天地》

（1）天者何也？天之為言鎮也，居高理下，為人鎮也

　　按：孫詒讓《輯補》曰：「《韻補》卷1引『天者，身也，天之為言鎮也』，疑今本『何』字即『身』之誤。鎮也，《事類賦》引作『顛也』。」（P128）劉師培《斠補》曰：「《寶典》卷1引作『天者，身也，鎮也』。今本挩『身也』二字。」（P698）《類聚》卷1、《慈湖詩傳》卷4引都作「天者，身也，天之為言鎮也」。

（2）地者，易也。萬物懷任，交易變化也

　　按：各本「萬物懷任」上有「言養」二字。獨陳立《疏證》本脫之，亟當補正。《爾雅·釋地》疏引此文作「地者，易也。言養萬物懷任，佼易變化，含吐應節也」。「含吐應節」四字亦當據補。《玉燭寶典》卷1、《開元占經》卷4、《類聚》卷6引《元命苞》：「地者，易也。言養〔萬〕物懷任，交易變化，含吐應節。」《白帖》卷1引「任」誤作「信」，餘同；《廣韻》「地」字條引「物」上有「萬」字，餘同。

（3）始起先有太初，然後有太始，形兆既成，名曰太素

　　按：各本「始起」前有「始起之天」四字，又無「然」字。陳立《疏證》本承盧校本之誤，亟當補正。「然」字蓋盧氏據《御覽》卷17引補，但補之誤也。

（4）然後判清濁，既分，精曜出布，庶物施生

　　按：各本「判」上有「剖」字，下二句作「精出曜布，度物施生」。獨陳立《疏證》本脫「剖」字，亟當補正。當讀作「然後剖判，清濁既分」。《御覽》卷17引作「然後剖判，清濁既分，精耀出布，庶物生」，是也。

（5）精者為三光，號者為五行

　　陳立曰：「號者」二字疑衍。（P421）

　　按：盧文弨曰：「『號』字疑。《御覽》無『號者』二字。」劉師培《斠補》

曰：「『號』疑『遞』訛。」（P699）宋刊《御覽》卷 17 引「號」作「竉」，即
「龍」俗字，當據校正。盧氏所見《御覽》是誤本。

（6）五行生情性，情性生汁中，汁中生神明，神明生道德，道德生文章

　　陳立曰：《珠林》引虞喜《天文論》：「精者為三光，為五行，五行生情性，
情性生斗中，為神明，神明生道德，道德生文章。」此作「汁中」，未知何解。
（P421）

　　按：《珠林》未引《天文論》，其所引文字見於《古微書》卷 24 引《詩推
度災》，陳氏蓋誤記出處。劉師培《補釋》曰：「汁、協古通。『汁中』與『中
和』同。『斗中』亦『汁』字之訛。」（P805）劉說姑備一解。宋刊《御覽》卷
17 引二「汁」字作「汙」，形近而訛。

卷九《日月》

（1）三日成魄，八日成光

　　陳立曰：盧據《御覽》卷 4 補「三日成魄」四字。（P425）

　　按：《法苑珠林》卷 4 引亦有「三日成魄」四字。

（2）故《援神契》曰：「月三日而成魄，三月而成時。」

　　按：各本均作「月三日成魄也」。《禮記·鄉飲酒義》：「月者三日則成魄，
三月則成時。」《御覽》卷 4、《事類賦注》卷 1 引二「則」作「而」，《類聚》
卷 1 引脫上「而」字。盧校本蓋據《禮記》補下句，陳氏承之，卻失校記。

卷九《四時》

（1）所以名為歲何？歲者，遂也。三百六十六日一周天，萬物畢成，故
　　為一歲也

　　按：孫詒讓《輯補》曰：「成，元本、《遺篇》本作『死』，誤。」（P130）
各本都誤作「畢死」，《永樂大典》卷 489 引誤同。盧校本改作「成」字，卻無
校記。上文云「歲者，遂也」，《廣雅》云「歲，遂也」，《御覽》卷 17 引《春
秋元命包》亦云「歲之為言遂也」。作「成」與「遂」同義。

（2）年者，仍也。年以紀事，據月言年

　　陳立曰：十二字舊脫，盧據《御覽》補。《說文》：「年，穀熟也。」「仍」

與「稔」通，穀一年一稔，故稱仍也。（P431）

按：《御覽》卷 17 引「據月言年」下尚有「數者」二字，當補十四字。陳說未得此文之誼。年（泥母）、仍（日母）是雙聲聲訓，日母歸泥也。仍者，因也。言月相因襲而成為年，故云「據月言年數者」。與「穀熟」無涉。

（3）知闋閾

陳立曰：「闋閾」二字疑誤。

按：盧文弨曰：「未詳。」孫詒讓《輯補》曰：「閾，元本作『閺』。」（P130）程本、吳本、郎本、四庫本、關中叢書本、子書百家本作「闋閾」，元大德本、四部本、元刻本、隨庵叢書本作「闕閺」。「閺」字無考，疑「損」改旁俗字。上文云「二帝為載，三王為年，皆謂闋閾」，洪頤煊曰：「『謂』當作『有』，『闋』通作『虧』字，『閾』是『闕』字之譌。虧缺，謂歲三百六十有六日，其餘分以置閏。下文『《春秋傳》曰：三月（引者按：『月』當作『年』）之喪，其實二十五月』，是知有闋闕之證。」（P704）劉師培《斠補》曰：「此二字不可考，乃『亮陰』異體，本文疑作『闋闇』。」（P702）劉師培《補釋》曰：「稹、規形近，疑『稹』訛為『規』，淺人又改為『闋』。稹，《說文》云『復其時也』。『閾』不知何字之訛。」〔註53〕（P805）洪說近之。

卷九《衣裳》

（1）裘，所以佐女功助溫也。古者緇衣羔裘，黃衣狐裘，禽獸眾多

陳立曰：舊本脫，盧據《初學記》補。（P434）

按：《初學記》見卷 26，《御覽》卷 694 引同。又二書引作「女工」，盧氏作「女功」不合。

（2）男子所以有鞶帶者，示有金革之事也

按：盧校本如此。孫詒讓《輯補》曰：「示有金革之事也，元本、《遺篇》本並作『示有事也』。」（P130）元大德本、四部本、元刻本作「必有鞶帶者，示有事也」，程本、吳本、郎本、四庫本「必」作「以」，餘同。盧氏補字，卻無校記。據上文「所以必有紳帶者，示謹敬自約整」之文例，則上句當作「所以必有鞶帶者」，下文「所以必有佩者」云云，亦足證也。「必」字亦當

〔註53〕吳則虞誤讀作「淺人又改為『闋稹』」，徑正。

補。《左傳・桓公二年》孔疏引本書「男子有鞶革者，示有金革之事」，《御覽》卷 691 引「鞶」下脫「革」字，餘同。此蓋盧氏所本。

（3）所以必有佩者，表德見所能也

陳立曰：盧據《御覽》補。《御覽》卷 692 作「表意見所能」。（P436）

按：盧文弨指出：「《御覽》『德』作『意』，與《初學記》同，今又以《文選》注參訂。」劉師培《斠補》曰：「《書鈔》卷 128、《初學記》卷 26 並引作『意見』，惟《文選・思玄賦》注引作『德』。」（P702）《書鈔》卷 128 凡三引均作「意」，《御覽》卷 692、《事文類聚》續集卷 20、《合璧事類備要》外集卷 37 引同；《文選・思玄賦》李善注凡二引均作「德」字。盧氏據《選》注改字，是也。《書鈔》卷 128 引董氏《輿服志》「佩所以彰德」，即此文「佩所以表德」之誼。本書《衣裳》說衣服以「表德勸善」，與佩之功用正同耳。「德」古字作「悳」，形近而誤作「意」。《賈子・胎教》「意合則未見而相親」，《說苑・尊賢》、《長短經・論士》「意」作「德」。《史記・周本紀》「有不祭則脩意」，《長短經・七雄略》「意」作「德」。《說苑・貴德》「以應天德」，《漢書・路溫舒傳》、《漢紀》卷 17「德」作「意」。《文子・上禮》「內愁其德」，道藏《纘義》本作「意」，《御覽》卷 523 引同。《古文苑》卷 14 楊雄《百官箴》「爰貊伊德」，宋刊《類聚》卷 6 引「德」作「意」。《書鈔》卷 91 引《禮統》「三皇禪奕奕，盛意也」，《梁書・許懋傳》引《禮記》「意」作「德」。《家語・困誓》「多其功而不意」，王引之說「意」是「悳（德）」之譌〔註54〕。均其形誤之證。

（4）故循道無窮則佩環

陳立曰：盧據《御覽》補。《御覽》卷 692「循」作「脩」。（P436）

按：盧文弨指出：「《御覽》『循』作『脩』，與《初學記》同，今又以《文選》注參訂。」《御覽》卷 692 二引，一作「脩」，一作「脩」。《後漢書・張衡傳》李賢注、《事文類聚》續集卷 20 引作「脩」，《初學記》卷 26、《玉海》卷 86、《合璧事類備要》外集卷 37、《上說玄天大聖真武本傳神呪妙經》卷 2 引作「脩」。「循」是「脩（修）」形誤，盧氏據《選》注改字誤也。

〔註54〕王引之說轉引自王念孫《荀子雜志》，收入《讀書雜志》卷 12，中國書店 1985 年版，本卷第 34～35 頁。

（5）能本道德則佩琨

陳立曰：盧據《御覽》補。《御覽》「本」作「大」，與《初學記》同。
（P436）

按：陳說全本於盧氏。《御覽》見卷 692，《初學記》見卷 26。盧氏指出：
「以《文選》注參訂。」盧氏據《選》注改「大」作「本」，是也。《書鈔》
卷 128、《後漢書·張衡傳》李賢注、《合璧事類備要》外集卷 37、《事文類
聚》續集卷 20 引均作「本」。

卷九《五刑》

（1）聖人治天下，必有刑罰何？所以佐德助治，順天之度也。故懸爵
　　賞者，示有所勸也；設刑罰者，明有所懼也

陳立曰：《御覽》卷 626、645 兩引此文，皆無「佐德」二字。《書鈔》引
「刑罰」作「刑法」。（P438）

按：《御覽》卷 626 當作卷 636，盧校不誤。孔本《書鈔》卷 43「設刑罰
者，明有懼也」條注：「《白虎通》云云。故天下順從，皆所以全民命。」又「刑
罰所以助治」條注：「《白虎通》云『聖人治天下，必有刑罰者，所』云云。」
是《書鈔》引仍作「刑罰」，亦無「佐德」二字。陳本《書鈔》作「刑法」，此
陳氏所據。《漢書·禮樂志》劉向上疏云：「且教化，所恃以為治也。刑法，所
以助治也。」此班氏所本。

（2）《傳》曰：「三皇無文，五帝畫象。三王明刑，應世以五。」

陳立曰：《周禮·保氏》疏引《鉤命決》之文也。三王明刑，《司圜》疏引
作「肉刑」。（P438）

按：盧文弨曰：「『《傳》曰』以下據《御覽》補。」今本無此文，盧氏所
補也，當出校記。《御覽》卷 636、645 並引《傳》曰「三王肉刑，應世以立」，
未引「三皇」二句。《周禮·司圜》賈疏引《孝經緯》：「三皇無文，五帝畫
象，三王肉刑。」又《保氏》疏引《孝經緯·援神契》：「三皇無文。」盧氏
「援神契」誤作「鉤命決」，「肉」誤作「明」，「立」誤作「五」，陳氏一仍其
誤，未作校正。

（3）五刑者，五常之鞭策也

按：盧文弨曰：「『《傳》曰』以下據《御覽》補。」今本無此文，盧氏所

補也，當出校記。《御覽》卷 636、645 並引本書「刑者，五帝之鞭策」，《初學記》卷 20 引「刑」上有「五」字，餘同；《書鈔》卷 43 引作「五刑者，五常之鞭策」。「常」當作「帝」。

（4）庶人雖有千金之幣，不得服

陳立曰：案「不得服」下當有脫文，當是「不得弗服刑」也。（P442）

按：陳說或誤。「之幣」二字，吳本、四庫本、關中叢書本、子書百家本同，元大德本、四部本、隨庵叢書本作「衣弊」，元刻本、程本、郎本作「之弊」。《皇王大紀》卷 23、《永樂大典》卷 8908 並有「庶人雖有千金之幣，不得服載」語，或即本於此文。則「服」下脫「載」或「黼」字。言古禮制，庶人雖富，不得服黼黻之禮服也。

（5）夏曰夏臺，殷曰牖里，周曰囹圄

陳立曰：據《書鈔》補。（P444）

按：陳氏所據乃陳本《書鈔》卷 45，孔本《書鈔》引《白虎通》：「《周禮》：『三王始有獄。』夏曰夏臺，桀拘湯。殷曰羑里。周曰囹圄。」隋·灌頂《大般涅槃經疏》卷 5 引《白虎通》：「囹，令也。圄，舉也。令其思愆舉罪。」《御覽》卷 643 引作《風俗通》：「周曰囹圄。〔囹〕，令。圄，舉也。言人幽閉思愆，改惡為善，因原之也。今縣官錄囚皆舉也。」

卷九《五經》

（1）冀行其道德

按：孫詒讓《輯補》曰：「道，元本、《遺篇》本並作『聖』。」（P132）程本、郎本、盧本、子書百家本作「道德」，元大德本、四部本、元刻本、吳本、四庫本、隨庵叢書本作「聖德」。

（2）後世聖人，謂五帝也

按：孫詒讓《輯補》曰：「帝，元本、《遺篇》本誤作『常』。」（P132）各本「聖人」下有「者」字。四部本、元刻本、程本、吳本、郎本、隨庵叢書本亦誤作「五常」。郎本「常」字右旁有注：「當作『帝』。」

（3）《傳》曰：「三皇百世計神玄書，五帝之世受錄圖。」

按：孫詒讓《輯補》曰：「元本、《遺篇》本『皇』字作『王』，下『世』字誤置『圖』字下。」（P132）各本「皇」作「王」，「玄」作「元」，「世」在「圖」下，《路史》卷15同。

卷十《嫁娶》

（1）故設嫁娶之禮者，重人倫、廣繼嗣也

按：孫詒讓《輯補》曰：「廣，元本、《遺篇》本作『庶』。」（P132）劉師培《斠補》曰：「程本『廣』作『庶』，義較古。」（P706）吳本、郎本、四庫本、盧本、關中叢書本、子書百家本作「廣」，四部本、元刻本、隨庵叢書本亦作「庶」。作「廣」是，下文云「重國、廣繼嗣也」。

（2）三十三數終奇，陽節也。二十再終，偶，陰節也

按：陳氏底本作「三十數三終，奇，陽節也」，與各本合。各本「二十」下有「數」字，底本即脫，當據補。

（3）又是隨陽之鳥，妻從夫之義也

按：各本無此二句，盧校本有，卻無校記。蓋據《禮記·昏義》疏引補。

（4）吾子有嘉命，貺室某也

按：各本「嘉」作「加」。盧校本改作「嘉」，卻無校記，蓋據《儀禮·士昏禮》改也。二字古通，不煩改字。本書用借字，不必同於《士昏禮》，如《士昏禮》「儷皮」，本書上文引作「離皮」。

（5）母施衿結帨曰

按：各本「衿」作「襟」。盧校本改作「衿」，卻無校記，蓋據《儀禮·士昏禮》改也。二字古通，不煩改字。劉師培《斠補》曰：「《御覽》卷541『帨』誤『褵（縭）』。」〔註55〕（P708）宋刊《御覽》卷541引作「施矜結縭」，劉氏失校「矜」字。《爾雅·釋器》：「婦人之褘謂之縭」，《詩·東山》孔疏引孫炎曰：「褘，帨巾。」《文選·女史箴》：「施衿結褵。」「褵」同「縭」，指佩巾，即「帨」。《御覽》以「縭」代「帨」，所指是同一物，而「衿」作「矜」則誤。

〔註55〕《白虎通義校補校勘記》已經改「褵」作「縭」（P732），與《御覽》合。

（6）勖率以敬先妣之嗣

　　按：元大德本等無「勖」字。元刻本、盧校本有，《儀禮·士昏禮》同。

（7）《周官》曰：「仲春之月，合會男女。」

　　按：吳本、盧本、四庫本作「合令」，與《周禮·媒氏》合；元大德本、四部本、元刻本、程本、郎本、關中叢書本、子書百家本、隨庵叢書本誤作「合會」。

（8）《昏禮經》曰：「親皆歿，己躬命之。」

　　按：各本「歿」作「沒」，「躬」作「聘」。盧校本改「聘」作「躬」，即「躬」字，卻無校記。蓋據《儀禮·士昏禮》改也。

（9）不更聘大國者，不忘本嫡也

　　按：各本「嫡」作「適」。二字古通，不煩改字。

（10）天子之太子，諸侯之世子

　　按：各本無「之太子」三字，盧校本有，卻無校記，蓋據《御覽》卷147引作「天子太子，諸侯之世子」而補之。本書《辟雍》有「天子太子，諸侯世子」語。

（11）王者娶及庶人者何？開天下之賢士，不遺善也

　　按：孫詒讓《輯補》曰：「士，元本、《遺篇》本作『示』。」（P136）劉師培《斠補》曰：「盧本『示』作『士』，訛。」（P709）各本都作「示」屬下句，盧校本誤耳。

（12）（卿大夫）不備姪娣何？北面之臣賤，勢不足盡人骨肉之親

　　按：孫詒讓《輯補》曰：「元本、《遺篇》本無『勢』字，『盡』下有『執』字。」（P136）四部本、元刻本同元大德本。盧校本改「執」作「勢」，移至句前，卻無校記，不知所據。劉師培《斠補》曰：「《呂氏春秋·遇合篇》『嫫母執乎黃帝』，高注云：『黃帝說之。』蓋『執』即『摯』字之訛。此文之『執』，誼與彼同。」（P709）劉氏「摯」當從執作「瞀」，與「媒」同。《說文》：「瞀，日狎瞀相慢也。從日執聲。私列切。」執，親密也，是「瞀」省文。《墨子·

尚賢中》:「《詩》曰:『告女憂卹,誨女予鬱(爵)。孰能執熱,鮮不用濯?』
則此語古者國君、諸侯之不可以不執善承嗣輔佐也。」孫詒讓曰:「執猶親
密也。《曲禮》云:『執友稱其仁也。』鄭注云:『執友,志同者。』《呂氏春
秋・遇合篇》云:『故嫫母執乎黃帝。』《列女傳》云:『衒嫁不售,流棄莫
執。』執並與親義相近。此執善亦言親善也。」〔註56〕裴學海從孫說〔註57〕。

(13)《昏禮經》曰:「教于公宮三月。」

按:各本「《昏禮經》」作「《禮・昏經》」,指《儀禮・士昏禮》。獨陳立
《疏證》本誤倒,亟當校正。孫詒讓《輯補》曰:「元本、《遺篇》本『教』
作『告』。」(P137)各本都作「告」。盧校本作「教」,蓋據《士昏禮》改。

(14)有五不娶:亂家之子不娶,逆家之子不娶,世有刑人、惡疾,喪
　　婦長子,此不娶也

按:各本「逆家之子」下無「不娶」二字。「亂家之子」下「不娶」二字
當是衍文。「亂家之子、逆家之子、世有刑人、惡疾、喪婦長子」五者,下總
說曰「此不娶也」。

(15)父子不同椸,為亂長幼之序也

陳立曰:《禮・曲禮》、《內則》皆作「男女不同椸枷」。「父子不同椸」未
詳所出。(P492)

按:孫詒讓《輯補》曰:「椸,元本作『拖』,《遺篇》本作『袘』。」(P138)
盧本、隨庵叢書本作「椸」,元大德本、元刻本、程本、吳本作「袘」(孫氏所
謂元本指大德本,所校不確),四部本作「拖」,郎本、四庫本、子書百家本、
關中叢書本作「袘」。作「椸」是,其餘均形誤。椸枷指衣架,此文椸指榻前
几案,字亦作簃。《集韻》:「椸,《方言》:『榻前几,趙魏之間謂之椸。』或作
簃。」音轉又作胵、栘〔註58〕,《廣雅》:「胵,几也。」《鹽鐵論・散不足》:
「古者無杠橎之寢,牀栘之案。」

〔註56〕孫詒讓《墨子閒詁》,中華書局1986年版,第51~52頁。其說又見孫氏《札
　　　迻》卷6《呂氏春秋高誘注》,中華書局1989年版,第197~198頁。
〔註57〕裴學海《評高郵王氏四種》,《河北大學學報》1962年第2期,第96頁。
〔註58〕參見王念孫《廣雅疏證》,收入徐復主編《廣雅詁林》,江蘇古籍出版社1992
　　　年版,第676頁。錢繹《方言箋疏》卷5說同,上海古籍出版社1984年版,
　　　第352頁。

卷十《緋冕》

（1）緋者，蔽也，行以蔽前者爾。有事因以別尊卑，彰有德也

陳立曰：「者爾」舊作「緋蔽者小」，盧據《御覽》刪正。（P493）

按：劉師培《斠補》曰：「『爾』亦『示』訛。《御覽》卷691舊本正作『爾（引者按：當作『示』）有事』，則舊本作『示』甚明。《書鈔》卷128引作『所以蔽前者，示有事也』，尤其明徵矣。」（P711）宋刊《御覽》卷691「爾」作「示」，屬下句。盧氏所據本「示」誤作「尒（爾）」。各本作「小」即「示」脫誤，「行」是「所」形誤。《書鈔》卷128引「緋」作「紱」，古音通。

（2）冠者，幑也，所以幑持其髮也

陳立曰：《說文》：「冠，絭也，所以絭髮，弁冕之總名也。」汪氏繩祖云：「幑疑即帣字。」案汪說是也。《說文》：「帣，囊也。」（P495～496）

按：劉師培《斠補》曰：「《慧琳音義》卷77引『幑』作『卷』，《禮書》卷8引下『幑』字亦作『卷』。《書鈔》卷127引作『人所以冠，卷持髮』（有挩字），字亦作『卷』。惟《事類賦注》卷12引作『幑』。」（P711）《御覽》卷684二字亦作「幑」。「冠」與「卷（幑、絭）」疊韻為聲訓。洪頤煊曰：「幑即帣字。《說文》：『帣，囊也。』《史記·滑稽列傳》『帣韝鞠䐿』，《集解》徐廣曰：『帣收衣褎也。』《說文》：『冠，絭也。絭，攘臂繩也。』謂以繩束持其髮。幑、帣、絭三字音義並同。」（P704～705）洪說是，「卷」亦同。

（3）弁之為言攀也，所以攀持其髮也

陳立曰：「攀」舊作「樊」，非。（P497）

按：盧文弨曰：「『攀』舊作『樊』，據《初學記》、《御覽》改正。」《初學記》卷26引作「弁之為言攀，持髮也」，《御覽》卷686引作「弁之為言攀也，所以持髮也」。《玉篇》：「覍，弁也，攀也，所以攀持髮也。」攀從樊得聲，不必改字。

（4）上古之時質，先加服皮以鹿皮者，取其文章也

按：《初學記》卷26引作「上古質，先服鹿皮，取其文章也」，《御覽》卷686引作「上古先賢服鹿皮，取其文章也」。《御覽》「賢」疑「質」形誤，又移置於「先」下。

（5）謂之畢者，十二月之時，陽氣受化詘張，而後得牙，故謂之畢……
詘張，故萌大，時物亦牙萌大也

按：各本「陽氣」作「施氣」，《御覽》卷 685 引同。獨陳立《疏證》本誤，
亟當校正。此以「畢」是「吁」增旁分別字，與「詘」為聲訓，另詳《禮樂篇》
校補。詘張，劉師培《斠補》指出《御覽》引作「畢張」（P712），當是「舒張」
轉語。

（6）謂之收者，十三月之時，陽氣收本，舉生萬物而達出之，故謂之
收……收而達，故前葱，大者在後，時物亦前葱也

陳立曰：語有譌脫。（P499）

按：孫詒讓《輯補》曰：「元本、《遺篇》本奪『陽』字。」（P139）劉
師培《斠補》曰：「《書鈔》卷 127 引作『收者，十二（當作『三』）月陽收，
舉萬物而達出之，故謂之收』，所引無『本』字，此疑衍。《書鈔》引作『故
前兌』，是也。『兌』即『銳』字，謂前形尖小（仄）〔註59〕，而大其後也。
《獨斷》云：『夏曰收，前小而後大。』《通典·禮十七》同，是其證。」（P712）
劉師培《補釋》曰：「《獨斷》云：『夏曰收，前小而後大。』聶氏《三禮圖》
引《舊圖》曰：『殷畢黑而微白，前小後大。收純黑，亦前小後大。』『葱』
蓋『總』字之叚。『總』為斂聚、束結之義，故《禮圖》言『前小』。」（P809）
各本都脫「陽」字，《御覽》卷 685 引作「收者，十三月陽氣收本，舉生萬
物而達出之，故謂之收」。盧校本補「陽」字，是也，卻失校記。葱，程本、
吳本、四庫本同，元大德本、四部本、元刻本、隨庵叢書本作「忩」，郎本、
盧本、關中叢書本、子書百家本作「蔥」。「收而達」之「達」，吳本、四庫
本誤作「連」。「葱」當作「兌」，「兌」是「銳」省文，劉氏《斠補》說是也，
《補釋》讀葱為總則誤。「兌」形誤作「忩」，復改作「葱」或「蔥」，其義遂
晦矣。達，謂萬物穿土而出生。

（7）紞所以用麻為之者，女功之始，示不忘本也

按：各本「示」作「亦」。盧校本作「示」，是也，卻失校記。《御覽》卷
686、《天中記》卷 47 引作「示」。

〔註59〕《白虎通義校補校勘記》改「小」作「仄」（P732）。

（8）冕所以前後邃延者何？示進賢退不能也……故《禮》云：「天子玉藻十有二旒，前後邃延。」

　　陳立曰：《禮記・玉藻》注：「前後邃延者，言皆出冕前後而垂也，天子齊肩。延，冕上覆也。」（P499）

　　按：孫詒讓《輯補》曰：「元本、《遺篇》本『邃』作『遂』。」（P139）盧校本、關中叢書本、子書百家本作「邃延」，《御覽》卷686、《天中記》卷47引同；四部本、元刻本、程本、吳本、郎本、四庫本、隨庵叢書本亦作「遂延」。「遂」是「邃」省文。今本《禮記・玉藻》作「邃延」，《釋文》：「邃，深也。延，如字，徐餘戰反，冕上覆也。《字林》作『綖』，戈善反。」

（9）周統十一月為正，萬物始萌小，故為冠飾最小

　　按：孫詒讓《輯補》曰：「元本、《遺篇》本無『始』字。」（P140）各本都無「始」字，《群書考索》前集卷38、42引同。盧校本衍之，陳立《疏證》本承其誤。

（10）爵弁者，何謂也？其色如爵頭，周人宗廟士之冠也

　　按：盧文弨曰：「『何謂也』八字舊脫，據《御覽》補。」《御覽》見卷686，補八字當出校記。

卷十一《喪服》

（1）所以表中誠也

　　按：劉師培《斠補》指出《書鈔》卷93引「中誠」作「衷情」（P714）。誠、情一聲之轉。

（2）布衰裳、麻絰、箭笄、繩纓、苴杖，為略及本絰者，亦示也

　　陳立曰：盧云：「『布衰裳』以下，文有舛誤。箭笄者，《喪服》注云：『箭，篠竹也。』『為略』疑衍文。『及本絰』者，謂不去本之絰也。『亦示也』疑為『亦示誠也』。」（P510～511）

　　按：孫詒讓《札迻》謂「及」當作「反」（P331）。孫詒讓《輯補》曰：「『及』疑『反』之誤。元本、《遺篇》本『箭』誤『蕭』。」（P140）劉師培《斠補》曰：「《書鈔》卷93引此文云：『衰裳、麻緫、蕭笄、繩纓、苴杖，皆為橫路，乃為本也。』雖多誤字，然故本之跡猶可尋求，合而勘之，知當

作『衰裳、麻絰、箭笄、繩纓、苴杖，皆為粗略，乃為本也。絰者亦本也』。今本挩四字。」（P714）《書鈔》未引「苴杖」二字，劉校稍疏。箭，元大德本、四部本、元刻本、關中叢書本、隨庵叢書本作「蕭」，程本、吳本、郎本、四庫本、子書百家本作「簫」。作「箭笄」是，盧文弨蓋據《儀禮·喪服》改，當出校記。末句不詳，俟考。

（3）竹者，蹙也。桐者，痛也

陳立曰：竹、蹙，桐、痛，皆疊韻為訓。（P513）

按：《御覽》卷548引「蹙」作「慼」。《廣雅》：「竹，慼也。」「慼」、「蹙」又作「怒」，悲憂傷痛也。桐之言恫也，痛也。

（4）寢苦枕塊，哭無時

按：陳氏從盧校本，盧氏曰：「舊作『哭無晝夜時』，今從《喪服傳》文。」元大德本、四部本、元刻本、隨庵叢書本作「哭晝無夜時」，程本、吳本、郎本、四庫本、關中叢書本、子書百家本作「哭無晝夜時」，《儀禮·喪服》作「哭晝夜無時」。盧校本脫「晝夜」二字。又各本多無「枕」，獨元刻本、盧校本有之。

（5）寢有席，疏食水飲

按：孫詒讓《輯補》曰：「元本、《遺篇》本『水飲』倒乙。」（P141）各本都作「飲水」。盧本蓋據《儀禮》乙，當出校記。然不乙亦可。

（6）吾聞諸老聃曰：「周公、伯禽則有為為之也。」

按：各本「周」作「魯」，「為」字不重。盧校本補「為」字，卻無校記。作「魯」是，盧補「為」字亦是也。《禮記·曾子問》、《家語·曲禮子夏問》並云「魯公伯禽有為為之也」。《史記·魯世家》：「周公卒，子伯禽固已前受封，是為魯公。」《漢書·古今人表》：「魯公伯禽，周公子。」陳氏改作「周公」，以為與「伯禽」是二人，大誤。

（7）故生則尊敬而親之，死則哀痛之，恩深義重，故為之隆服

陳立曰：《御覽》「尊」作「竭」，無「隆」字。（P526）

按：陳說全本於盧氏。《御覽》見卷547。劉師培《斠補》曰：「《書鈔》引「隆」作『陰』，是也。『陰服』猶言心喪。」（P716）劉說非是。《書鈔》

卷 93 二引，一則「隆」作「陰」，餘同今本；一則無「尊」、「隆」二字，「哀」下有「而」字。「陰」當是「隆」形譌。隆，讀作降。《國語·魯語下》「有降服，無加服」，「降服」與「加服」對文，降是損減義。《左傳·文公四年》「楚人滅江，秦伯為之降服」，杜預注：「降服，素服也。」又《成公五年》「故山崩川竭，君為之不舉，降服」，杜預注：「損盛服。」《國語·晉語五》同，韋昭注：「降服，縞素也。」

（8）聞喪，哭而後行何

按：孫詒讓《輯補》曰：「元本、《遺篇》本『喪』誤『哀』。」（P141）各本都作「哀」（郎本形誤作「衰」）。盧文弨校作「喪」，卻失校記。

（9）萬物咸得，休氣充塞

按：陳氏據盧校本。充塞，元大德本、四部本、隨庵叢書本作「允寒」，元刻本、程本、吳本、郎本、四庫本、關中叢書本、子書百家本作「允塞」。本書《封禪》：「萬物序，休氣充塞。」疑作「允塞」是，《詩·常武》「王猶允塞」，鄭玄箋：「允，信也。」《後漢紀》卷 19：「然後神聖允塞，災沴不至矣。」

卷十一《崩薨》

（1）大夫曰卒，精耀終也。卒之為言終於國也

陳立曰：《說題詞》：「大夫曰卒，精輝終卒。卒之為言絕，絕於邦也。」（P534）

按：孫詒讓《輯補》曰：「燿，元本、《遺篇》本作『熠』。『終』下『也』字，兩本並作『卒』。」（P142）「精耀終也」四字，元大德本、四部本、程本、吳本、郎本、四庫本、隨庵叢書本作「精熠終卒」，元刻本作「精熠冬（終）卒」，關中叢書本、子書百家本作「精燿終卒」，盧校本作「精燿終也」。《御覽》卷 548 引《春秋說題辭》：「大夫曰卒，精輝終卒。卒之為言絕，絕於邦也。」注云：「《白虎通》又載。」《通典》卷 83 引《五經通義》所引《說題辭》作「精耀終也」。疑本書舊本作「精熠終卒」。

（2）堯見僭痛之

按：各本「見」作「皆」，「僭」作「憎」。盧校本改「皆」作「見」，未出校記，蓋據下句「舜見終各一也」。

（3）天子崩，赴告諸侯者何

　　按：孫詒讓《輯補》曰：「赴，元本、《遺篇》本誤『訃』。」（P142）孫氏誤校。各本「赴」作「訃」，無「者」字，《書鈔》卷 93 引同。陳氏改作「赴」，非其舊，下文「遣使者赴告諸侯」亦然。《文選・盧陵王墓下作》李善注引作「赴」，古字通。

（4）童子諸侯不朝而奔來喪者何

　　按：各本「奔來」作「來奔」，獨陳立《疏證》本誤倒。元大德本、四部本脫「子」字，元刻本等不脫。

（5）三年之後，當乃更爵命

　　按：元大德本等同，元刻本「當乃」作「乃當」。

（6）遣大夫吊，詞曰：「皇天降災，子遭離之，嗚呼哀哉！天王使臣某吊。」

　　按：各本「離之」下有「難」字，「天王」作「大王」。陳立《疏證》本承盧校本之誤，亟當補正。離，讀作罹，亦遭也。

（7）所以助生送死，追恩重終，副至意也

　　按：各本「恩」，《書鈔》卷 92 引同。《初學記》卷 14、《玄應音義》卷13、《慧琳音義》卷 55 引「恩」作「思」，當據校正。上文云「使大夫吊之，追遠重終之義也」，「遠」殆指思之遠。

（8）事有大小，所供者不等

　　按：各本作「小大」，獨郎本作「大小」。

（9）殷人教以敬，曰死者將去，又不敢客也

　　按：各本「客」作「容」。盧校本改作「客」，陳立《疏證》本承其誤。

（10）《禮・稽命徵》曰

　　按：各本無「禮」字。

（11）綍者，所以牽持棺者也

　　陳立曰：《周禮・遂人》注：「綍，舉棺索也」。「綍」與「綍」通。（P551）

按：各本「牽」作「掌」，無「者」字，盧氏據《御覽》卷550引補正，當出校記。「掌」亦可能是「舉」形誤。

（12）棺之為言完，所以載尸令完全也

陳立曰：《廣雅》：「棺，完也。」《一切經音義》引古文云：「棺，完也，關之也。」（P553）

按：各本「載」作「藏」。獨陳立《疏證》本誤，亟當校正。孫詒讓《輯補》曰：「『言完』之『完』，元本、《遺篇》本誤作『之皃』。下『完』作『皃』。」（P143）二「完」字，四部本、元刻本、吳本、四庫本、隨庵叢書本亦作「皃」，程本、郎本、關中叢書本、子書百家本作「貌」。盧校本改作「完」，引朱氏云：「《孝經·喪親章》疏云：『棺之言完，宜完密也。』」《孝經》疏乃引本書，朱說稍疏。盧校是，「完」形誤作「皃」，俗本又易作「貌」。王念孫《廣雅疏證》引此文為證，亦徑正作「完」字〔註60〕。《玉篇》：「棺，棺之言完，所以藏屍令完也。」當亦出於本書。陳立所引《一切經音義》，見《玄應音義》卷13，當據《慧琳音義》卷55引訂「古文」作「古史」，刪「之」字。吳澤順舉「棺之為言貌」說是「聲音相差太遠，很難構成聲訓者」〔註61〕，其說雖是，但卻不知校勘。

（13）柩之為言究也，久也，不復變也

陳立曰：「變」本作「章」，盧據《曲禮》疏、《初學記》改。（P557）

按：孫詒讓《輯補》曰：「《一切經音義》卷12引作：『柩之為言久也，久不復變也。』案：《曲禮》鄭注：『柩之言究也。』《釋文》曰：『《白虎通》云「久也」。』則『究也』之訓唐本實無之，玄應所引可據也。沖遠所引有者，或係宋人誤增。」（P144）劉師培《斠補》曰：「盧改『章』為『變』，所改是也。《慧琳音義》卷53、74引此文並作『柩之言久也，久不復變也』。此『章』當作『變』之徵。據彼所引，似『不』上仍當補『久』字。」（P720）《初學記》卷14引作「柩，究也，不復變也」，《玄應音義》卷12、17引作「柩之為言久也，久不復變也」，《慧琳音義》卷53、74轉錄《玄應音義》

〔註60〕王念孫《廣雅疏證》，收入徐復主編《廣雅詁林》，江蘇古籍出版社1992年版，第348頁。

〔註61〕吳澤順《〈白虎通義〉聲訓疏證》，《勵耘學刊（語言卷）》2007年第1期，第132頁。

下「久」字分別誤作「夂」、「人」，劉校稍疏。孫說「究也」是宋人誤增，非是。《玄應音義》及《釋文》未引「究也」，省文耳。

（14）合葬者何？所以同夫婦之道也

按：劉師培《斠補》曰：「程本、郎本『同』並作『固』。」（P720）各本都作「固」。盧校本誤作「同」，陳立《疏證》本承其誤，亟當校正。

卷十二闕文

闕文由莊述祖輯，盧文弨訂，陳立疏證，劉師培《白虎通義闕文補訂》又有補充。

《郊祀》

（1）自內出者，無匹不行；自外至者，無主不止。（《書鈔》卷90）

按：《書鈔》「無匹」作「無足」。《公羊傳·宣公三年》作「無匹」，《董子·王道》同。何休注：「匹，合也。無所與會合，則不行。」「匹」或作「疋」，形近誤作「足」。莊、盧二氏徑訂作「匹」，當出校記。《莊子·天運》：「中無主而不止，外無正而不行。由中出者，不受於外，聖人不出；由外入者，無主於中，聖人不隱。」《越絕書·越絕篇敍外傳記》：「無正不行，無主不止。」俞樾指出「『正』乃『匹』字之誤」，蘇輿、向宗魯說同，王叔岷從俞說〔註62〕。《淮南子·原道篇》：「故從外入者，無主於中不止；從中出者，無應於外不行。」「應」猶言接應，與「匹」訓配合同義。

（2）故《易乾鑿度》云「三王之郊，一用夏正」也。（《書鈔》卷 90）

按：《書鈔》「之郊」作「郊祀」，無「一」字。

《宗廟》

（1）此孝子之心，所以追養繼孝也。（《書鈔》卷 87、《御覽》卷 531）

按：追養繼孝，盧輯本作「追孝繼養」，《書鈔》、《御覽》作「追繼養」。《白虎通·爵》：「祭從生者，所以追孝繼養也。」

〔註62〕俞樾《莊子平議》，收入《諸子平議》，上海書店 1988 年版，第 356 頁。蘇輿《春秋繁露義證》，中華書局，1992 年版，第 127 頁。向宗魯《〈淮南鴻烈〉簡端記（續）》，《新國學》第 2 卷，巴蜀書社 2000 年版，第 43 頁。王叔岷《莊子校詮》，中華書局 2007 年版，第 527 頁。

（2）宗者，尊也。廟者，貌也。象先祖之尊貌也。（《桓公二年左傳》正
　　義）

　　　　按：《玄應音義》卷 6 引《白虎通》：「廟者，皃也，先祖尊皃也。」又卷
14「先祖」下有「之」字（孫詒讓《輯補》已及（P145），但卷 14 誤作卷 10）。
《慧琳音義》卷 59 亦引《白虎通》：「廟者，貌詩（也），先祖之尊貌也。」又
卷 55 只引「先祖之尊皃也」一句。

（3）祭宗廟所以禘祫何？尊人君，貴功德，廣孝道也。（《書鈔》卷 90、
　　《御覽》卷 528）

　　　　按：《御覽》如此，《記纂淵海》卷 76、《合璧事類備要》外集卷 8 引同。
《書鈔》「貴功德，廣孝道」脫誤作「貴道德」。

（4）禘祫及遷廟何？以能世世繼君之體，持其統而不絕，由親及遠，
　　不忘先祖也。（《宋書・臧燾傳》、《書鈔》卷 90）

　　　　按：《南史・臧燾傳》引「絕」同，《書鈔》引作「離間」（劉師培《補訂》
已及，但卷號誤作卷 91）。

（5）春曰祠者，物微，故祠名之。夏曰禴者，麥熟進之。秋曰嘗者，
　　新穀熟嘗之。冬曰烝者，烝之為言眾也，冬之物成者眾。（《御覽》
　　卷 526）

　　　　按：宋刊《御覽》「禴」作「礿」，無「嘗之」二字，末句作「冬曰蒸，蒸者
為眾，冬之時物成者眾」。《禮記・王制》疏引《白虎通》：「嘗者，新穀熟而嘗之。」
盧氏補「嘗之」二字，蓋據此，當出校記。孔疏又云：「烝者，眾也，冬之時物
成者眾。」當亦出《白虎通》，承上而省。盧輯本「冬之」下脫「時」字。

（6）祭所以有主者何？言神無所依據，孝子以主係心焉。（《曲禮》正
　　義、《類聚》卷 38、《書鈔》卷 87）

　　　　陳立曰：《禮》疏引《異義》：「今《春秋公羊》說，祭有主者，孝子之主
繫心。」（P576）

　　　　按：盧輯本「係」作「繼」，並指出《初學記》卷 13 亦引。盧氏曰：「繼，
一作『係』，二字通。」劉師培《補訂》曰：「《初學記》、《書鈔》、《類聚》『係』
並作『繼』。」（P737）《曲禮》正義、《永樂大典》卷 7390 引亦作「繼」。《御

覽》卷 531 引作：「祭所以尸（有）主何？本神無方，孝子以主係心。」繼，
讀作係、繫。方，讀作傍，依據也。

（7）方尺，或曰長尺二寸，以象先祖，孝子入宗廟之中，雖見木主，亦
　　　當盡敬也。（《書鈔》卷 87）

　　按：《書鈔》引作：「宗廟之主，以木為之，長尺二寸，象先祖，孝子入
宗廟之中，雖知木主，非親，亦當盡敬也。」盧輯本脫「象先祖」、「非親」
五字，「知」誤作「見」，陳氏一仍其誤。《論衡・亂龍》引《禮》：「宗廟之
主，以木為之，長尺二寸，以象先祖，孝子入廟，主心事之，雖知木主，非
親，亦當盡敬。」

（8）所以虞而立何？……虞，安其神也，所以用桑。練主用栗。（《御
　　　覽》卷 531）

　　按：《御覽》「立」下有「主」字，盧輯本不脫。「虞安」以下，宋刊《御
覽》作「虞安其神，所以用桑者，始與神相接，三王俱以桑」。

（9）仰視榱桷，俯視几筵，其器存，其人亡。（《通典・禮八》）

　　按：《路史》卷 45 引同。《家語・五儀解》：「仰視榱桷，俯察机筵，其器
皆存，而不覩其人。」

　　《荀子・哀公》：「仰視榱棟，俛見几筵，其器存，其人亡。」《新序・雜
事四》：「仰見榱棟，俯見几筵，其器存，其人亡。」

（10）周公祭太山，周召公為尸。（《詩・既醉》疏）

　　按：《詩》疏引下「周」作「用」，盧輯本不誤。

《朝聘》

（1）欲全臣子之恩，一統尊君，故必朝聘也。（《御覽》卷 538）

　　按：《御覽》「全」作「同」。陳氏承盧輯本之誤。

（2）言諸侯當時朝於天子。（《御覽》卷 538）

　　按：《御覽》無「當」字。陳氏承盧輯本之誤。

（3）諸侯將至京師，使至通命于天子。（《御覽》卷 538）

按：《御覽》「命」作「會」。陳氏承盧輯本之誤。

（4）故諸侯朝聘，天子無恙，法度得無變更，所以考禮、正刑、壹德
以尊天子者也。（《類聚》卷 39、《書鈔》卷 81、《初學記》卷 14）

陳立曰：《禮記・王制》：「考禮、正刑、一德以尊天子。」《穀梁隱十一年傳》：「攷禮、修德，所以尊天子也。」（P584）

按：《書鈔》引作「故諸侯朝聘，天子選鄰國也。往朝聘之，問天子無恙」云云，又《書鈔》、《初學記》「考禮」作「憲禮」（孫詒讓《輯補》已及《初學記》（P146））。當據補「天子選鄰國也往朝聘之問」十一字，《初學記》引亦缺。「天子無恙，法度得無變更」均「問」的賓語，缺「問」字則「法度得無變更」不通。《類聚》引作「朝聘天子，更以所尊考禮、正刑、一德以尊天子也」，「更以所尊」云云，脫譌不可通。「憲禮」當作「考禮」。

（5）公執玉，取其暢達也。卿執羔，取其跪乳有禮也。《書》曰：「五玉三帛，二生一死贄。」（《御覽》卷 538）

按：《御覽》見卷 539，「生」作「牲」。陳氏承盧輯本之誤。

（6）至正月朔日，乃執而朝賀其君，朝賀以正月何？歲首意氣改新，欲長相保，重本正始也。故群臣執贄而朝賀其君。（《御覽》卷538）

按：盧文弨曰：「新，一作『興』。」《御覽》見卷 539，宋刊本作：「至正月朔日，乃執贄而朝賀，正月何？歲竟氣改興新，長相保重本正始也。群臣贄賀其君父之。」盧輯本「乃執」下脫「贄」字。《御覽》亦有衍脫，俟校。

《貢士》

（1）諸侯三年一貢士者，治道三年有成者也。（《書鈔》卷 79）

按：《書鈔》引「成」下有「者」字。陳氏承盧輯本之誤。《書鈔》卷 33 引《儀禮》：「諸侯三年一貢士，國之治道三年成也。」今《儀禮》無其文。

《車旂》

（1）天子大路，諸侯路車，大夫軒車，士飾車。（《類聚》卷 73）

按：盧文弨指出《御覽》卷 773 亦引之。《御覽》「軒」作「漸」，有注：「子廉切。」孫詒讓《輯補》曰：「天子大路，《文選・西京賦》注亦引之，

『路』作『輅』。」（P146）《慧琳音義》卷 10、《續一切經音義》卷 5 引亦作「天子大輅」。

（2）名車為輅者何，言所以步之於路也。（《文選・四子講德論》注）

　　按：劉師培《補訂》曰：「《慧琳音義》卷 48 所引同，惟『輅』字作『路』，無『何』字。」（P740）《慧琳音義》乃轉錄《玄應音義》卷 22。

（3）車中不內顧何？（《後漢書・輿服志》注）

　　按：《後漢書》注引「車」前有「居」字，盧輯本不脫。

（4）制車以步，故立乘。（《類聚》卷 72、《御覽》卷 772）

　　按：《類聚》見卷 71，《御覽》見卷 773。

《田獵》

（1）王者諸侯所以田獵者何？為田除害，上以共宗廟，下以簡集士眾也。（《左傳・隱五年》疏、《御覽》卷 832）

　　按：孫詒讓《輯補》曰：「《初學記》卷 22 引『獵』作『狩』，『共』作『供』。」（P147）《初學記》引「田獵」作「佃狩」，「佃」亦當出之。《左傳》疏、《爾雅・釋天》疏引「為田」作「為苗」。《御覽》「田獵」作「田狩」，「共」作「供」，《記纂淵海》卷 77 引同。劉師培《補訂》亦有校說（P740），惟引文有稍誤，不再徵引。

（2）禽者何？鳥獸之總名，明為人所禽制也。（《御覽》卷 526）

　　按：《御覽》見卷 914，盧輯本二出，一誤作卷 526，一則不誤。劉師培《補訂》曰：「《文選・七命》注、《慧琳音義》卷 40 並引此文。《曲禮上》疏引至『名』字，《音義》卷 33 同。」（P741）《周易集解》卷 2、《文選・西京賦》李善注亦引之。

雜錄

（1）黃帝作宮室以避寒溫。（《初學記》卷 24）

　　按：劉師培《補訂》曰：「《廣韻・一東》引『溫』作『暑』。又案《原本玉篇・廣部》云：『何圖六作為廬以避寒暑。』『廬』即『廬』字，似即『作宮室』異文。惟『何圖六』三字不可考。（裕孚按：《慧琳音義》卷 82 引《河圖》云『黃

帝作廬以避寒暑」，《玉篇》『何圖』似即『河圖』之訛。）」（P741）鄭裕孚校「何圖」作「河圖」，是也。「六」即「云」形誤。「何圖六」當作《河圖》云」。《事物紀原》卷8引「寒溫」亦作「寒暑」，《天中記》卷13引作「寒濕」。

（2）宮之為言中也。（《廣韻》）

按：此非佚文。本書《五行》：「宮者，中也。」

（3）門四出何？所以通方。故《禮三朝記》曰：「天子之官四通。」（《御覽》卷183）

陳立曰：「所以通方」當作「所以通四方」。（P595）

按：宋刊《御覽》引本作「所以通四方」，陳氏承盧輯本之誤。又「官」作「宮」，盧輯本不誤。

（4）所以設屏何？屏所以自障也。（《御覽》卷185）

按：《御覽》無下「屏」字，盧輯本不誤。《後漢書·齊武王縯傳》李賢注引作「以自障也」，亦無「屏」字。

（5）齊者，言己之意念專一精明也。（《書鈔》卷90）

按：盧輯據陳本《書鈔》。孔刻本《書鈔》「念」作「想」，「精明」下「也」字上尚有「所謂思其居處，思其笑語，若聞其聲音，若觀見其形者」二十一字。

（6）天子疾稱不豫，諸侯稱負子……不豫者，不復豫政也。負子者，諸侯子民今不復子之也。（《御覽》卷739）

按：宋刊《御覽》引「不豫」均作「不悆」，「子之」作「子民」。「諸侯子民」四字句。陳氏承盧輯本之誤。

（7）夏稱后者，以揖讓受於君，故稱后。殷稱人者，以行仁義，人所歸往。（《禮記·檀弓》正義）

按：《禮》疏引「殷」下有「周」字，「歸往」下有「故稱人」三字。盧輯本不脫。

（8）夏法日，日數十也。日無不照，尺所度無所不極，故以十寸為尺。（《通典·禮十五》）

按：《通典》卷 55 引作「夏法日，數十也。日無不照，至尺所度」云云。陳氏承盧輯本之誤，脫「至」字，衍「日」字。

（9）周據地而生。地者，陰也。以婦人為法，婦人大率奄八寸，故以八寸為尺。（《通典‧禮十五》）

陳立曰：《說文》「㧖」下云：「中婦人手長八寸，謂之㧖。」則「奄」蓋謂手所掩也。（P601）

按：段玉裁曰：「『奄』字未詳，疑是『手』之誤字。」黃以周從段說〔註63〕。陳說為長。

今本四十四篇闕文

（1）鳳凰者，禽之長也。上有明王，太平乃來。（《御覽》卷 515）

按：《御覽》見卷 915。陳氏承盧輯本之誤。

（2）男子幼娶必冠，女子幼嫁必笄。（《御覽》卷 718）

按：《廣韻》「冠」字條、《資治通鑑釋文》卷 16 亦引之。

（3）榆梜醬曰醢（劉師培補輯）

劉師培曰：此五字見於《白帖》卷 16 所引，下有「醢音末」三字，似非《通義》之文。（裕孚謹按：「榆筴醬曰醢」句，《白氏六帖》宋本入卷 5《醢第十八》）（P743）

按：宋本《白帖》卷 5「梜」作「荚」，《合璧事類備要》外集卷 47 引同。《書敍指南》卷 9「荚」形誤作「英」。《集韻》引《字林》：「醢，醬也。」「醢音末」是類書注語。

2021 年 4 月 5 日～5 月 7 日初稿，5 月 8 日～5 月 9 日二稿。

〔註63〕段玉裁《說文解字注》「㧖」字條，上海古籍出版社 1981 年版，第 401 頁。黃以周《禮書通故》第三十五，收入《黃以周全集》第 5 冊，上海古籍出版社 2014 年版，第 1379 頁。